晚期资本主义的
正义批判
——艾利斯·扬的政治哲学思想研究

李晶 ——— 著

A CRITIQUE OF JUSTICE
IN LATE CAPITALISM
A STUDY ON IRIS M. YOUNG'S
POLITICAL PHILOSOPHY THOUGHTS

中央编译出版社
Central Compilation & Translation Press

图书在版编目（CIP）数据

晚期资本主义的正义批判：艾利斯·扬的政治哲学思想研究／李晶著. —北京：中央编译出版社，2023.7

ISBN 978-7-5117-4201-8

Ⅰ.①晚… Ⅱ.①李… Ⅲ.①艾利斯·扬-政治哲学-哲学思想-研究 Ⅳ.①B712.6

中国版本图书馆CIP数据核字（2022）第108606号

晚期资本主义的正义批判：艾利斯·扬的政治哲学思想研究

责任编辑	李媛媛
责任印制	刘　慧
出版发行	中央编译出版社
地　　址	北京市海淀区北四环西路69号（100080）
电　　话	（010）55627391（总编室）　　（010）55627310（编辑室） （010）55627320（发行部）　　（010）55627377（新技术部）
经　　销	全国新华书店
印　　刷	北京印刷集团有限责任公司印刷一厂
开　　本	710毫米×1000毫米　1/16
字　　数	201千字
印　　张	16.75
版　　次	2023年7月第1版
印　　次	2023年7月第1次印刷
定　　价	85.00元

新浪微博　@中央编译出版社　　　　　　微　信　中央编译出版社（ID：cctphome）
淘宝店铺　中央编译出版社直销店（http：//shop108367160.taobao.com）　（010）55627331

本社常年法律顾问　北京市吴栾赵阎律师事务所律师　闫军　梁勤
凡有印装质量问题，本社负责调换。电话：（010）55626985

目 录

导 论 ………………………………………………………… 001

第一章 艾利斯·扬政治哲学思想形成的背景 …………… 018
第一节 社会与理论背景 ………………………………… 018
第二节 理论来源 ………………………………………… 031
第三节 建构政治哲学框架的基础 ……………………… 041

第二章 政治主体视域下的差异性公民资格 …………… 066
第一节 晚期资本主义时代政治哲学的主题变迁 ……… 067
第二节 普遍性的公民资格无法响应晚期资本主义
　　　　政治哲学诉求 …………………………………… 084
第三节 差异性的公民资格与晚期资本主义时代的政治主体 …… 097

第三章 政治价值视域下的社会连接责任模式 ………… 119
第一节 个人责任之争 …………………………………… 120
第二节 社会连接责任模式的内在规范与外在约束 …… 131
第三节 社会连接责任模式的现实价值 ………………… 144

第四章　政治实践视域下的包容性沟通型民主 …… 164
 第一节　西方民主实践的困境 …… 165
 第二节　包容性的沟通型民主的政治实践 …… 180
 第三节　包容性的全球民主的政治实践 …… 194

第五章　艾利斯·扬政治哲学思想学术价值与启示意义 …… 215
 第一节　艾利斯·扬政治哲学思想的学术价值 …… 216
 第二节　艾利斯·扬政治哲学思想的启示意义 …… 232

参考文献 …… 248

导 论

政治哲学（Political Philosophy）是哲学的一个分支学科，也是政治学和哲学的交叉学科。政治哲学的核心任务是以说理的方式探讨政治原则与政治价值。正义是政治哲学研究的重要政治价值。正义是一个万古而长青的话题，不同的时代对其的解读不尽相同。罗尔斯的《正义论》将正义由道德正义转向政治正义领域，开启了罗尔斯时代。作为后罗尔斯时代①正义理论的杰出代表，艾利斯·马瑞恩·扬②（Young, Iris Marion）（以下均称其为艾利斯·扬）在延续罗尔斯开辟的政治正义领域的同时，将目光投向了以罗尔斯正义理论为代表的分配正义模式所忽视的政治决策、劳动分工、文化帝国主义等领域，从晚期资本主义现实出发，在与自由主义、社群主义、多元文化主义、承认政治、协商民主、世界主义、民族主义等的交流交锋中，提出了自己独具特色的差异政治思想，既融入了后罗尔斯时代有关正义的各种争论，又客观上推动了西方马克思主义以及当代西方政治哲学的发展，是当代西方政治哲学叙述史上不容回避的内容。

---

① 后罗尔斯时代，在本书主要有两层含义：从时间维度来看，指的是20世纪70年代之后的时代；从理论维度来看，指的是罗尔斯《正义论》发表之后，英美学术界在分析批判罗尔斯正义理论的基础上提出各种不同于罗尔斯正义理论的模式，由此形成20世纪70年代以后西方正义理论领域独特景观。

② Young, Iris Marion 在国内中文资料中有不同的翻译，主要有：艾利斯·马里恩·扬、艾利斯·马瑞恩·扬、爱丽丝·马里恩·扬。

一、艾利斯·扬及其政治哲学思想简介

艾利斯·扬（1949—2006），当代美国新马克思主义理论家、著名政治哲学家。1949年1月2日生于美国纽约市，1970年6月毕业于纽约市立大学的皇家学院，获得哲学学士学位，1972年和1974年，她相继从宾夕法尼亚州立大学，获得哲学硕士和哲学博士学位。20世纪90年代开始，艾利斯·扬在美国匹兹堡大学的公共与国际事务研究院从事了约9年的哲学和政治理论教学与研究工作；2000年开始执教于芝加哥大学，担任政治科学系的教授，同时还是该大学性别研究中心和人权规划中心的成员，也是比较宪法学中心的成员。除此之外，艾利斯·扬活跃于世界众多知名学府，在普林斯顿大学的高级进修学院以及人类价值中心、维也纳人文学院、澳大利亚国立大学、南非的人学研究理事会，以及新西兰怀卡托大学担任客座教授。同时与南希·弗雷泽（Nancy Fraser）一样，她也是西方批判理论学派的主要学术组织布拉格"哲学与社会科学"会议的积极参与者。2006年8月1日因病在家中病故，享年57岁，成为继罗尔斯之后，美国政治哲学界在21世纪初陨落的又一颗明星。马克思曾掷地有声地指出，"哲学家们只是用不同的方式解释世界，而问题在于改变世界。"[①] 艾利斯·扬在其成名作《正义与差异政治》的导言中指出，哲学家和社会科学工作者要么有能力加剧社会不正义，要么有能力在他/她的工作中抗击社会不正义。作为曾活跃于"后罗尔斯时代"的著名学者和政治哲学家，她毕生致力于正义事业，用理论解释世界，用理论和行动改变世界，追求正义，促进正义，被学界称作"酷爱社会正义的美国芝加哥大学教授"。

从学术路径来看，纵观艾利斯·扬的一生，虽然她关注与研究领域较为广泛，但无论是其性别、种族、女性主义哲学、民主政治理论、包容和差异、生态政治、公共政策，还是伦理与国际事务等研究领域，正义是其中永恒的主题。虽然她的身份众多，但无论是作为美国左派政治思想界著

[①] 《马克思恩格斯文集》第1卷，北京：人民出版社2009年版，第506页。

名代表、新马克思主义的代表、多元文化论的激进代表、女性主义的著名代表还是差异政治的主将,艾利斯·扬都是正义的忠实践行者,积极推进社会朝着正义的方向发展。

艾利斯·扬的作品颇丰,其中专著 9 部:《正义与差异政治》(*Justice and the Politics of Difference*,1990)、《像女孩一样扔球以及女性哲学和社会理论方面的其他论文》(*Throwing Like a Girl and Other Essays in Feminist Philosophy and Social Theory*,1990)、《作为民主交往资源的差异》(*Difference as a Resource for Democratic Communication*,1996)、《交叉的声音:性别困境、政治哲学与政策》(*Intersecting Voices: Dilemmas of Gender, Political Philosophy, and Policy*,1997)、《包容与民主》(*Inclusion and Democracy*,2000)、《政治责任与结构性不正义》(*Political Responsibility and Structural Injustice*,2003)、《论女性身体经验:"像女孩一样扔球"及其他短文》(*On Female Body Experience: "Throwing Like a Girl" and Other Essays*,2005)、《全球挑战:战争、自决和正义的责任》(*Global Challenges: War, Self-determination and Responsibility for Justice*,2007);《正义的责任》(*Responsibility for Justice*,2011)。合著 6 部:《思维灵感:女性主义与现代法国哲学》(*The Thinking Muse: Feminism and Modern French Philosophy*,1989)、《女性主义伦理学与社会政策》(*Feminist Ethics and Social Policy*,1997)、《女权主义哲学指南》(*A Companion to Feminist Philosophy*,1998)、《儿童、家庭以及国家》(*Child, Family, and State*,2003)、《认同的幻觉:与卡罗尔·佩特曼的论战》(*Illusion of Consent: Engaging with CarolePateman*,2008)、《殖民主义及其遗产》(*Colonialism and Its Legacies*,2011)。论文及评论文章百余篇。

围绕艾利斯·扬的个人经历及其作品,可将其政治哲学思想划分为四个发展时期:第一个时期:20 世纪 70 年代至 80 年代,主要从经济角度思考有关压迫和解放的议题;第二个时期:20 世纪 80 年代末至 90 年代初,主要从文化角度对分配正义范式进行批判;第三个时期:20 世纪 90 年代初至 21 世纪初,主要从政治角度探索正义实现途径;第四个时期:21 世纪初至逝世,主要从全球维度思考民族压迫与发展的议题及正义的责任。

在艾利斯·扬看来，正义是政治哲学的首要对象，正义的概念与政治的概念相重合，因此其政治哲学思想也可称之为政治正义思想。政治在现实生活中体现为自由主义国家的民主制度，而这恰好是以罗尔斯为代表的分配正义模式所忽视的领域。因此，基于其建构正义理论的社会关系本体论以及对批判理论的独特理解，艾利斯·扬找寻到了资本主义现实不正义与分配正义模式之间的关联，并以此为批判基点，向后挖掘时代与理论背景，在与同时代的正义理论的交流与交锋中，不断完善自己的理论，并向前探寻正义实现之路，使其政治哲学思想呈现出理想与现实、批判与构建、时间与空间、事实与价值的统一。她从现实出发，将资本主义不正义界定为压迫与支配，关注导致压迫与支配的制度，以实现自我发展与自我决定。规范性的城市生活是其正义实现的理想状态。由此，笔者将其政治哲学思想界定为消除制度性的压迫与支配，构建没有压迫与支配的制度，使人们在一种没有排斥的社会分化、多样化与激情的城市中自由生活。

总体而言，艾利斯·扬政治哲学思想立足晚期资本主义结构性不正义的事实，在社会关系本体论的指导下，围绕公民资格、正义的责任以及民主三个主题而展开。在公民资格领域，在与自由主义、社群主义、多元文化主义等的争论中，提出了差异性的公民资格，并将民族国家内部的结构性社群概念运用到全球领域，提出了族群概念；在正义的责任领域，与资产阶级保守主义的个人责任、德沃金的平等责任以及阿伦特的政治责任的交锋与交流中，界定了正义责任的性质、主体、客体以及履行责任的参考因素等诸多具有原创性的思想；在民主理论领域，在与聚合式民主、协商民主的争论中，提出了理想的民主与正义之间的关系，以及实现正义的包容性的沟通型民主理论，并将其扩展到全球民主领域，以实现全球正义。艾利斯·扬的政治哲学思想回应了弗雷泽反规范正义中关于什么是正义、正义的主体以及怎样实现正义的问题，构建了一套完整的关于在什么背景下实现正义、能不能实现正义、谁来实现正义以及如何实现正义的解放政治方案。然而，囿于当代美国新马克思主义对多元文化主义和后现代主义的依赖，艾利斯·扬没能发挥自身理论潜力，陷入了改良资本主义的困境。

二、选题背景与意义

哲学是对时代问题的回答，政治哲学同样也不例外。20世纪70年代之后的世界持续发生变化：随着大企业、跨国公司渗透到政治决策环节，资本主义社会日益去政治化；科层制去政治化，并日益成为一种新的压迫形式；资本控制全面开启控制日常生活领域以及无意识控制的微观控制模式；资本霸权的全球化在使世界每个角落都建立起关联的同时，又通过反全球化来限制这种关联。晚期资本主义的这些变化及由此导致的不平等，引发了新社会运动；与时代变化相呼应的是哲学领域对本体论的关系性重建、辩证法的空间转向以及后现代理论的兴起。时代与理论环境的大变革，必然引起以纠正传统马克思主义之"偏"起家的西方马克思主义研究的变化。

佩里·安德森早在1983年就明确指出："在过去10年中，马克思主义理论的地理位置已经从根本上转移了。今天，学术成果的重心似乎落在说英语的地区，而不是像战争期间和战后的情形那样，分别落在说德语或拉丁语民族的欧洲。"[①] 20世纪70年代以来的西方马克思主义，研究的主要地域由西欧大陆向英美转移；研究主题更偏向于发达资本主义国家如何走向社会主义以及如何应对资本主义在全球的扩张；研究领域也由哲学扩展至政治学、经济学、社会学、生态学等众多领域，理论也日益呈现出多学科交叉综合的形式；研究者之间开始在理论上相互沟通和借鉴，并常常围绕某一个问题而展开激烈的争论，打破了过去各自为战的局面。[②]

艾利斯·扬的政治哲学思想不仅受益于这种变革中的时代与理论环境，而且积极参与后罗尔斯时代有关正义的各种争论，不断从理论与实践

[①] 〔英〕佩里·安德森：《当代西方马克思主义》，余文烈译，北京：东方出版社1989年版，第24页。

[②] 段忠桥：《20世纪70年代以来英美的马克思主义研究》，载《中国社会科学》，2005年第5期，第47页。

上探索晚期资本主义条件下如何实现正义这一核心问题的答案。因此研究艾利斯·扬的政治哲学思想,将有助于我们深化晚期资本主义的时代特征的认识,加强对其的批判;有助于挖掘新社会运动与20世纪70年代之后的西方马克思主义、西方正义理论、西方政治哲学之间的关联;有助于展现自由主义与社群主义、马克思主义有无正义、协商民主、全球正义等相关争论;有助于把握艾利斯·扬正义思想的特征及其与当代西方正义理论、马克思主义的关联;其有关公民资格、政治责任以及包容性沟通型民主的论述对我们进行中国特色社会主义建设也有启发意义。

1. 理论意义

(1) 有助于挖掘新社会运动与20世纪70年代之后的西方马克思主义、西方正义理论之间的关联。艾利斯·扬的正义理论从新社会运动的特征出发,揭示出了新社会与当代西方马克思主义、西方正义理论之间的深层关联,为其提出差异政治,包容差异的正义奠定了基础,也为其政治哲学思想赋予鲜明的时代特征。透过艾利斯·扬,我们发现当代西方众多左翼的思想都与这一轰动世界的政治事件开创的西方马克思主义发展的新时代息息相关。

(2) 有助于较为系统地把握当代西方政治哲学的发展脉络与理论特征。艾利斯·扬的政治哲学思想是在与自由主义、社群主义、多元文化主义、承认正义、协商民主、民族主义、全球正义的交流与交锋中不断丰富完善的。厘清艾利斯·扬政治哲学思想的发展脉络成为窥视与研究当代西方政治哲学的一个重要的切入口。

(3) 有助于把握艾利斯·扬政治哲学思想的特征及其与马克思主义的关联。艾利斯·扬的政治哲学思想较之自由主义、社群主义、多元文化主义、承认正义、协商民主、民族主义、世界主义等思潮与流派,有其自身的特色,比如一开始就具备全球特质、责任贯穿始终、包容差异等,具有很高的理论辨识度。然而,如果将其置于马克思主义视域下来考察,则很容易找到其正义思想与马克思主义之间的关联与差距,从而能够跳出20世纪70年代以来西方政治哲学领域、协商民主领域以及全球正义领域纷繁复杂、相互交织的争论，站在更本质、更高层次的视角来予以客观理性的评价。

2. 现实意义

（1）有助于我们深化晚期资本主义的时代特征的认识，加强对其的批判。艾利斯·扬的思想发展最大的特点是随时代而舞，她紧紧抓着晚期资本主义以及新社会运动开启的与罗尔斯不同的时代特征，紧紧跟随或提前介入 20 世纪 70 年代以来西方马克思主义的研究变化，融入时代，回答时代所提出的问题。因此，研究艾利斯·扬的政治哲学思想，能够让我们把表面上分散的不正义的点连接起来，在宏观政治与微观生活之间构建联系，以深刻把握当代西方资本主义的变化发展特征，为深入批判资本主义提供较为真实全面的资料。

（2）有利于捍卫马克思主义的科学性与革命性。作为新马克思主义者，艾利斯·扬的政治哲学思想与马克思主义有众多牵连，在批判理论、剥削、自我与共同体的关系、自由、社会关系本体论、批判资本主义等方面既有相同点又有不同点，立足马克思主义视角来审视其正义思想，将更加凸显出艾利斯·扬较之同时代的正义理论家的优势，以及相较马克思主义的不足，从而在加深对艾利斯·扬的政治哲学思想的辨识度的同时，捍卫了马克思主义的科学性与革命性。借此，有助于进一步探讨其正义思想对推进公平正义社会的现实价值。

综上，艾利斯·扬对资本主义社会不正义的深切关怀，对正义理想的不断追求，表达了一种崇高的政治伦理。正如国内学者顾肃所言："政治哲学提供了支持自由民主、捍卫人权，要求统治的合法性建立在被统治者同意基础之上等基本原理的正当理由，以及与此相反的各种观点之不能成立的道理。"[①] 深入探究艾利斯·扬的政治哲学思想，一方面为我们提供了一条线索，顺着这条线，我们能够抓住当代西方正义理论、当代西方政治哲学以及当代西方马克思主义的发展规律；另一方面，也为我们认知晚期

---

① 转引自〔英〕戴维·米勒：《政治哲学与幸福根基》，李里峰译，南京：译林出版社 2008 年版，序言。

资本主义时代提供了较好的瞭望台。

三、国内外相关研究状况

(一) 国内研究状况

1. 对艾利斯·扬及其作品的介绍与翻译

国内学术界陆续翻译出版了艾利斯·扬的3本著作、6篇论文,并编译了《正义的责任》中的一章。3本著作分别是:《正义与差异政治》(李诚予、刘靖子译,中国政法大学出版社2017年版)、《包容与民主》(彭斌、刘明译,江苏人民出版社2013年版),以及《像女孩一样丢球》(何定照译,商周出版社2007年版)。《正义与差异政治》从批判分配正义范式出发,提出了关注差异的差异政治。《包容与民主》关注的是正义获得的程序,即民主是否能尊重差异并更具有包容性以推动社会正义。《像女孩一样丢球》是艾利斯·扬在世时最后一部作品,这部作品探讨了女性身体经验与正义的关系,试图链接女性身体经验与政治资源的分配方式。3本著作在国内的出版时间恰好与原版面世的时间顺序相反,说明国内学界首先是从艾利斯·扬的后期著作出发不断发掘其思想的。

6篇论文是:《超越不幸的婚姻——对二元制理论的批判》《政治与群体差异:对普适性公民观的批评》《作为民主交往资源的差异》《沟通及其他:超越审议民主》《难以驾驭的范畴:对南希·弗雷泽二元体系理论的批判》《激进分子对协商民主的挑战》。分别收录于李银河主编的《妇女:最漫长的革命——当代西方女性主义理论精选》;许纪霖主编的《共和、社群与公民》;美国学者詹姆斯·博曼、威廉·雷吉主编,陈家刚等翻译的《协商民主:论理性与政治》;谈火生主编的《审议民主》;美国学者詹姆斯·菲什金、英国学者彼得·拉斯莱特主编,张晓敏翻译的《协商民主论争》;美国学者凯文·奥尔森编,高静宇翻译,周穗明校对的《伤害+侮辱——争论中的再分配、承认和代表权》。

编译著作《正义的责任》中一章的文章《作为正义之主题的结构》，发表在 2019 年第 9 期《国外理论动态》。集中展现了艾利斯·扬对资本主义不正义产生的社会结构性原因的论证。

2. 对艾利斯·扬政治哲学思想的关注与研究

从研究成果来看，截至 2022 年 1 月，有专著 1 本：《多元时代的正义寻求——I.M. 扬的政治哲学研究》（马晓燕，光明日报出版社 2012 年版）；硕士学位论文 5 篇：《对资本主义父权制的女性主义批判——艾里斯·杨社会主义女性主义的理论贡献》（崔伟荣，浙江大学，2010 年）、《超越马克思主义与女性主义的不幸婚姻——艾里斯·扬对二元制理论的批判》（张颖颖，东北师范大学，2014 年）、《艾利斯·扬女性主义思想探析》（孙文娟，曲阜师范大学，2014 年）、《女性主义视野中的社会正义——以艾利斯·扬的女性主义正义思想为中心》（孙斯文，华东政法大学，2015 年）、《基于关系视角对分配正义的批判与补充——艾利斯·扬的正义理论研究》（张玉田，吉林大学，2016 年）；期刊论文十几篇，最早发表于 2002 年。可见，国内对艾利斯·扬政治哲学思想的研究始于 21 世纪初，目前尚处于起步阶段，这与艾利斯·扬政治哲学思想在西方的广泛影响力不相吻合。

从研究视角来看，由早期的女性主义视角逐渐向政治正义视角转变，渐近艾利斯·扬正义思想的核心特征。偏重女性主义视角解读的有：华东政法大学孙斯文的硕士学位论文《女性主义视野中的社会正义——以艾利斯·扬的女性主义正义思想为中心》、《对女性主义"平等"理念的考察与反思》（马晓燕，《妇女研究论丛》，2007 年第 3 期）、《社会结构与具身生命——论艾利斯·扬的女性主义批判》（孙秀丽，《当代国外马克思主义评论》，2019 年）、复旦大学贺羡的博士学位论文《南希·弗雷泽的正义理论研究》等；偏重从批判理论角度解读的有：《朝向批判的正义理论——论艾利斯·扬对传统正义理论的批判》（孙秀丽，《当代国外马克思主义评论》，2017 年）等；偏重从差异政治角度解读的有：《差异公民资格与正义：艾利斯·马瑞恩·扬政治哲学探微》（宋建丽，《妇女研究论丛》，2007 年第 5 期）、《群体差异的公民资格与政治正义的实现——I.M. 扬的社会正义研究》(马晓燕,《哲学动态》,2008年第7期)、《差异政治:超越自由主义与社群主义正义之争——I.M.扬的政治哲学研究》(马晓燕,《伦理学研究》,2010年第1期)、《差异政治视域中的正义与团结》(张莉,《国外社会科学》,2017年第3期)等;偏重从民主视角解读的有:《社会正义研究的新视角:交往民主对审议民主的反思与批判》(马晓燕,《学术月刊》,2009年第1期)、《差异与隐私的民主化——评艾里斯·扬的深层民主构想》(贺羡,《理论月刊》,2014年第8期)、《尊重"差异"与"包容"的交往民主——艾利斯·扬对协商民主的批评与超越》(刘明,《国外理论动态》,2018年第2期)、《理想的民主与正义关系及其实现》(李晶,《山东社会科学》,2020年第8期)、《包容性的交往民主——论艾利斯·扬对协商民主的批判性重构》(孙秀丽,《学习与探索》,2021年第7期)等。偏重从政治责任视角解读的有:《艾利斯·扬对"政治责任"概念的建构》(李晶,《国外理论动态》,2018年第6期)、《论当代美国左翼艾利斯·扬的贫困责任观》(李晶,《教学与研究》,2018年第6期)。总体而言,涵盖了艾利斯·扬的重点研究领域。

从研究所涉及的资料来看,偏重艾利斯·扬的论文《超越不幸的婚姻》与《全球劳工不正义》、专著《正义与差异政治》与《包容与民主》;少量涉及晚期作品《全球挑战:战争、自决和正义的责任》《正义的责任》;很少涉及《像女孩一样扔球以及女性哲学和社会理论方面的其他论文》《作为民主交往资源的差异》《交叉的声音:性别困境、政治哲学与政策》《政治责任与结构不正义》《论女性身体经验:"像女孩一样扔球"及其他短文》以及其他合著,更不用说评论性的论文集《公民资格、包容与民主:有关艾利斯·马瑞恩·扬的论文集》《与艾利斯·扬共舞:艾利斯·马瑞恩·扬的哲学》《再访艾利斯·马瑞恩·扬的规范化、包容与民主》了。由于艾利斯·扬的政治哲学思想前后具有很强的联系性,在没有掌握全部或各个不同时段的代表性资料的情况下,所阐述的思想不可避免具有不完整性,不了解西方学界对艾利斯·扬思想的评论,也很难把握其政治哲学思想的创新点,因此,总体而言,国内学术界对艾利斯·扬的正义还须进一步立足其本身的资料进行拓展。

从研究方法来看,既有艾利斯·扬的个体的研究,又有比较研究,而且后者占多数,客观上也呈现了艾利斯·扬政治哲学思想的形成与发展的重要特征。如《反思正义的分配模式:女性主义与罗尔斯》(郭夏娟,《中国人民大学学报》,2002年第5期),将艾利斯·扬与罗尔斯进行比较;宋建丽的《差异公民资格与正义:艾利斯·马瑞恩·扬政治哲学探微》与马晓燕的《群体差异的公民资格与政治正义的实现——I.M.扬的社会正义研究》都围绕公民资格,将艾利斯·扬的差异公民资格与自由主义、社群主义的普遍性的公民资格进行比较;马晓燕的《差异政治:超越自由主义与社群主义正义之争——I.M.扬的政治哲学研究》,将艾利斯·扬与自由主义、社群主义进行比较研究;马晓燕的《社会正义研究的新视角:交往民主对审议民主的反思与批判》,将艾利斯·扬的交往民主与审议民主进行比较研究;马晓燕的《当代美国新马克思主义的正义之争——N.弗雷泽与I.M.扬的政治哲学对话》(《伦理学研究》,2011年第5期)与贺羡的博士学位论文《南希·弗雷泽的正义理论研究》探讨了艾里斯·扬与弗雷泽正义理论之间的区别与联系;类似的还有孙秀丽的《朝向批判的正义理论——论艾利斯·扬对传统正义理论的批判》(收录于《当代国外马克思主义评论》,人民出版社,2017年),主要也是介绍并评析了艾利斯·扬对分配正义的批判及其差异政治的思想。

综上所述,中国学者对艾利斯·扬政治哲学思想的研究始于21世纪初,既有相关专著或文章的翻译,也有以论文和专著的形式就其政治哲学思想展开的专题研究,但总体而言不够全面和深入。国内学界对其的研究呈现出以下特点:第一,研究视角由最初的女性主义视角转为了政治哲学视角;第二,政治哲学思想内容由女性主义正义转为了探讨民主与正义的关系;第三,对艾利斯·扬有关正义责任的思想关注不足;第四,缺乏艾利斯·扬政治哲学思想发展特点、思想内部关联性方面的研究。第五,对艾利斯·扬与马克思主义之间的关系探讨的比较少。艾利斯·扬虽被归为新马克思主义者,但是其政治哲学思想话语与经典马克思主义之间有关联也有很大的不同,目前这方面的研究很少。因此,本书尝试做这方面的努力,力图从马克思主义视角来分析评判艾利斯·扬的政治哲学思想,完整图绘和掌握艾利斯·扬的正义思想发展脉络，明晰思想内部的关联，展现艾利斯·扬作为一个有血有肉的正义批判理论家及行动者的形象，理性客观分析其理论特征、贡献与不足，探讨其政治哲学思想的理论价值。

(二) 国外研究状况

从研究成果来看，国外学者对艾利斯·扬的研究基本上与正义相关，对艾利斯·扬政治哲学思想的研究比较系统和深入，既有相关论文集也有论文，其中论文集有4部，分别是《公民资格、包容与民主：有关艾利斯·马瑞恩·扬的论文集》（*Citizenship, Inclusion and Democracy: A Symposium on Iris Marion Young*, 2006）、《与艾利斯·扬共舞：艾利斯·马瑞恩·扬的哲学》（*Dancing with Iris: the Philosophy of Iris Marion Young*, 2009）、《政治责任再聚焦：在艾利斯·马瑞恩·扬之后思考正义》（*Political Responsibility Refocused: Thinking Justice after Iris Marion Young*, 2013），以及《重新审视艾利斯·马瑞恩·扬的规范化、包容与民主》（*Revisiting Iris Marion Young on Normalisation, Inclusion and Democracy*, 2014），且都未翻译成中文；学术论文几十篇，翻译成中文的有6篇。

从研究内容来看，涉及的主题比较多。第一，研究艾利斯·扬的性别正义思想，如美国S.劳雷尔·韦尔登的论文《差异与社会结构——艾利斯·扬的社会性别批判理论》、西班牙庞培法布拉大学教授内务斯·托比斯科·卡萨尔斯（NeusTorbisco Casals）和加拿大约克大学教授艾迪尔·博兰（IdilBoran）2002年对艾利斯·扬的书面采访《女性主义政治哲学探析——对话艾利斯·马瑞恩·扬》、美国学者艾米·艾伦的论文《权力、正义与世界主义——女性主义批判理论概览》。第二，探讨艾利斯·扬有关民主与正义的关系，如捷克科学院哲学研究所博士研究生祖扎娜·尤赫德的论文《论结构不正义的根源——对艾利斯·扬理论的女性主义解读》《艾利斯·扬包容性审议民主中的程序正义》。此外，评论性的论文集《公民资格、包容与民主：有关艾利斯·马瑞恩·扬的论文集》《与艾利斯·扬共舞：艾利斯·马瑞恩·扬的哲学》《重新审视艾利斯·马瑞恩·扬的规范化、包容与民主》都是围绕艾利斯·扬的民主与正义关系进行探讨。

第三，研究多元文化主义方面，如《多元文化主义与公民资格》《文化与差异——艾利斯·马瑞恩·扬多元文化主义理论的张力》。第四，探讨艾利斯·扬全球正义的思想，如美国学者艾米·艾伦的论文《权力与差异政治：压迫、赋权和跨国正义》。第五，对艾利斯·扬的著作的评论。聚焦在对艾利斯·扬的《正义与差异政治》《包容与民主》《论女性身体经验："像女孩一样扔球"及其他短文》《全球挑战：战争、自决和正义的责任》等几本有影响力的著作的评论。除以上主题外，还有研究艾利斯·扬的公民政治教育、生态政治等方面的文章。

从研究方法来看，注重历史性的、比较性的研究。如探讨艾利斯·扬与主流正义思想的关系，瑞尼尔·福斯特的论文《激进的正义——论艾利斯·马瑞恩·扬对"分配范式"的批判》认为艾利斯·扬对政治哲学的突出贡献在于她对正义的"分配范式"的批判；《多元文化主义与公民资格》针对艾利斯·扬对普遍性公民资格的批判，指出艾利斯·扬的差异性公民资格发展了公民资格理论，推进了民主的进程；《文化与差异——艾利斯·马瑞恩·扬多元文化主义理论的张力》基于重新梳理多元文化主义的争论，明晰了扬的多元文化主义理论的演变，肯定了扬的多元文化主义理论家身份，认为她对"文化"概念在具体使用方面的批评为我们准确理解多元文化的公民身份提供了契机；在4部论文集中，有文章专门比较了艾利斯·扬与罗尔斯、阿伦特、法兰克福学派等的区别与联系。

综上所述，国外学者对艾利斯·扬的政治哲学思想的研究是比较全面和系统的。但纵观研究内容，缺乏从马克思主义的视角对其正义思想进行的解读，缺乏从20世纪70年以来的西方政治哲学思想发展脉络予以考察。而且，与国内学界一样，缺乏对艾利斯·扬的政治哲学思想形成的时代与理论背景、思想来源、建构正义理论框架的基础进行深层次的追问，也因此缺乏从更深层次的角度来把握艾利斯·扬的政治哲学思想，凸显不出其正义思想的独特性及其对当代西方正义理论、当代西方马克思主义的贡献。因而，从20世纪70年代以来的西方马克思主义、西方正义理论以及马克思主义的视角对其正义思想进行的解读，正是本书的突破口。

四、研究方法、难点与创新点

(一) 研究方法

本书坚持马克思主义的基本立场,综合运用多种方法进行研究。

1. 文献研究法

研究政治哲学涉及大量的著作、文献与人物,不仅要把握国外左翼理论家和西方政治哲学的相关思想,还要对马克思主义政治哲学思想的相关文献进行研读。而且鉴于国内关于艾利斯·扬的著作、文章翻译还不完善,所以笔者注重收集最新的研究材料,翻译了艾利斯·扬的专著2本(《正义的责任》《全球挑战》);评论其著作1本(《政治责任再聚焦》);评论文集《与艾利斯·扬共舞》中的部分文章以及另外3篇文章。在比较充分地研读艾利斯·扬的著作、论文及评论文章、国内外学者对艾利斯·扬政治哲学思想的评论以及国内外影响深远的政治哲学著作的基础上,深入了解艾利斯·扬的政治哲学思想,厘清艾利斯·扬的政治哲学思想发展脉络,认清艾利斯·扬政治哲学思想的实质。

2. 比较研究法

艾利斯·扬的政治哲学思想是在批判中不断发展和完善的,涉及与多个流派、多位学者相关思想的对比和分析,通过与自由主义、社群主义、多元文化主义、协商民主、民族主义、世界主义等就正义相关问题的争论进行比较和分析,有助于揭示其共性与差异,突显艾利斯·扬的政治哲学思想的特点,更深入、立体地把握艾利斯·扬的政治哲学思想。

3. 多学科交叉分析法

艾利斯·扬关注与研究领域较为广泛,包括性别、种族、女性主义哲学、民主政治理论、容纳和差异、生态政治、公共政策、伦理与国际事务等研究领域,涉及政治学、哲学、伦理学、社会学等学科领域,需要整合多学科优势,整体把握和分析艾利斯·扬的政治哲学思想。

4. 历史与逻辑相统一的方法

艾利斯·扬的政治哲学思想有一个显著特点便是随时代而舞，她常常立足时代提出的问题，主动参与时下最前沿的学术争论，形成具有晚期资本主义时代特色的理论。比如思考分配正义范式的不足，提出承认政治；抓住多元文化主义囿于身份认同，而转向结构性社群；发现法律责任模式无法应对大规模的结构性不正义，而提出社会连接责任模式等，使得她的政治哲学思想兼顾历史与逻辑，所以要阐述她的政治哲学思想，需要采用历史与逻辑相统一的方法，展现她思想的内在逻辑与外在表现。

（二）研究难点与创新点

1. 研究难点

首先，由于艾利斯·扬的政治哲学思想很多内容具有原创性，但这些原创性思想并不是凭空产生的，涉及与众多流派的交流与交锋，需要大量的背景知识，如何清晰呈现其中纷繁复杂的关系，展现艾利斯·扬政治哲学思想的独特性，是本书的难点。

其次，由于艾利斯·扬的政治哲学思想与马克思主义有关联，但这种关联性散落在其作品的各个角落，需要进行整理、概括、归类，如何将其置于当代西方政治哲学思想史中予以对比分析，提炼二者相同点与不同点，是本书的又一难点。

2. 创新点

首先，打破以往以作品出版时间先后来阐述艾利斯·扬的政治哲学思想的方式，本书围绕晚期资本主义背景下如何实现正义这条主线，试图对艾利斯·扬的政治哲学思想进行重构，以更贴近她的思想。通过考察差异群体、责任、民主与正义实现的关系，将艾利斯·扬的政治哲学思想串联起来。值得一提的是，笔者发现由于时间原因，国内首部研究艾利斯·扬的著作，即马晓燕的《多元时代的正义寻求——I.M.扬的政治哲学研究》所采用的资料，缺乏艾利斯·扬去世之后出版的且风靡西方学术界的专著

《正义的责任》，很多学者都借用其政治责任思想拓展各自的理论深度与广度，因此笔者原计划重点研究艾利斯·扬的全球正义思想。但是，随着掌握的资料日益增多，笔者发现艾利斯·扬的全球正义思想其实早就蕴藏在其第一本成名作以及其他作品当中。因此，本书在借鉴马晓燕著作的基础上，打破按照艾利斯·扬著作出版时间来归纳整理她的思想的模式，转而从她的世界观出发，打通其思想，展现其思想的连贯性，又凸显其眼界的开阔性，理论的深层性与多维性，重构其政治哲学思想。

其次，将艾利斯·扬置于当代西方政治哲学思想的各种争论中，进行比较分析，展现其政治哲学思想较之其他思想理论的科学性与深度。围绕公民资格、正义的责任以及民主三个主题，分析为什么存在争议，争论的是什么以及艾利斯·扬如何破解争议，并提出自己的观点。由此，展现其政治哲学思想与自由主义、社群主义、多元文化主义、协商民主、世界主义、民族主义等之间的相同点与不同点，再现艾利斯·扬政治哲学思想形成、发展的内在逻辑，全景展现这位晚期马克思主义者政治哲学思想的特色，提高其在众多的政治哲学思想领域中的辨识度。并且在此过程，对国内外一些学者对艾利斯·扬某些思想的批判予以回应。

最后，挖掘出艾利斯·扬的政治哲学思想一开始就具有全球性的特质。这种潜质表现为：第一，作为不正义的表现的压迫与支配话语，既可用于民族国家内部的人与人、群体与群体、国家与个人、群体等之间的关系，又可用于表述国与国、族群与族群、民族与国家、个人、机构、国家、族群与国际组织等之间的关系。第二，正义旨在消除造成压迫与支配的制度，实现压迫与支配的个体的自我决定与自我发展。据此逻辑，全球正义旨在消除全球范围内造成压迫与支配的制度，实现被压迫与被支配主体的自我决定与自我发展。只不过需要将"自我"的范围由个体扩展为族群。第三，作为实现正义的条件的包容性的沟通型民主，同样可以将其包容的思想与准则、政治平等对话的精神等用于全球民主领域。第四，正义的责任主体、范围、对象等本身就具有流动性与不确定性，内在包含了全球正义的责任主体、范围、对象等。而履行正义的策略，需要主体的判断，同样可以用于处理全球不正义问题。而她的政治哲学思想之所以具有全球潜质的根本原因在于其社会关系本体论的哲学基础。相比之下，罗尔斯明确否认其正义原则可用于全球领域；弗雷泽的正义理论是由再分配与承认的二元正义发展为添加了突破民族国家框架的代表权的三维正义观。

第一章 艾利斯·扬政治哲学思想形成的背景

俯瞰西方政治哲学思想史长河,从古希腊罗马到当代,政治哲学家们出于对人类社会美好生活的不懈追求,往往超越所处时代,从某种绝对理念出发,提出一种具有普遍性的正义理论。因此,无论是柏拉图的理想国,还是罗尔斯的无知之幕,某种程度上都是从某种应然的前提出发进行逻辑推导得出应然的结论,或者从有关道德、人性或良善生活的哲学假设出发推理论证得出相应的规范理念和原则,缺乏历史依据与现实经济依据的支撑。艾利斯·扬反对在正义研究方面这种旨在阐释正义的理念的规范理论的方法,主张回归现实,在分析特定社会现象的基础上,对社会现象、社会关系、社会进程和结构进行批判性反思,确认其中哪些社会关系、过程和结构对于所研究的问题是具有重要影响的,从而构建出它们之间的内在相关性,提出规范性的判断和结论。因此,分析艾利斯·扬所处的时代,挖掘其政治哲学思想形成的社会与理论背景、思想来源以及建构政治哲学思想的基础框架,便成为必要的奠基工作了。

第一节 社会与理论背景

艾利斯·扬认为,"正义的批判理论进路始于这样一种观察——所有规范理论或社会理论都是并应当是被它所表达的那个特定历史和社会语境所限定的。"① 那么，就让我们来看看艾利斯·扬政治哲学思想所表达的历史与社会语境究竟是什么样的。

一、晚期资本主义的新变化

"晚期资本主义"一词最早由恩斯特·曼德尔（Ernest Mandel）提出。他将资本主义以50年为周期，划分为市场资本主义、帝国主义或垄断资本主义和当前的晚期资本主义三个阶段。对于晚期资本主义这一新时代，人们从不同角度出发赋予了不同的称谓，如"晚期资本主义社会""全球资本主义社会""信息社会""后福特制社会""后现代社会""后工业社会""风险社会""后福利资本主义社会"等，每一种概括都是对资本主义社会的一种学术"图绘"，尽管各有偏激之处，但无疑告诉人们，当代资本主义确实发生了巨大变化。这些变化表现在以下几个方面：

首先，福利资本主义社会的去政治化。第二次世界大战（以下简称"二战"）后，西方社会福利制度的设计给战后的资本主义世界带来了稳定和繁荣，被认为是"稳定资本主义社会的一套装置"②，然而伴随着1973年石油危机及世界范围内的经济危机的爆发，加之资本主义社会人口老龄化、家庭结构与就业结构的变化以及经济全球化的影响，资本主义国家普遍产生了严重的福利供给与需求之间的矛盾。由此，引发了关于福利制度的去除与捍卫的争论。其中，以罗伯特·诺齐克为代表的自由主义者认为福利制度侵犯了公民的平等权利而猛烈抨击再分配政策；以理查德·阿内逊、G.A.柯亨和约翰·罗默等为代表的新马克思主义者则主张修复制度缺陷，将个人责任纳入福利制度，诉求新的福利制度。与以上两派的观点不同，艾利斯·扬在肯定福利制度曾经缓和社会冲突的同时，又认为该

---

① 〔美〕艾丽斯·M.扬：《正义与差异政治》，李诚予、刘靖子译，北京：中国政法大学出版社2017年版，第91页。
② 〔德〕克劳斯·奥菲：《福利国家的矛盾》，郭忠华等译，长春：吉林人民出版社2010年版，第8页。

制度在 20 世纪 70 年代成为新的社会矛盾和政治分裂的源泉。这种新的冲突源自福利资本主义社会的去政治化，即通过福利导向将公民塑造成客户—消费者（client-consumer），挫伤公民参与政治生活的积极性；政府制度与机构具有半自治法人性质，有关公共利益的政治决策一般是秘密或半秘密的状态下，由政府、私人企业主等少数有权有势的人做出；利益群体多元的程序使得公共讨论的议题一般是分配问题，分配主导了福利资本主义社会的政治讨论，有关生产组织、公共与私人的决策结构等影响分配的更基础的问题无法提上议程。与此相适应，分配正义范式发挥着意识形态的功能，遮蔽了资本主义不正义更根本的生产、政治决策、劳动分工等问题。

其次，科层制去政治化且成为一种新的压迫形式。科层制曾经"是对工业社会中大型而复杂的组织进行行政管理的最有效的手段"①，从 19 世纪到 20 世纪早期，无论是东欧、西欧还是美国，取代人格化控制的科层制都被视为减少压迫，尤其是阶级压迫的最好方法。然而，福利资本主义社会却将其演化为了一种新的压迫形式。对此，虽然"科层制罕见地受到了所有政治派别的诅咒。右派以利伯维尔场的名义寻求对它的限制，中间派以开放和责任的名义改革它，左派以参与和自我管理的名义想要取而代之。然而，它展示了抵制所有这些侵犯的惊人能力"②。这种惊人能力源于科层制将技术理性或工具理性从自然世界拓展到相对等的人类社会，发展出一套细致的劳动分工，将人们通过权威等级体制嵌入各种界定好的社会位置，"每个位置都有规则加以约束，不同位置之间的流动也受制于一个形式化的精英体制"③，从而使人们的集体行动形式化，人们依据法律理性，而非规范推理进行行动与合作，促使了科层制的去政治化。为增强这

---

① 〔美〕弗里蒙特·E. 卡斯特、詹姆斯·E. 罗森茨韦克：《组织与管理》，李柱流等译，北京：中国社会科学出版社 1985 年版，第 79 页。

② 〔英〕毕瑟姆：《官僚制》，韩志明、张毅译，长春：吉林人民出版社 2005 年版，导言第 1 页。

③ 〔美〕艾丽斯·M. 杨：《正义与差异政治》，李诚予、刘靖子译，北京：中国政法大学出版社 2017 年版，第 93 页。

些非人格化的规则和程序对人们工作与生活的控制,科层制一方面通过职业伦理予以意识控制,另一方面将代表科学性、价值中立性的专家引入决策制定过程,人们不仅包括劳动者,客户、消费者也发现自己无法决定自己的行为和行为的条件。而下层人们越是受制于详尽的规则,其主观判断就越来越不可避免地陷入对规则的运用而非改造之中,人们的职业流动希望在于对规则的遵守而非破除。因此,科层制将个人物化、原子化了,变成只会说话的劳动工具。

第三,资本权力控制的微观化。在晚期资本主义社会,经济的发展和福利制度以及政治上的平等参与,使得人们的生活较之早期资本主义社会普遍存在的经济剥削和政治压迫而言,有了很大的改善。然而,当代资本主义社会的资本控制逻辑正在以一种有别于传统的方式不断加强。从20世纪初对生产过程的控制,发展到20世纪60年代以来对日常生活领域的控制,以至晚期资本主义阶段的无意识控制,资本控制开启并深化了对社会的微观控制。卢卡奇、阿多诺等西方马克思主义者指出资本权力借用"物化意识",通过"合理化组织生产"布控生产过程,开启了一条从受众个体心理和意识的微观视角分析资本主义权力运作的新道路。随着资本主义的不断发展,马尔库塞、列斐伏尔等西方马克思主义者将"物化"应用到消费、娱乐、需求等领域,揭示了资本权力通过虚假需求、大众传媒和符号体系来控制消费,从而控制人们的日常生活世界,用哈贝马斯的话说,生活世界被殖民化了。艾利斯·扬也意识到"总体福利社会中的宰制从工作场所拓展到日常生活的诸多领域。……政府和私人机构都试图让客户和消费者掉入微观权威的罗网。"① 随着晚期资本主义时代的到来,鲍德里亚、詹姆逊、德波等西方马克思主义者认为通过符号赋予意义的方式来控制人的需求及日常生活,已经不能满足资本主义贪婪的权力欲望,资本权力布控由空间转移到人的无意识领域,通过"诱惑""虚空""景观"等

---

① 〔美〕艾丽斯·M. 杨:《正义与差异政治》,李诚予、刘靖子译,北京:中国政法大学出版社2017年版,第96页。

工具来抽空意义，从而实现了最高级别和最深层次的心理操控。① 艾利斯·扬认为正是这种无意识控制，使得人们对造成压迫与支配的惯习、制度、规范、象征等欣然接受，毫无反抗。她的正义理论之所以关注政治的一个重要动因，便是改变现有的道德理论无法考虑社会压迫的无意识来源状况。

最后，资本霸权的全球化。全球化与资本主义关系密切。迄今为止，"500 年全球化史大致可以分为三大阶段：二战前的 400 多年为第一阶段，二战后到冷战结束的 40 多年为第二阶段，冷战后为第三阶段。"② 在第三阶段，资本控制真正打破政治边界进入全球化时代。然而，在这一阶段，一方面由于苏东剧变，资本主义扩大了其全球版图；另一方面资本纷纷由发达资本主义国家向发展中国家转移，造成了发达资本主义国家的相对衰落，发展中国家的逐步崛起。与第三阶段的全球化同时并存的是逆全球化。全球化引发发达资本主义国家始料不及的后果，致使其采取逆全球化的措施：一是贸易保护主义死灰复燃；二是再工业化；三是主要国家间文化与政治出现恶化势头；四是发动局部战争转移矛盾。以美国为例，以人道主义为由，在冷战后美国及其盟国发动了海湾战争，以及针对科索沃、利比里亚、索马里、波黑、南联盟、阿富汗以及伊拉克等国家与地区的战争。由此可见，资本霸权的全球化犹如一把双刃剑，一方面它使世界每个角落都建立起了关联，人与人、国与国可以跨越地域的限制而间接关联；另一方面，又通过反全球化来限制这种关联，并在这一过程中引发人们对全球问题的责任、民族国家利益与全球利益的关系、地区自治与全球治理的关系等相关问题的思考。

正如美国经济学家保罗·克鲁格曼（Paul Krugman）认为，20 世纪 70 年代后美国收入的大分化，科技进步与全球化并非主因，恰恰是制度、规

---

① 闫方洁：《西方马克思主义社会批判理论中资本权力布控的三大场域及其转换》，载《教学与研究》，2016 年第 2 期，第 87 页。
② 郭强：《逆全球化：资本主义最新动向研究》，载《当代世界与社会主义》，2013 年第 4 期，第 16 页。

范与政治权力的变化导致了不平等的加剧,艾利斯·扬对晚期资本主义的新变化也偏重政治哲学视角。

二、"后68"的西方激进时代

晚期资本主义的这些新变化不可避免地带来了社会的悸动,突出表现为新社会运动的兴起。为区别于以往以工人为运动主体的社会运动,人们习惯将"西方20世纪70年代以来发生的和平运动、学生运动、反核抗议运动、少数民族的民族主义运动、同性恋权利、妇女权利、动物权利、选择医疗、原教旨主义宗教运动、新时代运动、生态运动,等等"称作"新社会运动"。[1] 在这场运动中,主要存在民权、反文化以及女性主义三类运动,其中民权运动关心身份、共同体和道德,诉求社会公正;反文化运动追求个人自由,对为社会公正或社会改造而工作几乎不感兴趣;受民权和民主运动的启发,女性主义运动试图逃脱资本主义父权制的限制,转向人道主义的女性主义。

在总结新社会运动40年时,美国社会批判理论家L. 兰格曼指出"新左派"一方面认可边缘化,另一方面要求终结美帝国主义。"后68"的西方激进时代主要呈现以下几方面的特征:一是后现代主义思潮的到来及其对资本主义统治的冲击。随着资产阶级人道主义遭遇现实的破灭,福柯认为现代理性通过社会制度、话语和实践等方式对个人进行统治,是一种压迫性力量,因而他指责现代理性、制度和主体性的形式是统治的根源或统治的建构物,开启了后现代主义思潮。在左派那里,"主体"已死,后现代主义思潮汹涌而来,随之而来的是主张"差异"的左派话语冲击着宏大叙事、阶级政治。二是西方左翼展开了对资本主义的整体批判。新社会运动涉及反抗与抵制资本主义统治的方方面面,因而西方左翼开启对资本主义的全面批判。三是与社会主义日益脱节。与传统工人运动不同,新社会

---

[1] Enrique Laraña, Hank Johnston, and Joseph R. Gusfield (eds.), *New Social Movement*, Philadelphia: Temple University Press, 1994, p.3.

运动不受左翼政党的领导,关注的不再是变革资本主义的生产关系,消灭经济剥削,公平分配财富问题,而是身份政治与自由;诉求的不再是意识形态的统一指导,而是多元主义的价值;采取的是游行、静坐等形式,各自为战,所有这些特征使得新社会运动与社会主义日益脱节。一些左翼学者,如安德烈·高兹注意到这一点而主张与新社会运动结盟。

艾利斯·扬与塞拉·本哈比(Seyla Benhabib)、南希·弗雷泽(Nancy Fraser)一样,都曾参与"68"激进社会运动,是"过去25年间三位最活跃的和最重要的女性主义批判理论家"①。纵观艾利斯·扬的一生,我们发现其政治哲学思想的形成离不开时代的滋养,而且新社会运动无疑是其生命中不可回避的重要事件。某种程度而言,艾利斯·扬的政治哲学思想的形成、发展都与这一轰动世界的政治事件开创的西方马克思主义发展的新时代息息相关。

艾利斯·扬是新社会运动的见证者与参与者。一方面,她积极参与各种新社会运动,成为新社会运动的一份子。参加了包括引发"个人即政治"的女性运动、呼吁选民投票赞成设置公民警务审查委员会的请愿书征求签名活动,密切关注反战运动、反核运动,以实际行动声援新社会运动。另一方面,她试图反思"社会正义诸概念对这些新社会运动产生了怎样的影响,反过来,这些运动又如何面对及修正传统的正义概念"②。事实上,《正义与差异政治》《包容与民主》《像女孩一样扔球以及女性哲学和社会理论方面的其他论文》《正义的责任》《全球挑战》等作品都是反思新社会运动的理论产物。在她看来,美国20世纪60年代以来的新左翼社会运动,包括民主社会主义者、环保主义者、黑人、墨西哥裔美国人、波多黎各人、美国印第安人等的运动,反对美国对第三世界进行军事干涉的运动,残疾人、老年人、房租客、穷人的运动以及女性主义运动,以各种

---

① 〔美〕艾米·艾伦:《权力、正义与世界主义——女性主义批判理论概览》,李剑译,载《国外社会科学》,2015年第6期,第129页。

② Young, Iris Marion, *Justice and the Politics of Difference*, Princeton;Oxford:Princeton University Press, 1990, p.3.

第一章 艾利斯·扬政治哲学思想形成的背景

方式揭露了美国社会所深刻隐藏的结构性不正义。然而,"这些运动的参与者并没有意识到自己与当代正义哲学理论之间的亲缘关系"①。艾利斯·扬明确指出,其《正义与差异政治》一书"发轫于对其他受压迫群体的社会运动的经验与理念"②,某种程度而言,就是在表达蕴藏在这些社会运动中的正义与不正义的主张及其意义与内涵。

身处"后68"西方激进时代的艾利斯·扬对新社会运动的反思体现在以下几个方面:一是新社会运动使其清晰认识到在晚期资本主义社会差异群体的现实存在性。无论是同性恋运动、女性运动还是少数族裔运动,这些运动都揭示了同性恋者、女性、少数族裔等弱势群体在现存政治体制中的失声状况。二是深入分析差异群体存在的原因。艾利斯·扬认为资本主义制度本身的同化主义理想压制了差异群体的利益表达,究其原因在于资本主义制度赋予人们的普遍性的公民资格。三是探讨如何维护差异群体的正义。艾利斯·扬诉诸差异政治,将差异视为政治资源,引入差异性的公民资格、政治责任以及及包容性的沟通型民主等途径试图捍卫差异群体的正义。

事实上,对于1960年代晚期和1970年代早期的社会运动的研究,欧美形成了两个不同的学派,分别是美国的政治过程理论(political process theory)和西欧的新社会运动理论(new social movement theory)。前者由资源动员范式发展而来,认为民族国家为全国性的社会运动的出现提供了条件。后者的几个关键假设来自马克思的著述,认为社会运动源于相互冲突的集体行为,而不是始于原子化的或无社会联系的个体的行动。③ 艾利斯·扬对新社会运动的分析所得出的理论,更像是这两种学派的综合。她反对自由主义的普遍性的公民资格,将人视为原子式的个体而主张将人置

---

① Young, Iris Marion, *Justice and the Politics of Difference*, Princeton;Oxford:Princeton University Press, 1990, p.7.

② Young, Iris Marion, *Justice and the Politics of Difference*, Princeton;Oxford:Princeton University Press, 1990, p.14.

③ 〔美〕安东尼·M. 奥勒姆、约翰·G. 戴尔:《政治学与社会》,王军译,北京:中国人民大学出版社2017年版,第222—240页。

于社会联系当中,从集体行为视角分析不正义的主体,并思考新社会运动所蕴藏的集体行为与国家民主政治过程之间的关系,提出了社会连接责任模式。因此,在这里我们再一次领略了艾利斯·扬政治哲学思想的时代性、包容性与原创性。

三、当代西方马克思主义研究的变化

从资本主义批判史来说,"晚期资本主义"是资本主义发展的新阶段,也是一种新的理论视角。晚期资本主义与"后68"西方激进时代的到来,也带来了人们对资本主义的研究方法、重点领域的变化,也必然引起以纠正传统马克思主义之"偏"起家的西方马克思主义研究的变化。20世纪西方左翼随着历史语境的变迁也相应地发生了一些变化,以卢卡奇、柯尔施、葛兰西等为代表的早期"西方马克思主义"在20世纪60年代末就终结了。而产生于1968年新社会运动的"新左派"与早期西方新马克思主义者已有很大的不同,就不用说与正统马克思主义者之间的距离了。结合艾利斯·扬的正义思想内容,这些变化在本体论、辩证法及正义理论方面体现得尤为突出。鉴于艾利斯·扬对社会批判理论的高度重视,本书将单独论述,在此不再赘述,重点探讨本体论、辩证法以及正义理论三个方面的变化。

第一,本体论的重建。诚如俞吾金所言,哲学史既是唯物主义与唯心主义的斗争史,又是绝对主义与相对主义相互交替的历史。其中,绝对主义指的是对上帝、理念等某种确定性的界定和追求,建构某种哲学,彰显哲学史不同阶段的特征;相对主义指的是对绝对主义及由其演变的独断主义的怀疑、批判乃至否定,消解占据主流限于僵化的哲学思想,开创一种新的哲学思潮。纵观哲学史,在中世纪,对上帝的尊崇使得神学笼罩欧洲大地;宗教改革及启蒙运动打破了这一绝对主义,出现了众多思想流派;到19世纪上半叶,黑格尔强调绝对理念的泛逻辑主义又把绝对主义的发展推向顶点;然而克尔凯郭尔通过"非此即彼"的辩证法解构了黑格尔的"正题—反题—合题"的辩证法,宣称"上帝死了"的尼采推翻了创始于

第一章　艾利斯·扬政治哲学思想形成的背景

苏格拉底、柏拉图以来的整个理性绝对主义传统，相对主义卷土重来，汹涌澎湃。然而，强劲的相对主义又在20世纪70年代遭遇了以本体论为核心的绝对主义思潮。①

从欧洲大陆哲学的情况看，胡塞尔把对蕴含在先验现象中的意识活动和通过这种活动被构造出来的意识对象的考察命名为"形式本体论"和"质料本体论"，到海德格尔秉承了"回到事物本身"的现象学口号，把自己的本体论称作为"基础本体论"。之后，N.哈特曼、萨特、马塞尔、伽达默尔等哲学家都推进了本体论的研究。而英美分析哲学因更接近由孔德肇始的实证主义传统，对包括本体论在内的形而上学问题持拒斥的态度。直到奎恩提出"本体论承诺"的思想，分析哲学与实用主义合流，呈现与大陆哲学趋同的发展倾向。大陆哲学和英美哲学不约而同地回归本体论研究的倾向也波及了当代西方马克思主义的研究。聚焦正义理论，马克思主义哲学对当代西方政治哲学的影响在其本体论。然而，对马克思的本体论的理解至少存在实践本体论、社会本体论以及社会生产关系本体论三种理解。②卢卡奇晚年从本体论视角重新研究马克思哲学，发表了《作为社会实践模式的劳动》《马克思的本体论》《思想和行为的本体论基础》《社会存在本体论》等一系列论著，直接推动了本体论的重建。比较突出的是当代美国著名哲学家卡罗尔·C.古尔德（Carol C. Gould）从哲学的视角来解读《1857—1858年经济学手稿》，于1978年出版了个人专著《马克思的社会本体论》，对马克思的社会本体论作出了系统解释。虽然古尔德在《马克思的社会本体论》的参考书目中并没有提及《社会存在本体论》，但俞吾金认为这恰恰暴露了古尔德思想的卢卡奇来源。③处于这一大的哲学背景之下，艾利斯·扬试图重建本体论。当然，重建本体论既不是对传统

---

① 俞吾金：《古尔德〈马克思的社会本体论〉评析》，载《马克思主义与现实》，1995年第1期，第86—87页。

② 俞吾金：《马克思哲学是社会生产关系本体论》，载《学术研究》，2001年第10期，第11—12页。

③ 俞吾金：《古尔德〈马克思的社会本体论〉评析》，载《马克思主义与现实》，1995年第1期，第88页。

本体思想的简单恢复,也不是对本体论基本性质规定的全部摈弃,而是需要新的思维方式与理论模式,需要遵循合理性、非实体性、相对性、主体性、动态、建构等原则。①

第二,辩证法的两大转向。辩证法是"一种关注世界上所发生的一切变化和相互作用的思维方式"②。20世纪70年代以来的西方马克思主义在辩证法研究上的转变突出表现在两个方面:其一是对马克思辩证法解读的转向。总体而言,西方马克思主义对马克思辩证法的解读经历了卢卡奇的总体辩证法,到阿尔都塞的结构辩证法再到奥尔曼的内在关系辩证法的转变。③卢卡奇以黑格尔主义精神重塑被第二国际理论家所歪曲的马克思的辩证法,主张把"社会作为总体来认识"④,反对孤立化的历史研究方法,试图"在历史与无产阶级的阶级意识之间建立起一种有机的联系,以唤醒无产阶级对自己历史地位和历史使命的认识"⑤。阿尔都塞反对卢卡奇过分强调意识的作用而将马克思主义解读为一种人道主义的理论,因而提出结构辩证法,以论证马克思主义的科学性。这种科学性突出体现在,他认为在社会中,"许许多多的矛盾在起作用……这个'矛盾'本质上是多元决定的"⑥,而非传统的线性因果关系决定的。这点对艾利斯·扬将正义的主题视为结构,将资本主义不正义的原因归结为结构性原因有直接影响。然而,阿尔都塞"以结构完全消融主体的地位而破坏了理论与实践的统一,

---

① 张世远:《本体论学说的近现代流变及其前景》,载《学术探索》,2009年第6期,第14—19页。

② 〔美〕伯特尔·奥尔曼:《辩证法的舞蹈——马克思方法的步骤》,田世锭等译,北京:高等教育出版社2006年版,第5页。

③ 黄继锋:《总体性辩证法—结构辩证法—内在关系辩证法——西方马克思主义对马克思辩证法的三种解释比较》,载《理论视野》,2011年第2期,第40页。

④ 〔匈〕卢卡奇:《历史与阶级意识》,杜章智等译,北京:商务印书馆1996年版,第77页。

⑤ 黄继锋:《总体性辩证法—结构辩证法—内在关系辩证法——西方马克思主义对马克思辩证法的三种解释比较》,载《理论视野》,2011年第2期,第40页。

⑥ 〔法〕路易·阿尔都塞:《保卫马克思》,顾良译,北京:商务印书馆2009年版,第88页。

从而失去了批判性和革命性"①。艾利斯·扬看到了这一缺陷,从社会关系视角看待个人与共同体之间的关系,提出一种社会连接责任模式。某种程度来说,艾利斯·扬的这种领悟甚至早于美国马克思主义辩证法学派的代表人物奥尔曼。奥尔曼提出的内在关系辩证法既综合卢卡奇和阿尔都塞的合理因素,同时又克服它们各自的片面性,以试图维护马克思主义科学性和革命性的统一性。②

其二是辩证法的空间转向。资本主义世界的石油经济危机迫使资本在全球范围进行重组,以亨利·列菲伏尔(Henri Lefebvre)、大卫·哈维(David Harvey)、爱德华·索亚(Edward Soja)等为代表的城市新马克思主义者"在历史唯物主义以及更广泛的批判理论框架中引入了空间"③,主张对辩证法进行修复,使得"今天的辩证法不再与历史性与历史性时间相关联,或者诸如'正题—反题—合题'或'肯定—否定—否定之否定'之类的时段性机制有什么关系了"④,促进了辩证法的空间转向。这种空间转向在政治哲学方面则表现为,政治哲学家之间的正义责任的范围之争,主要有两种观点:一种是将正义责任范围限定在一定的政治管辖区域范围内,如罗尔斯在《正义论》中假定那些对彼此拥有正义责任的范围是一个单一的相对封闭的社会⑤,即使是后来的《万民法》中的万民也并非全球范围的人民。另一种是将正义责任的范围划为全球层面,这种观点承认我们生活在一个全球不正义的世界,正义的责任是全球的,以彼得·辛格

---

① 黄继锋:《总体性辩证法—结构辩证法—内在关系辩证法——西方马克思主义对马克思辩证法的三种解释比较》,载《理论视野》,2011年第2期,第42页。
② 黄继锋:《总体性辩证法—结构辩证法—内在关系辩证法——西方马克思主义对马克思辩证法的三种解释比较》,载《理论视野》,2011年第2期,第42—43页。
③ 〔美〕爱德华·W. 苏贾:《后现代地理学——重申批判社会理论中的空间》,王文斌译,北京:商务印书馆2007年版,第45页。
④ 转引自刘怀玉:《日常生活批判的瞬间、差异空间与节奏视角》,载《哲学分析》,2016年第6期,第37页。
⑤ 〔美〕约翰·罗尔斯:《正义论》(修订版),何怀宏等译,北京:中国社会科学出版社2009年版,第7页。

(Peter Singer)、彼得·昂格尔（Peter Unger）、查尔斯·贝茨（Charles Beitz）、托马斯·博格为代表。艾利斯·扬也通过探讨政治体的范围而将视角转向全球领域。无论是她的成名作《正义与差异政治》，还是《包容与民主》，抑或是她晚期的《全球挑战》《正义的责任》，都致力于思考全球范围的正义问题。

第三，道德正义与政治正义的关系认识转变。罗尔斯的《正义论》将正义由道德领域引向政治领域，开创了罗尔斯时代。随着全球资本主义时代的到来，仅仅从政治角度阐述正义已经不能满足复杂多元时代的需要，由此，霍耐特提出了承认正义，弗雷泽在此基础上提出一元三维正义，强调经济上分配正义、文化上承认正义以及政治上的代表权。然而，艾利斯·扬在与正义理论家的论战中，越发意识到这种硬性的划分，很难认清资本主义不正义的面孔。据此，艾利斯·扬以批判分配正义为切入点，逐渐阐述了她的结构性不正义思想，提出差异政治与社会连接的责任模式，使正义理论进入后罗尔斯时代。事实上，道德正义与政治正义的关系问题一直是一个令人困惑的问题。长久以来，关于二者的关系，西方学界有不同的看法，呈现出一个历史的变迁过程。启蒙运动以前，道德正义和政治正义是结合在一起的，道德正义往往被看作是政治正义的基础。在这种情况下，如果一个政治制度，一个法律体系满足了一定的道德标准，被一定的道德体系所认可，那么这个政治制度和法律体系就是正当的，反之就是不正当的。启蒙运动开始后，神权权威受到严重挑战，道德问题和政治问题开始被区分开来，道德问题属于个人事务，政治问题属于公共事务。后来，虽然道德正义和正义有所分别，但二者之间仍然存在密切的联系。比如，在康德看来，具有实践理性的人是自我立法的人。如果立法的主体是个人，那么这个法就属于伦理范围，如果立法的主体是国家的公民，那么这个法就属于法律范围。由此可见，在康德看来，道德上的正义与政治上的正义是相互分离但又相关的两个问题。真正把二者分开是启蒙运动以来的许多思想家。从这个角度来分析，罗尔斯和哈贝马斯强调二者的区分。罗尔斯认为，道德正义因关注的是道德主体的个人能力，因而易受个人的道德观念、宗教信仰和世界观等方面的影响而无法达成妥协；相反，政治正义关注的是人们如何用理性的方法来达成社会契约的问题,因此,政治正义不能建立在某种道德学说的基础上,政治自由主义不强求把这些不同的道德观念综合起来。在这个问题上,哈贝马斯与罗尔斯的观点有一些相同之处。哈贝马斯也认为,政治正义应该与道德正义区分开来,强调道德规范不能成为法律规则的摹本,不能用道德正义为政治正义辩护。与罗尔斯不同之处在于,在道德问题上,人们之间可以通过商谈达成共识,同样,法律的规则也源于人们的商谈过程,可见,政治正义与道德正义是一种互补关系,而非罗尔斯所言的对立关系。在这一点上,哈贝马斯又与麦金太尔有相似之处。国内也有学者,如王晓升主张要把道德上的、政治上的和经济上的公正严格区分开来。因为这三个方面的公正有完全不同的含义,适用于完全不同的范围。而艾利斯·扬关于社会连接责任模式深化了对道德正义与政治正义关系的认识。她从责任角度探讨道德责任与政治责任之间的区别与联系,适应了多元时代的大背景。在这个多元、异质的全球化时代,政治、经济、文化等方面相互交织,相互影响,很难划分正义的界限。不正义现象也更多的是结构性的现象,难以确定谁应该负责。而社会联系的责任模式认为只要行为者参与了产生不正义的社会进程,那么就应该负责。这种责任属于政治责任,而非道德或法律责任。

可见,在晚期资本主义时代,全球化带来的世界格局使得西方左翼对资本主义的批判大多回避了经济视角,转向了政治视角,呈现出一种新的时空观。对于马克思主义者而言,坚持马克思对现代社会的分析和批判的同时,融入时代因素,发展相应的新的批判形式。

第二节 理论来源

正如凯尔纳所言,"一切关于现实的知识都来源于某个特定观察点,一切'事实'都是人们建构起来的解释,一切视角都是有限的,不完全的。因此,一种多向度且多视角的理论从多种多样的位置来观察社会也许能提供最富洞见的阐发。"① 艾利斯·扬吸收借鉴了许多思想理论，包括正义理论、女性主义、多元文化主义、马克思主义、后现代主义、批判理论、结构主义与解构主义等，但是她对这些思想理论的采用不是完整意义上，更多的是类似实用主义的态度，仿佛进入了一个理论超市，但凡有利于她的论证，她便采用，反之就不用。用她自己的话说，"只要某个理论对我的分析和论证有益，我就会欣然采纳。"② 概括而言，对艾利斯·扬政治哲学思想具有较大影响的理论有以下几个方面。

一、马克思主义

正如法国哲学家德里达所指出的："不能没有马克思，没有马克思，没有对马克思的回忆，没有马克思的遗产，也就没有将来。"③ 特里·伊格尔顿也指出：马克思主义"已成了我们'历史无意识'中的一大部分"④。在艾利斯·扬的身上，我们能够清晰地找寻到马克思主义的影子。

艾利斯·扬与马克思主义之间的直接联系可以追溯到 20 世纪 70 年代末，她参与了一个名为马克思主义激进哲学家（Marxist Activist Philosophers，简称 MAP）的组织，这一组织在 20 世纪 80 年代初改成了社会主义女性主义哲学家协会（Socialist-Feminist Philosophers Association，简称 SOFPHIA）。艾利斯·扬从一开始就是该组织理智的领导者之一，她不仅批判社会理论，而且采取与理论相关的实际活动，比如，组织群众参加

---

① 〔美〕道格拉斯·凯尔纳、〔美〕斯蒂文·贝斯特：《后现代理论——批判性的质疑》，张志斌译，北京：中央编译出版社 2001 年版，第 145 页。

② Young, Iris Marion, *Justice and the Politics of Difference*, Princeton, NJ: Princeton University Press, 1990, p.8.

③ 〔法〕德里达：《马克思的幽灵》，何一译，北京：中国人民大学出版社 1999 年版，第 21 页。

④ 转引自杨耕：《德里达：从解构主义转向马克思主义——解读〈马克思的幽灵〉》，载《哲学研究》，2000 年第 5 期，第 35 页。

反战、亲工会以及其他有关社会正义方面的活动。① 这些实践活动让她加深了对马克思主义的认识，并将其运用到她的正义理论当中，具体表现为以下几个方面：

第一，合理运用马克思主义历史唯物主义，并阐明了其历史唯物主义观点。以艾利斯·扬为代表的社会主义女性主义者深受马克思主义的经济基础与上层建筑辩证关系原理的影响。艾利斯·扬将马克思主义的经济基础与上层建筑辩证关系原理运用到对西方民主政治的分析上。通过对西方民主的考察，她总结出当代西方民主政治的恶性循环："由社会与经济不平等所引起的政治不平等会强化那些社会与经济方面的不平等"②，"政治不平等有助于再生产出社会与经济的不平等"③，即当代西方民主政治遇到的主要挑战在于，社会与经济领域中存在的结构性不平等导致了政治领域的结构性不平等和不正义，反过来，政治领域的不平等又强化了社会与经济方面的不平等，从而将处于弱势地位的劳工、女性与少数群体成员排斥在政治议程之外。艾利斯·扬将普遍联系的观点用于分析正义的责任问题。她认为所有参与了产生结构性不正义的社会结构进程的人与机构都应对不正义负责，包括受益者与受害者。同时，产生责任不局限于直接联系，还包括跨越时空的间接联系。艾利斯·扬对历史唯物主义的借鉴还体现在对实践的关注上。抛开她本人积极参与各种有关正义的活动，实践正义理论不谈，最为重要的是她立足美国社会现实，善于从现实出发找寻现存制度的不足，反对当代盛行的分配正义范式，提出差异政治思想。

第二，借鉴马克思主义论证共产主义社会的方式，改变了传统正义理论的规范预设。马克思主义是由马克思恩格斯创立的关于实现无产阶级和人类解放的学说，共产主义社会是无产阶级和人类实现真正解放的社会。

---

① Ann Ferguson, Mechthild Nagel, *Dancing with Iris: The Philosophy of Iris Marion Young*, New York: Oxford University Press, 2009, p.4.

② 〔美〕艾丽斯·M. 杨：《包容与民主》，彭斌、刘明译，南京：江苏人民出版社2013年版，第44页。

③ 〔美〕艾丽斯·M. 杨：《包容与民主》，彭斌、刘明译，南京：江苏人民出版社2013年版，第136页。

然而，马克思对最高社会形态的论述不是从预设美好社会的规范出发，而是在批判旧世界中发现新世界。19世纪40年代，欧洲国家先后都进入了工业革命时期，"资产阶级在它的不到一百年的阶级统治中所创造的生产力，比过去一切世代创造的全部生产力还要多，还要大"①。资本主义进入一个新的阶段，展现了巨大的活力。但与此同时，"资产阶级的所有制关系，这个曾经仿佛用法术创造了如此庞大的生产资料和交换手段的现代资产阶级社会，现在像一个魔法师一样不能再支配自己用法术呼唤出来的魔鬼了"②。资本主义生产的社会化与生产资料的私人占有之间的矛盾日益凸显，"我们现在应该做些什么，我指的就是要对现存的一切进行无情的批判"③。从社会现实出发，从资本主义的不正义出发，不断摸索人类社会的发展规律，最终找到实现共产主义的途径。马克思主义的这种论证方式同罗尔斯的《正义论》完全不同。罗尔斯是通过预设一个"无知之幕"，设想一个公正的社会制度，再用正义的原则来衡量现实的不正义。艾利斯·扬不赞同罗尔斯由此得出的分配正义范式，认为"我们不能一开始就假设一个完全正义的社会，并以此提出一套政治原则，而应该从我们现实存在的一般历史及社会条件出发"④，因而她采取的是马克思主义的论证方式，从批判资本主义不正义开始，找寻正义。

第三，丰富了马克思主义的阶级理论，并拓展了马克思主义的剥削理论。艾利斯·扬认为马克思主义只将种族主义和性别主义的不正义笼统地归结为阶级压迫或资产阶级意识形态的影响，这种将压迫作为一个一元的道德类别或范畴的分析，不再适应新社会运动之后的社会。新社会运动改变了压迫的含义。压迫不仅仅指的是暴力，相反更多的是日常生活实践带来的不利与不正义。为此，她丰富了压迫的类别，将压迫划分为剥削、边

---

① 《马克思恩格斯文集》第2卷，北京：人民出版社2009年版，第36页。
② 《马克思恩格斯文集》第2卷，北京：人民出版社2009年版，第37页。
③ 《马克思恩格斯文集》第10卷，北京：人民出版社2009年版，第7页。
④ Iris Marion Young, "Polity and Group Difference: A Critique of the Ideal of Universal Citizenship", Ethics: A Journal of Moral, Political and Legal Philosophy, Vol.99, No.2, 1989, p.261.

第一章　艾利斯·扬政治哲学思想形成的背景

缘化、无权、文化帝国主义和暴力等五种类型，以充分阐释不同社会群体所遭受的不正义。在此基础上，艾利斯·扬拓展了马克思主义的剥削理论。在她看来，马克思主义剥削理论的核心功能在于，基于劳动价值论阐明"在缺乏法律和规范等明确区分的条件下阶级结构为何存在"[①]。然而，这是一种缺乏明晰的规范性的含义。因此她将剥削进一步描述为：剥削在各社会群体之间建构了权力和不平等的关系，一些群体的劳动和精力的消耗有助于另一个群体，自身却没有得到相应的回报，最终导致了系统化的权力转移，并由此增加了后者的权力、地位和财富。在她的论述中，剥削不仅产生在马克思所谓的阶级关系中，也会以性别和种族的特殊性呈现。如，妇女所遭受的压迫和剥削不只是分配的不平等，更在于通过女性为男性工作而产生的一种系统化的、非互换性的权力关系的转移，因此，性别剥削除了在于妇女的物质劳动成果转移到男人手里外，还在于妇女的精力和权力往往以不被注意和不被认可的形式耗费而使男性从中受益。不仅如此，在马克思的剥削概念中，妇女只在有薪工作范围内被剥削，而艾利斯·扬认为，妇女的家内劳动是一种特殊形式的剥削，是一种被整个家庭收入的工资所掩盖的劳动。除了这种家庭父权制外，还存在卡罗尔·布朗提出的"国家父权制"的剥削形式。在她看来，要从根本上消除这些剥削的不正义已远超出了分配的范围。只要现实生活中的制度化的实践和结构关系没有改变，权力和能力的转移过程将会再次产生出不平等的利益分配。因此，女性主义所寻求的正义必须是能够消除这种强化权力转移过程的制度结构。

第四，准确把握了马克思主义世界历史有关个体与共同体之间的规定性，提出兼顾个体与共同体的全球正义思想。对于马克思主义世界历史理论，国内学者叶险明指出国内外学界存在两种错误倾向：一种是把它视为唯物史观的一个组成部分，另一种是把它视为一种宏观视角，两者都没有把握其规定性。在他看来，马克思主义世界历史理论有其自身的规定性，

[①] Iris Marion Young, *Justice and the Politics of Difference*, Princeton, NJ: Princeton University Press, 1990, p.57.

表现在两个相互联系的方面：一方面，人和社会的彻底解放需要在世界范围内实现；另一方面，世界历史的发展离不开个人和民族国家等共同体的发展。① 对此，笔者认为艾利斯·扬把握住了马克思主义的世界历史规定性，突出表现其在对全球正义的追寻方面，基于族群概念，提出社会连接责任模式，要求所有主体包括个体及共同体，只要其参与了产生结构性不正义的社会进程，那么它就应当负责，既避免了世界主义的单纯强调个体的人及其价值，又避免了共同体主义优先考虑同胞的利益而非其他人的利益的弊端。巧妙地将个体与共同体联系起来，聚集在消除不正义的旗帜下，共同承担改变结构性不正义制度的责任。

二、女性主义

艾利斯·扬不仅是一位女权主义理论家，更是一位投身妇女运动的行动主义者，参加了女性哲学、社会主义女性主义哲学家协会等社团。在《正义与差异政治》导言中，她明确表明其无论是对压迫的规范性反思还是对差异政治的思考都得益于参与了当代妇女运动。在2002年接受的一次书面采访中，艾利斯·扬坦言："20世纪70年代的妇女运动成了自我反省的重要方式，也对我开始研究哲学和政治理论产生了根本的影响。70年代初期，女性哲学社团（SWIP）在美国成立。……是我接受大量崭新的思想模式、带来思想变革的地方。"② 由此可见，艾利斯·扬于1974年凭借《从匿名到演讲：对维特根斯坦晚期作品的解读》这篇与政治哲学没有直接关系的论文，获得宾夕法尼亚大学哲学博士学位，到1990年成名作《正义与差异政治》的出版，关注女性解放，投身妇女运动，并在实践中建构女性主义哲学，使其走向国际舞台。在女性主义运动中思考女性主义

---

① 叶险明：《马克思世界历史理论的特性与世界历史理论基本问题》，载《马克思主义研究》，2010年第1期，第65—69页。

② 〔西〕N.T.卡萨尔斯、〔加〕I.博兰：《女性主义政治哲学探析：对话艾利斯·马瑞恩·扬》，孙晓岚、宋美盈译，载《国外理论动态》，2013年第12期，第1页。

哲学，通过构建女性主义哲学引导现实的女性主义运动，二者相辅相成，是艾利斯·扬正义思想的形成与发展的与众不同之处。艾利斯·扬受女性主义运动和女性主义哲学的影响，表现在以下几个方面：

一是女性视角是其观察与思考社会不正义的触角。身为女性，基于现象学，艾利斯·扬习惯从女性角度来看待社会不正义问题，甚至某些作品，比如《像女孩一样扔球以及女性哲学和社会理论方面的其他论文》某种程度上就是一种自传体的正义理论。即使是探讨正义理论的一般概念，她也倾向于女性视角的阐发，比如在论述正义的主题——结构时，她便设想了一个单身母亲桑迪的例子，一步步向读者展示了导致其无家可归的原因是结构性的。只不过，与其他女性主义者不同的是，艾利斯·扬没有停留在女性视角上，而是将其类推至所有弱势群体，从中发现具有普遍性的因素。正是这种类推思路，一方面使得其女性主义理论更具有说服力与生命力，另一方面也促使她从更深层次思考社会正义问题。

二是女性主义运动激发了其对差异政治的思考。艾利斯·扬明确指出，女性主义运动中有关女性在承认阶级、种族、性别、能力和文化等方面的差异的重要性与困难的讨论，尤其是女性群体内部的有色人种、残疾人、老年人等被排斥的经验，直接激发了其对差异政治的思考。她认为，传统有关女性主义的同一性平等观和权利平等的平等观无法为这些被排斥的人群提供表达诉求的平台，因此她主张一种差异性的平等观。同时，通过赋予女性以差异性的公民资格、丰富民主的沟通形式、社会连接责任模式等方式，实施差异政治，维护差异群体的利益。不过需要指出的是，艾利斯·扬这种偏重差异群体的政治哲学思想也引起了一些学者的质疑，他们追问艾利斯·扬的政治哲学思想到底维护的是谁的利益以及由此引发的对其政治哲学思想的科学性的否定。

三是女性主义是其将宏观政治与微观政治相结合的落脚点。20世纪60年代以来资本控制开启并深化了对社会的微观控制，由控制生产过程逐渐转移到日常生活领域以至无意识控制。艾利斯·扬也意识到，"总体福利社会中的宰制从工作场所拓展到日常生活的诸多领域。……政府和私人机构都试图让客户和消费者掉入微观权威的罗网。"① 如何深入研究这种微观控制所带来的不正义，艾利斯·扬从女性群体遭遇的外部与内部压迫为切入点，在宏观制度与微观生活之间建构联系，有效地破解了不正义的原因及解决路径。以在追问女性受压迫的根源为例，艾利斯·扬反对将资本主义制度与父权制割裂开来的二元论，她理想中的理论是"一种生产关系理论和产生于生产关系并且加强这种关系的社会关系理论，这种理论把性关系和妇女状况看成一种核心因素"②，认为资本主义社会与父权制社会二者是合一的，共同造成了女性的被压迫。

最后，女性主义的一些理论是其理论的直接来源。比如艾利斯·扬运用克里斯蒂娃的卑贱理论（the abject theory），分析广泛存在于人们头脑中对种族、性别、老年人以及残疾人的刻板印象所具有的政治涵义，挖掘出协商民主理论与实践中存在的外部排斥与内部排斥，以及蕴藏其中的文化帝国主义。再如，艾利斯·扬采用深受后现代理论影响的女性主义的差异思想，关注差异，提出差异政治的主张。

三、后现代理论

现代哲学在反对近代哲学时，提出反对形而上学的主张，在非理性主义原则基础上讨论了人生意义问题，其在研究科学的本质、规律以及人生价值意义时，充满了相对主义、怀疑主义、个人主义、自由主义、实用主义、多元论、不确定性等思想观点。总体上看，现代哲学的这些主张、观念，不仅被后现代哲学继承下来，而且还进一步上升为核心理念。后现代哲学在彻底否定传统哲学关于客观、基础、本质、规律、必然、普遍、中心、长远等观念的基础上，特别强调了主观、自由、相对、偶然、规则、

---

① 〔美〕艾丽斯·M.杨：《正义与差异政治》，李诚予、刘靖子译，北京：中国政法大学出版社2017年版，第96页。

② 〔美〕艾里斯·扬：《超越不幸的婚姻——一对二元制理论的批判》，见李银河主编：《妇女：最漫长的革命——当代西方女性主义理论精选》，北京：生活·读书·新知三联书店1997年版，第83页。

多元论、不确定性等东西。正是通过这种在继承中的否定,后现代哲学激烈地批判了长期以来存在的理性主义对非理性主义的欺压、中心主义对边缘分子的欺压、普世价值对个人价值的欺压、长远价值对当下价值的欺压、集权主义对个人主义的欺压、必然主义对自由主义的欺压、宏大叙事对微观话语的欺压等。在后现代主义看来,一切历史上的哲学体系都不过是一种语言的构造,是一种游戏。[1] 后现代理论对艾利斯·扬政治哲学思想的影响表现在以下几个方面:

一是反对同质统一性、强调异质多样性,提出差异政治思想。第一,艾利斯·扬赞同后现代主义者对同一性逻辑的批判。她赞同阿多诺(Theodor Adorno)将西方哲学和理论话语中那种否定、压制差异的逻辑称为同一性逻辑,而对同一性逻辑的批判与德里达对在场的形而上学的批判形成了思想上的共鸣。[2] 任何在场的形而上学的意义统一性成为分裂的碎片。[3] 她反对同一性逻辑根据实在(substance)而非过程或关系来概念化实体(entities),这为她转向关系本体论埋下了伏笔。第二,艾利斯·扬重申差异的意义。她认为将差异定义为绝对的他者、相互排斥,实质是在同一性逻辑下的定义,而如果将差异视为多样性和异质性的关系性的理解,将拒绝排斥,而且群体身份也是流动的,并随着社会过程的变化而变化。第三,艾利斯·扬提出差异政治思想。群体差异并非是一种负担或劣势,相反差异具有积极的方面,可以通过坚持群体差异的积极性,发展一种解放的和赋权的政治,构造与自由主义的个人主义相对的群体团结,最终实现在公共领域与私人领域的平等。

二是反对终极意义,注重过程性,提出社会结构进程概念。艾利斯·扬既强调结构又强调后结构。她在吸收索绪尔和列维·斯特劳斯用结构主

---

[1] 赵光武、黄书进:《后现代哲学概论》,北京:首都师范大学出版社2013年版,第44页。

[2] Young, Iris Marion, *Justice and the politics of difference*, Princeton: Princeton University Press, 1990, p.98.

[3] 郭璎蔚:《不在场幽灵的激进在场》,载《社会科学战线》,2010年第5期,第43页。

义方法尝试研究语言学和人类学的经验的同时,又采用后结构主义关注对象的变化发展问题的特征,因此,在她看来,作为正义主题的结构,表现为一个动态的、不断生成变化的社会结构进程。这个概念融合了结构主义的共时性特征与后结构主义的历史性特征。艾利斯·扬既强调实用主义的结果又强调过程论的过程。事实上,艾利斯·扬所谓的"社会结构进程"(structural processes)就是她所说的作为正义主题的结构,也是罗尔斯的正义主题的社会结构,至少包含四个方面的内容:历史形成的客观限制、人们在现实宏观社会环境中所处的位置、由行动产生、带来意想不到的结果。概括而言,社会结构进程体现的是人们互动的社会关系,是一种客观事实,具有动态性、不确定性,可以通过人们的行动来改变。这为她提出政治责任的范围、主体奠定了基础。

三是强调话语的中心地位,提出包容性的政治沟通与交流。后现代主义强调语言的构成性力量,认为"自然的"对象是被话语性地制造出来的。[1] 艾利斯·扬认识到民主过程中,存在着外部排斥与内部排斥,两种排斥事实上都剥夺了一些人,尤其是社会弱势群体的话语权。而由于内部排斥更容易被忽视,所以艾利斯·扬着重分析了政治沟通中问候或公开承认、修辞和叙事,通过强调政治沟通中这些特殊而有效的交流方式,提醒人们注意话语与伦理之间的关系、话语与政治之间的关系。艾利斯·扬还认为虽然政治讨论过程中问题、修辞和叙述可能存在欺骗和操纵的危险,但是,它们有助于处于不同境况中的群体与个人之间进行沟通与交流,减少内部排斥。

四是超越现代性的静态的时空观,构建一种动态的开放的时空观。艾利斯·扬受建设性后现代主义哲学思想的影响,她的时空观总体属于一种后现代时空观。在时间方面,艾利斯认为现在是过去的体现,蕴藏着未来,透过现在可以追溯过去并展望未来,现在对过去与未来都有意义,具

---

[1] 〔瑞典〕麦茨·埃尔弗森:《后现代主义与社会研究》,甘会斌译,上海:上海人民出版社2011年版,第47页。

有开放性。在空间方面,更加注重全球化对民族国家或个人生活的影响,强制三者之间的联系与相互渗透,超越了传统的威斯特伐利亚条约下的民族国家的限制。而这种开放的动态的时空观为艾利斯·扬提出社会连接责任模式奠定了思想基础。

总而言之,艾利斯·扬基于实用主义的原则,使得其政治哲学思想的理论来源除了上述的马克思主义、女性主义以及后现代理论之外,还有现象学、结构主义、分析哲学、社会学,等等,而且既不全盘接受也不断然拒绝,只要有助于认识与解决社会不正义都可以为她所用。不过,这并不代表她对这些理论的采用是一视同仁的,仔细分析其作品,我们发现批判理论、社会关系本体论以及协商民主理论是其建构政治哲学思想框架的基础理论。

第三节 建构政治哲学框架的基础

追溯艾利斯·扬建构其政治哲学思想的基础,除去分析其所处的时代特征与理论背景以及其所采撷的理论资源之外,还应采取阿尔都塞的"症候"阅读法,透过其作品的字里行间,挖掘出其构建政治哲学思想框架的世界观与方法论基础。分析其作品,我们发现艾利斯·扬是在社会关系本体论的指导下,运用批判理论方法,系统回答了在晚期资本主义条件下如何实现正义的问题。而且她主要在现有的民主政治模式——协商民主的理论与实践的基础上,搭建了其政治哲学思想的基础框架。

一、批判理论

艾利斯·扬在其著名代表作之一的《包容与民主》导言中明确指出,"本书所运用的大致的理论方法是批判理论的方法。我想要通过这种方法从社会与历史的视角进行情景化的规范分析与论证。"① 这与她的成名作《正义与差异政治》所采用的方法一脉相承。按照乔尔·安德森在《法兰克福学派的"第三代"》一文中的说法,第一代批判理论家主要是通过反思社会科学的方法,对从作为意识形态的工具理性中解放出来感兴趣;第二代批判理论家关注交往工具的改进,而这些交往工具既能推动道德进步并尊重传统,又可克服由于技术科学理性而导致的极端民族主义、排外主义和生活世界殖民化等社会灾难;第三代批判理论家则更为彻底地抛弃了本质主义和结构主义的观点,他们把注意力转向文化多元问题和全球化问题,并且倾向于认为技术科学问题并不与社会生活相分离,而是生活社会的一部分。②

按照这种划分,艾利斯·扬的政治哲学思想属于第三代,然而她并不属于法兰克福第三代批判理论家,她的批判理论来源于法兰克福学派但又不同于法兰克福学派,也正是在这个意义上,美国著名批判理论家道格拉斯·凯尔纳(Douglas Kellner)给出他划分的三代批判理论家中并没有艾利斯·扬的名字。第一代有本雅明、霍克海默、阿多诺、马尔库塞、弗洛姆等;第二代是哈贝马斯及其学生;第三代是凯尔纳、贝斯特(Steve Best)、本·阿格尔(Ben Agger)、布隆纳(Stephen Bronner)、戴维斯(Angela Davis)、南希·弗雷泽、费恩博格(Andrew Feenberg)、塞拉·本哈比。③而罗德尼·佩弗(Rodney Peffer)更是将艾利斯·扬归为分析哲学家④,

---

① 〔美〕艾丽斯·M.扬:《包容与民主》,彭斌、刘明译,南京:江苏人民出版社2013年版,第12页。
② 颜岩:《第三代批判理论家与批判社会理论》,载《国外理论动态》,2009年第7期,第72—73页。
③ 颜岩:《第三代批判理论家与批判社会理论》,载《国外理论动态》,2009年第7期,第72页。
④ 〔美〕R.G.佩弗:《马克思主义、道德与社会正义》,北京:高等教育出版社2010年版,导论第9页页注。

第一章　艾利斯·扬政治哲学思想形成的背景

以及分析的马克思主义者①，再一次说明艾利斯·扬的批判理论（critical theory）不同于法兰克福学派的观点。基于建构政治哲学思想的基础框架视角，她所理解的批判理论有如下特征：

第一，批判与改变世界。艾利斯·扬反对西方哲学中的偏重事实判断，拒斥价值判断的实证主义传统。她认为，在正义研究方面，规范理论的方法旨在阐释正义的理念，从某种应然的前提出发进行逻辑推导得出应然的结论，或者从有关道德、人性或良善生活的哲学假设出发推理论证得出相应的规范理念和原则。而批判理论的方法不同，"批判理论认为一种与某个特定社会相疏远的普遍性的规范系统是荒谬的，因而拒绝那种构建这种系统的努力。"② 同时，批判理论也不同于实证研究方法。在她看来，实证研究的方法只是单纯描述现实社会存在的各种不正义现状，是摒弃了价值分析维度来研究现实问题的方法。"实证主义的社会理论使各种社会事实与价值相分离，并且宣称自己是价值中立的。批判理论不同于实证主义的社会理论，它认为社会理论并不必然赞同既定的社会价值。"③ 这也就意味着，批判理论综合了事实判断与价值判断，是建立在对现有的价值进行批判性分析的基础上的。进一步分析，批判理论虽反对传统的规范理论研究方法，也反对实证主义的研究方法，但它依然需要分析社会经验现象，也需要分析规范价值。"批判理论假定，用于批判某一社会的规范性理念正是根植于这一社会的经验和反思，而且这种规范不能从别处产

---

① 注：2018年5月6日佩弗教授在中国人民大学进行《分析的马克思主义与社会正义》的讲座。笔者请教如何定位艾利斯·扬。佩弗教授回答说他与艾利斯·扬是好朋友，他认为虽然艾利斯·扬本人没有公开说明自己是分析的马克思主义者，但私底下称自己是分析的马克思主义者。值得注意的是，艾利斯·扬虽然受分析哲学的影响，但是又受大陆哲学的影响，因此不能只是简单地将其定位为分析的马克思主义者。

② Young, Iris Marion, *Justice and the Politics of Difference*, Princeton; Oxford: Princeton University Press, 1990, p.5.

③ Young, Iris Marion, *Justice and the Politics of difference*, Princeton; Oxford: Princeton University Press, 1990, p.5.

生……规范性的反思产生于听到痛苦的或不幸的呼喊,或者产生于自己感到的不幸。"① 因此,基于对不正义的批判性反思成为其政治哲学思想的起点。"批判理论是从突然的前提出发,它需要反思那些进入研究者视野中的实然的社会关系、过程和结构,确认其中哪些社会关系、过程和结构对于所研究的问题是具有重要影响的,从而构建出它们之间的内在相关性,提出规范性的判断和结论。"② 也即是说,她更偏向于将自己的价值融入实际观察,从而否定那种将社会制度、惯习等当成理所当然的、一成不变的东西,她认为社会正义就是消除这些内化到资本主义社会结构中的支配与压迫,正义的责任就在于改变造成支配与压迫的社会结构进程,使其产生更少的支配与压迫。在这一点上,艾利斯·扬的批判理论与马克思对辩证法的理解相通。马克思指出,"因为辩证法在对现存事物的肯定的理解中同时包含对现存事物的否定的理解,即对现存事物的必然灭亡的理解;辩证法对每一种既成的形式都是从不断的运动中,因而也是从它的暂时性方面去理解;辩证法不崇拜任何东西,按其本质来说,它是批判的和革命的。"③

第二,构建起将资本主义宏观政治与日常生活微观政治联系起来的分析框架。与众多西方马克思主义学者不同的是,艾利斯·扬援用了马克思主义的历史唯物主义、辩证唯物主义等相关理论,反对将马克思主义视为一种经济决定论,并据此反对被政治哲学领域推演为的分配正义范式。为了对以罗尔斯的正义理论为代表的分配正义范式进行批判,艾利斯·扬关注晚期资本主义制度这一宏观政治背景下的不正义现象,分析其产生的原因。在实现正义的途径上,不主张暴力革命,试图对资本主义制度进行改良,将马克思的宏观社会革命与日常生活的微观革命结合起来,构建起全球资本主义宏观政治与日常生活微观政治联系起来的分析框架,除了重视

---

① Young, Iris Marion, *Justice and the politics of difference*, Princeton; Oxford: Princeton University Press, 1990, p.5.

② 〔美〕艾丽斯·M.扬:《包容与民主》,彭斌、刘明译,南京:江苏人民出版社2013年版,第12—13页。

③ 《马克思恩格斯文集》第5卷,北京:人民出版社2009年版,第22页。

工厂等生产领域的斗争，还注重非工作场合如家庭、租房市场等领域的工人运动，强调妇女、非裔美国人、血汗工厂工人、移民等弱势群体的联合行动，具有强烈的政治性，矛头直接对准资本社会的各种不正义现象。这在当前资本主义世界保守势力日益得势的形势下，具有一定的积极意义。不过就其理论本质而言，艾利斯·扬强调资本主义宏观政治与日常生活微观政治的联系，目的是为了避免传统的马克思主义的经济决定论倾向，并不具备革命的性质。

第三，强调对资本主义社会的整体批判。基于社会关系本体论的认识，艾利斯·扬认为资本主义社会的不正义产生于结构性原因，是社会制度内部缺陷的反映，表现为渗透到日常生活中的压迫与支配关系。根据社会连接责任模式核心观点，政治责任解决可能产生的社会内部与国内外的结构性不正义，使产生结构性不正义的社会结构进程朝着更好的方向发展。艾利斯·扬所谓的"社会结构进程"体现的是人们互动的社会关系，是一种客观事实，具有动态性、不确定性，可以通过人们的行动来改变。透过艾利斯·扬对社会群体和社会结构进程的分析，可以推断出政治责任的范围超越了阿伦特的同一共同体的限制，是全球范围的，而且超越了时间的限制。正因如此，她借用全球血汗工厂的案例，来深入解释社会连接责任模式的空间范围；用奴隶制来解释社会连接责任模式如何应对历史性不正义。因此，某种程度上，艾利斯·扬的批判社会理论是对马克思主义的补充和发展，并没有完全背离马克思主义，但可惜有时走得太远了。

正是基于对批判理论的特征定位，艾利斯·扬在《正义与差异政治》中对社会批判理论进行了全面的解读。她认为，"批判理论是一种具有历史和社会语境的规范性反思……来自特定社会语境中的反思显示，要构建完善的规范性理论难以回避社会的和政治的描述和解释……社会的描述和解释必须是批判性的，即它的目标应该是用规范的术语来评价这种假定的事实。"[①] 这一定义提到了三个关键因素：批判、描述和规范性。正是采用

---

① Young, Iris Marion, *Justice and the Politics of Difference*, Princeton, NJ: Princeton University Press, 1990, p.5.

了批判理论的方法，艾利斯·扬把她终生的理论规划与批判现实的民主制度联系起来，从现实的不正义出发，提出积极的正义建构规范与原则。如《正义与差异政治》正是在考察了美国社会大量社会政策、制度的前提下，批判了当时占主流地位的分配正义范式，揭示其蕴藏的普遍性公民资格对差异群体的忽视，以及偏重不正义结果而忽视了导致不正义的政治决策、劳动分工以及文化等因素，提出用结构性不正义来定义正义新视角。有学者称这部书"对于后罗尔斯式的正义讨论具有原创性的贡献"①。她本人在《包容与民主》的导言中指出，"《包容与民主》明确表达了各种规范理念与道德论证，它既试图揭示出当代民主社会存在着的各种道德上的缺陷，同时又试图在这些社会中设想各种变革的可能性。"② 她批判了当代西方聚合型民主与协商民主，提出了一种更加具有包容性的沟通型民主。在《激进分子对协商民主的挑战》一文中，艾利斯·扬更是将自己的协商民主理论定位为揭露不正义性的批判理论。"民主理论，包括协商民主理论，应当从根本上将自己解释为一种批判的理论，它揭露了被假设为公平的现实决策中的排他性和强制性，从而使得他们的结论的合法性受到怀疑。"③ 尽管批判理论的方法是其政治哲学思想采用的主要的和贯穿始终的方法，但是艾利斯·扬也明确表明，她也在很大程度上不认同某些批判理论家的一些宗旨或原则，如她在认可并遵循哈贝马斯对发达资本主义社会的描述及其关于话语伦理的一般性观念的同时，却批判哈贝马斯对同质公众的潜在认可；针对哈贝马斯关于民主过程的"中心式的"（centred）想象，提出一种"去中心的"（decentred）社会与政治的概念。

艾利斯·扬讨论、辨析正义问题，但无意构建一套正义理论。这一点在她对传统正义理论话语范式的批判上体现得尤为明显："正义理论往往

---

① Jeffrey C. Isaac and Iris Young, "A Tribute", *Constellations*, No.2, 2007, pp. 289-291.

② 〔美〕艾丽斯·M.扬：《包容与民主》，彭斌、刘明译，南京：江苏人民出版社2013年版，第13页。

③ Iris Marion Young, "Activist Challenges to Deliberative Democracy", *Political Theory*, Vol. 29, No. 5, 2001, pp.670-690.

需要首先对人性本质、社会本质和理性本质进行一般性的假定，由此推导出适用于所有或大多数社会的基本正义原则，而不论这些社会具有怎样的具体构造和社会关系。根据 theoria 一词的真正含义，这意味着'观看'正义。它假定，为了获取综合性的知识，必须在正义问题所根由的社会语境之外寻找到一个视角。展示出立身之本后，正义理论的目标就限定为自圆其说。作为一种话语，它试图无所不包，试图面面俱到地描述正义。它是非时间性的，在它之前无物存在，在它之后出现的一切也对其成立毫无损益，更无法破坏它与社会生活的关联。"① 在《全球挑战》一书中，她明确指出，她所提出的全球、区域和地方治理的思路不应被视为成熟的政治建议，而应作为驱逐非生产性思考主权、自决，以及相互依存的批判性方法。②

二、社会关系本体论

如果将批判理论视为艾利斯·扬构建其政治哲学思想的方法论，那么她从社会关系视角看待个人与共同体的关系的社会关系本体论可视为其世界观。透过其著作，我们分析出艾利斯·扬是在社会关系本体论的指导下，从批判资本主义不正义出发，提出了社群、族群、社会结构进程、结构性不正义、社会连接责任模式等一系列关联的概念，搭建了其政治哲学思想的基础概念框架。

论述社会关系本体论，首先得阐释什么是关系本体论。关系本体论最早可追溯到犹太宗教哲学家马丁·布伯。从哲学发展史来看，西方哲学的本体论倚重实体概念，本体论研究经历了从宇宙本体论（自然本体论、神学本体论）向人学本体论（理性本体论、性灵本体论、生命本体论等）再

---

① 〔美〕艾丽斯·M.扬：《包容与民主》，彭斌、刘明译，南京：江苏人民出版社 2013 年版，第 292 页。

② Young, Iris Marion, *Global Challenges: War, Self-determination and Responsibility for Justice*, Cambridge, UK: Polity Press, 2007, p.8.

向社会本体论转变的嬗变过程。依据这一传统，布伯的本体论可称为关系本体论。在其代表作《我与你》中，布伯认为本体乃关系，关系先于实体，实体由关系而出。构成"关系"的两个原初词"我—它"与"我—你"，表达的是对人与世界、人与人之间关系的不同态度，而不仅仅是语法学现象上的人称形式的不同。其中，"我—它"代表的是近代西方主客体二分，并高扬主体性的世界观，由笛卡尔开创、通过康德认识论完成并由胡塞尔继承发扬光大。布伯认为，在这种"我—它"关系中，世界完全被"它性化"，作为客体的"它"（他人、他物）只是作为主体的"我"认识及利用的对象，人与人、人与世界构成的是"单向度"的"单子式"关系，因而不是真正的关系。"我"不能发现自身的意义，不能面对神圣的上帝。布伯批判"我—它"关系的目的在于提出他所谓的代表真正关系的"我—你"关系。"我—你"关系构成了我与你直接"言谈"的、动态相遇的"关系世界"，化解了近代哲学的基础"我思故我在"，确立了"关系"的本体地位。①

布伯基于"我—你"关系的关系本体论虽然旨在追求对"永恒之你"的臣服，但其某些观点的确有吸引艾利斯·扬的地方，表现在以下几个方面：首先，关系本体论强调人的存在的差异性，与我—它关系语境中"我"代表的是消弥了个性差异的共性的人不同，我—你关系中的"我"代表的是彰显个性特征的、特殊的人，成为艾利斯·扬的差异公民资格的理论基础。其次，关系本体论强调关系的实体性，关系真正决定个人存在，"没有孑然独存的'我'"②，"伫立于关系的人享有实在"③，"原初

---

① 孙向晨：《马丁·布伯的"关系本体论"》，载《复旦大学学报》（社会科学版），1998年第4期，第92页。

② 〔德〕马丁·布伯：《我与你》，陈维纲译，北京：商务印书馆2015年版，第6页。

③ 〔德〕马丁·布伯：《我与你》，陈维纲译，北京：商务印书馆2015年版，第59页。

词'我—你'则创造出关系世界。"① 这个关系世界表现为与自然、与人及与精神实体相关联的人生三种境界，我与你处于"生活世界"的相互交流的关系，我与你动态"相遇"，为平等对话创造了条件，同时"每一包容多民族的伟大文化都筑居于本原的相遇，根植于对'你'的响应回答"②。艾利斯·扬关于社群、社会结构进程、社会连接责任模式等关键概念的描述都具有动态性、不确定性，与"相遇"特征不谋而合。第三，关系本体论强调我—你之间对话的重要性。我—你关系是直接的、相互的"之间"（between）关系，将哲学由强调主体性带入强调主体间性领域。"言谈"（conversation）既能使你与我保持各自特点，又使我们联系在一起从而是"之间"最好的表现形式。艾利斯·扬批判协商民主将一些弱势群体视为他者，在涉及大规模的社会公共辩论中仅用第三人称提到某些人或社会阶层，从来不用第二人称予以问候。③ 最后，关系本体论强调世界超越时空的限制。"'它'之世界龟缩于时空网络。'你'之世界超越于时空网络。"④ 由于人执持双重态度，因而世界于他呈现为存在与生成、事物与事件的双重世界，"事物进入空间框架，事件居于时间网络"⑤。在相遇者你之世界，"瞬时片刻乃是神妙离奇，飘渺虚无之诗意插曲"⑥，且不归入秩序规范的对象世界。无怪乎，艾利斯·扬一直在追求一种能够解释当下又超越时空的正义理论。

---

① 〔德〕马丁·布伯：《我与你》，陈维纲译，北京：商务印书馆2015年版，第8页。
② 〔德〕马丁·布伯：《我与你》，陈维纲译，北京：商务印书馆2015年版，第51页。
③ 〔美〕艾丽斯·M.扬：《包容与民主》，彭斌、刘明译，南京：江苏人民出版社2013年版，第77页。
④ 〔德〕马丁·布伯：《我与你》，陈维纲译，北京：商务印书馆2015年版，第33页。
⑤ 〔德〕马丁·布伯：《我与你》，陈维纲译，北京：商务印书馆2015年版，第32页。
⑥ 〔德〕马丁·布伯：《我与你》，陈维纲译，北京：商务印书馆2015年版，第34页。

从新马克思主义视角来看，对艾利斯·扬的政治哲学思想具有直接影响的当属古尔德对马克思的社会本体论的系统解释。古尔德认为马克思的社会本体论的基本范畴包括：个人、关系、劳动、自由和正义。重建马克思社会理论的本体论基础的目的在于找寻马克思著作中关于个人与共同体的关系，论证马克思关于"关系中的个人"是构成社会生活的基本要素，展示马克思对个人主义与社群主义的独特综合的特征。[1]

古尔德对马克思的社会本体论的论述对艾利斯·扬政治哲学思想的影响表现在以下几个方面：首先，强调个人与共同体关系的实在性与动态性。古尔德认为，在马克思的社会本体论中，社会是由处于社会关系中的个体构成的，社会与个体一样都是实在，而且个体"是通过他们的活动来构成这些关系的"[2]，"个人的生存和活动方式"是"关系的本体论前提"[3]，个人没有固定不变的本质，因此他们所处的关系并不是不变的，而是历史地变化着的。与之类似，艾利斯·扬将社会视为由各种关系构成的实体，改变罗尔斯从个人角度转从群体角度来分析正义，而且群体具有不确定性、流动性。其次，将不正义解释为支配关系。古尔德认为，马克思在《1857—1858年经济学手稿》中没有专门讨论正义概念不代表马克思没有正义思想，只不过他是从不正义来对正义做规范性描述的。这种不正义表现为支配，"支配就是一个个人（或一群个人）对于在另一个人（或另一群人）之上的权力的运用，也就是说，是通过控制他们的活动条件而指导或控制他们的行动的。"[4] 而且，"支配是一种社会关系，即代理人或人

---

[1] 〔美〕古尔德：《马克思的社会本体论》，王虎学译，北京：北京师范大学出版社2009年版，中文版序言第2页。

[2] 〔美〕古尔德：《马克思的社会本体论》，王虎学译，北京：北京师范大学出版社2009年版，第44页。

[3] 〔美〕古尔德：《马克思的社会本体论》，王虎学译，北京：北京师范大学出版社2009年版，第43页。

[4] 〔美〕古尔德：《马克思的社会本体论》，王虎学译，北京：北京师范大学出版社2009年版，第120页。

第一章 艾利斯·扬政治哲学思想形成的背景

与人之间的一种关系,而不是一种作用于物的因果行动……支配是间接运行的。"① 这种支配关系属于非交互性关系。与之相关,艾利斯·扬也是从批判晚期资本主义社会的不正义来论述其正义思想的,并将这种不正义概括为支配与压迫的非对称互惠关系,正义就是为了消除支配与压迫的制度障碍。第三,从批判资本主义不正义、正义与自由的关系以及共产主义的正义图景三个方面建构马克思的正义思想。艾利斯·扬建构其正义思想的思路与之类似,从社会关系视角,批判资本主义不正义,追求个人与共同体的自我决定与自我发展,以包容自由的理想的现代城市生活作为正义的愿景,于其中,人与人相互依赖,但"在其中个人作为单个的人,然而是作为社会的单个的人再生产出来"②。最后,强调批判的方法。无论是古尔德本人对《1857—1858 年经济学手稿》的批判性解读,还是古尔德揭示出马克思对资本主义的广泛批判中包含着正义的价值预设,都彰显了批判方法的重要性。古尔德还总结了马克思的"正义辩证法",即社会关系在历史发展过程中,经历了由非互惠关系到非互惠性与互惠性并存,并将到互依性的过程,这是一个不断变化、动态发展的过程。古尔德对批判方法的认识与应用,与艾利斯·扬对批判理论的理解不谋而合。

艾利斯·扬多次强调她的理论是建立在社会关系本体论基础之上的,认为社会存在体现为各种社会关系,社会关系规定人的本质。"群体既是由那些个体构成的,同时又存在于他们的关系之中。"③ 她强调从结构视角看待社会关系,认为"社会实际上是通过各种由特权与不利地位组成的结构性的关系来区别的"④。艾利斯·扬构建其政治哲学思想基础的社会关系本体论特征及表现是:

---

① 〔美〕古尔德:《马克思的社会本体论》,王虎学译,北京:北京师范大学出版社 2009 年版,第 120—121 页。
② 《马克思恩格斯文集》第 8 卷,北京:人民出版社 2009 年版,第 208 页。
③ 〔美〕艾丽斯·M. 扬:《包容与民主》,彭斌、刘明译,南京:江苏人民出版社 2013 年版,第 112 页。
④ 〔美〕艾丽斯·M. 扬:《包容与民主》,彭斌、刘明译,南京:江苏人民出版社 2013 年版,第 136 页。

第一，强调社会关系实在性。艾利斯·扬认为社会存在体现为各种社会关系，社会关系规定人的本质。社群在人与人之间的相互关系中形成，是变动的也是绝对真实的。她反对传统的那套正义理论，即首先对人性本质、社会本质和理性本质进行一般性的假定，并由此推导出具有普遍适用性的基本正义原则。她认为这套正义理论无视社会的具体构造和社会关系，是独立于特定社会存在之外的普适的规范性正义理论。[①] 这样的理论无益于评价现实存在的社会制度与实践。因此，她主张采取反思性的话语，描述和解释各种社会关系。基于此，艾利斯·扬的政治哲学思想立足于美国社会中的种种支配与压迫，分析了美国社会的诸多政策、制度与实践，揭示了分配正义范式对这些制度与实践的意识形态化，最终她提供了一种城市生活模型，作为一种理想的规范化关系。同时基于对社会关系的分析，艾利斯·扬与朱迪斯·巴特勒（Judith Butler）批判了弗雷泽将再分配与承认截然分立的二元正义论，在他们看来"当代社会是如此同一的体系，所以反对其任一方面的斗争必然威胁整体；因此，把对承认的诉求与再分配诉求相区别，是割裂的和达不到预期目的的"[②]。

第二，强调差异性、动态性及超越时空性。集中体现在艾利斯·扬的社会群体（social group）概念上。她采取有别于传统的从"集合体"（aggregate）模式和"结社"（association）模式来理解社群。她赞同阿伦特将复数性（plurality）而不是同质性（unity）视为公众群体的特征。艾利斯·扬虽然没有给出社群的具体概念，根据散落在其作品的思想，她理解的社群至少包含以下几个方面含义：其一，社群是人们因认同而集结在一起所呈现出的一种社会关系，犹如海德格尔的"抛入"（thrownness）特性：一个人发现，他作为一个群体成员所体验到的存在和关系早就存在。不是个体构成群体，而是群体构成个体。其二，作为社会关系的产物，社

[①] Young, Iris Marion, *Justice and the Politics of Difference*, Princeton, NJ: Princeton University Press, 1990, p.4.

[②]〔美〕南希·弗雷泽、〔德〕阿克赛尔·霍耐特：《再分配，还是承认？——一个政治哲学对话》，周穗明译，翁寒松校，上海：上海人民出版社2009年版，第48页。

第一章 艾利斯·扬政治哲学思想形成的背景

群本身是异质的,而非哈贝马斯所谓的同质的,且具有流动性、交叉性、边界的不可判定性。其三,社群是由穿越时空差异的间接关系所组成,而非必须处于面对面的直接关系中。透过对社群的理解,可以推断艾利斯·扬的政治责任的主体是变动的、无国界的、历史性的,而且首先是基于对某个问题的认同而集结在一起的。正是她对政治责任主体的这种理解,使得社会连接责任模式可以用于界定跨越国界的大规模的结构性不正义,如全球气候变暖、全球贫困、全球血汗工厂等问题的责任主体。类似的具有差异性、动态性及超越时空性特征的概念,还有"社会结构进程"(structural processes)、社会连接责任模式(social connection model of responsibility)等,因为后文将详细论述,在此不再赘述。"某种社会群体是作为一种与其他群体处于互动关系中的特定群体而存在和被界定的。社会群体的身份认同产生于那种在生活方式和交往方式上经历过某些差异的人们之间的遭遇和互动中。"①

第三,强调对话的有效性。艾利斯·扬认为在识别结构性不正义、确认责任主体以及履行责任的整个过程中,政治争论不可避免,包容性的沟通型民主是实现正义的必要的和恰当的手段。根据这种民主理念,所有相关责任人,尤其是弱势群体能积极参与公共领域的讨论,清晰表达所要表达的意愿与建议,在争论的问题上进行充分辩论,相互给出理由以论证自身行动的正当合法性,从根本上唤醒责任感。进而,共同参与采取民主的集体政治行动以改变不公正的社会结构。在全球范围内,构建全球民主,使经济、文化、政治上处于弱势的国家和民族都能参与到结构性不正义问题的治理中来。因此,通过对话以及注意对话过程中的问候、修辞、叙述,防止内部与外部排斥,构建平等的对话机制,为实现正义奠定基础。

最后,强调批判的方法。表现为:一是批判传统的政治理论,提出新的建构思路。艾利斯·扬发现,"政治理论的实证主义与还原主义进路存在一些困难。因为实证主义预设了一套理应予以批判的恒定的制度结构,

---

① 〔美〕艾丽斯·M. 杨:《包容与民主》,彭斌、刘明译,南京:江苏人民出版社 2013 年版,第 312 页。

还原主义又试图将政治对象还原为一个整体,并将普遍性与同一性凌驾于个性与差异之上。"① 她主张"从社会与历史的视角进行情景化的规范分析与论证"②,建构新的正义理论。二是批判资本主义不正义,找寻正义的规范。正是采用了批判理论的方法,艾利斯·扬将其终生的理论规划与批判现实的社会制度联系起来,从现实的不正义出发,提出积极的正义建构规范与原则。三是积极与自由主义、社群主义、多元文化主义、民族主义、世界主义等思想流派及其代表人物的思想进行争论,提出自己的政治哲学思想。

艾利斯·扬基于社会关系本体论建构政治哲学思想的初衷,与法兰克福学派第四代代表人物瑞尼尔·福斯特(Rainer Forst)的观点类似。福斯特在批判弗雷泽的正义思想时指出,正义的理论范式应该向政治合理性范式转变,正义的根本原则首先是社会结构中政治权力关系的合理性,而不是弗雷泽所说的参与平等。③ 艾利斯·扬强调从社会关系视角来看待现实,目的就是确保政治权力关系的合理性,建构实质正义与形式正义相统一的正义理论。然而,艾利斯·扬的社会关系本体论虽然直接受益于古尔德对马克思的社会本体论的论述,但与马克思的社会本体论仍有一定的差距。马克思指出:"在一切社会形式中都有一种一定的生产决定其他一切生产的地位和影响,因而它的关系也决定其他一切关系的地位和影响。这是一种普照的光,它掩盖了一切其他色彩,改变着它们的特点。这是一种特殊的以太,它决定着它里面显露出来的一切存在的比重。"④ 因此,马克思的社会关系本体论归根到底是社会生产关系本体论,劳动关系是人类最基本

---

① Young, Iris Marion, *Justice and the Politics of Difference*, Princeton, NJ: Princeton University Press, 1990, p.3.

② 〔美〕艾丽斯·M. 杨:《包容与民主》,彭斌、刘明译,南京:江苏人民出版社2013年版,第12页。

③ 参见〔美〕凯文·奥尔森编:《伤害+侮辱——争论中的再分配、承认和代表权》,高静宇译,周穗明校,上海:上海人民出版社2009年版,第307—323页。

④ 《马克思恩格斯文集》第8卷,北京:人民出版社2009年版,第31页。

的生存关系。艾利斯·扬的社会关系缺乏生产的支撑,容易滑入相对主义的深渊。

三、协商民主的理论与实践

艾利斯·扬认为,"正义概念与政治相伴而生"①,"当人们说一条规则、一次实践或一种文化意义是错误的、应当被改变的时候,他/她们都是在呼吁社会正义"②。在晚期资本主义阶段,政治更多地表现为新自由主义的民主制度与实践。民主既是社会正义的一个构成要素,也是实现正义的一个条件,人们致力于发展民主的关键在于坚信民主是对抗不正义、实现正义的最佳政治手段。艾利斯·扬是立足晚期资本主义条件下的协商民主的理论与实践来探讨如何实现正义的。

协商民主(deliberative democracy)③ 的核心观点是强调公民通过协商的方式平等地参与政治,在广泛考虑公共利益的基础上,实现价值偏好的转变,达成共识。协商民主的理论来源于自由主义、共和主义和批判理论,它直接继承了古希腊民主的人民主权和人民自治的民主理念,公民通过协商参与政治、进行决策、达成共识。无怪乎,政治学家乔恩·埃尔斯特(Jon Elster)认为协商的观念与实践源于公元前15世纪的古希腊雅典,"协商民主的观念及其实际应用与民主本身有着同样长的历史"④。首次使用"deliberative democracy"的是约瑟夫·贝塞特(Joseph M. Bessette),他在《审议民主:共和政府的多数原则》(1980)一文中,诉求协商民主,

---

① Young, Iris Marion, *Justice and the Politics of Difference*, Princeton, NJ: Princeton University Press, 1990, p.9.

② Young, Iris Marion, *Justice and the Politics of Difference*, Princeton, NJ: Princeton University Press, 1990, p.9.

③ 注:国内学界也译作审议民主(如马晓燕)、话语民主(如曹卫东)、商谈民主(如童世俊)。

④ 〔美〕乔恩·埃尔斯特:《协商民主:挑战与反思》,周艳辉译,北京:中央编译出版社2009年版,第2页。

号召公民参与反对精英主义。伯纳德·曼宁（Bernard Manin）的《论合法性与政治审议》（1987）、乔舒亚·科恩（Joshua Cohen）《审议与民主合法性》（1989）是协商民主的奠基之作。而罗尔斯的《政治自由主义》以及哈贝马斯的《事实与规范》等著作使协商民主成为当代政治哲学的焦点。简·曼斯布里奇（Jane Manbridge）等人认为协商民主的发展经历了早期的理论阶段、对早期理论的批判阶段以及近期协商民主理论阶段"三个阶段"①，其中艾利斯·扬对协商民主的批判属于第二个阶段。

协商民主于20世纪晚期勃兴，具有深刻的历史和理论背景。随着经济全球化的日益深入，带来大规模的社会不平等，大部分人很难参与到政治决策，即使参与到公共决策，也很难有效提出自己的观点；这点在决策上奉行投票制的代议制民主的西方国家体现得尤为明显，西方民主陷入投票经营、交易的漩涡，人民主权被搁置。曼斯布里奇指出，"投票者通过在政治体系中提出各种与其感知的强烈程度相适应的要求来追求个人利益。政治家也追求他们自己的利益。……各项决策产生于自利的投票者与自利的经纪人之间的交易，它们尽可能地接近于各种不同个人利益之间的平衡的聚合"②，民主演变为了一种公民选择公共官员与政策活动的偏好的聚合过程。对此，阿伦特批评指出，除了投票日，本应拥有重大事件决定权的公众却没有发言的机会，这将走向危险的边缘。③艾利斯·扬也指出这种民主模式存在以下几个问题：（1）它将个人的偏好视为既定的，对政治过程而言是外源性的（exogenous），因此不能解释政治偏好在民主过程是如何被改变的；（2）它的目的是获悉最受青睐的偏好是什么，缺乏公共群体的正确理念，不存在任何关于政治协调与合作的可能性的解释；（3）它意味着一种个人主义的、肤浅空洞的理性形式；（4）它对于是否存在规范的、可评估的客观性持怀疑态度。总而言之，这种模式得出的公正结果只

---

① See Jane Manbridge et al., "Norms of Deliberation: An Inductive Study", *Public Deliberation*, Vol.2, No.1, 2006, Article 7.

② Jane Mansbridge, *Beyond Adversary Democracy*, New York: Basic Books, 1980, p.17.

③ Hannah Arendt, *On Revolution*, New York: Viking Books, 1965, p.256.

第一章　艾利斯·扬政治哲学思想形成的背景

是占据优势地位的偏好的结果，处于少数派地位的人，除了服从别无选择。

对现实的不满，也引发了人们的思考，其中本雅明·巴伯的强势民主以及卡罗尔·佩特曼的参与民主为协商民主的兴起提供了理论基础。巴伯批判代议制民主事实上关注的是少数人的个人自由，而非公共正义，目的是将人们安全地隔离开来，而不是使人们有效聚合起来，因此，他主张一种基于公共讨论与公共行动的现代参与民主模式，即"强势民主"。佩特曼也主张一种与代议制民主不同的、注重公民的公共决策权的参与民主。他们的思想在一生致力于民主研究的哈贝马斯那里得到了进一步阐发，形成了协商民主较为完善的一个版本。哈贝马斯认为克服代议制民主带来的民主危机的关键在于恢复公共领域，因此提出基于交往行动和公共领域的协商民主，以扭转晚期资本主义社会的公共领域沦落为受国家和大众传媒所控制的局面，超越共和主义民主的过于理想化以及自由主义民主否认人民主权的缺陷。

艾利斯·扬在批判聚合式民主的缺陷的基础上，也进一步概括总结了协商民主蕴含的理念：（1）包容。协商民主模式要求所有受决策影响的人都应被包括在讨论和决策制定的过程中，使得与问题相关的视角、观点和利益得到最大程度的表达，而寻求公共解决的方式，更是体现了道德尊重的包容性。（2）政治平等。协商民主模式允许所有受到影响的人以平等的关系加入民主过程，而且参与者拥有不受支配地表达自己的观点及质疑他人的观点的自由。（3）合理性。在协商民主的背景下，参与讨论的参与者具有开放的精神和心态，善于倾听，理性参与讨论，达成具有可能性的协议。（4）公共性。在注重包容、政治平等以及合理性的民主过程中，需要参与者以对其他人负责的方式表达自己的观点，而且无论是表达的形式还是表达的内容都要以被理解和被接受为准则。[①] 艾利斯·扬认为，与聚合

---

① 〔美〕艾丽斯·M. 扬：《包容与民主》，彭斌、刘明译，南京：江苏人民出版社2013年版，第27—31页。

式民主模式相比，具备包容、政治平等、合理性以及公共性理念的协商民主是实现正义的最好的方式。

总体而言，艾利斯·扬基于将正义等同于政治的认识，立足协商民主的理论与实践，构建其政治哲学思想的框架。协商民主的基础性作用体现在两个方面：一是，以理想的协商民主模式为蓝本，勾画出了理想的民主与正义之间的规范关系。二是，针对协商民主实践中导致不正义的因素，提出了相应的对策。比如提出差异性的公民资格，将协商民主忽视的妇女、少数族裔等群体纳入政治决策，并根据他们的弱点，提出更适合这些群体的如问候、修辞、叙事等沟通形式，改变协商民主赋予论证以特权的状态。这两方面构成其包容性的沟通型民主的理论与现实来源。

本章小结

通过回顾艾利斯·扬政治哲学思想的社会与理论背景、理论来源与其建构正义理论框架的基础，我们可以归纳出其政治哲学思想的理论旨趣，由此进一步将其定位为晚期马克思主义者。

一、晚期资本主义时代如何实现政治解放的理论主题

艾利斯·扬是在晚期资本主义与"后68"的西方激进时代的大背景下，基于社会关系本体论的世界观，采用批判理论的方法，从马克思主义、女性主义以及后现代主义等理论中汲取资源，批判晚期资本主义社会日常生活中的不正义现象，分析不正义的表现、原因以及变革不正义的途径，最终实现一个正义的社会。简而言之，艾利斯·扬政治哲学思想的理论主题是探讨晚期资本主义条件下如何实现正义，进行晚期资本主义的救赎。

围绕晚期资本主义条件下如何实现正义这条主线，能够解释艾利斯·扬为什么被称为"后罗尔斯时代"的著名正义理论家这一关键性问题，以

第一章 艾利斯·扬政治哲学思想形成的背景

及于此相关的，比如为什么艾利斯·扬批判以罗尔斯为代表的分配正义范式、其正义思想的时代烙印、其正义思想较之同时代的其他正义理论家及政治哲学家的先进之处、其正义思想的深层关怀等问题。艾利斯·扬之所以被称为"后罗尔斯时代"的著名正义理论家，关键在于她的政治哲学思想在"后"与"罗尔斯"之间建构了紧密的联系。对此，主要体现在以下几个方面：

第一，"后"首先指的是时间在罗尔斯之后，即艾利斯·扬的政治哲学思想反映的是晚期资本主义时代的正义，揭示的是晚期资本主义不正义的表现形式、成因以及实现正义的途径与之前的时代有什么不同之处。从西方马克思主义视域来看，"后"代表艾利斯·扬对20世纪60—70年代以来美国及其他西方发达资本主义国家发生的变化的回应，从理论上探讨这些新变化带来的理论及实践的影响。艾利斯·扬将"后罗尔斯时代"的时代特征概括为：福利资本主义社会的去政治化即进入后福利资本主义社会、科层制去政治化且成为一种新的压迫形式、资本权力控制的微观化、资本霸权的全球化以及与之伴随的逆全球化，等等。资本主义世界发生的这些新变化，使得这一时期的政治哲学家所要解决的时代问题与罗尔斯所处的时代有着很大的不同。

与时间维度的"后"密切相关的是，艾利斯·扬对这一时代所带来的社会与理论方面变化的反思。晚期资本主义的变化引发了发达资本主义国家的新社会运动。在艾利斯·扬看来，新社会运动是对现代性的抵制，挟裹着"差异"话语的后现代主义思潮，在批判资本主义的同时却又与社会主义日益脱节。在奉行多元主义价值的时代，艾利斯·扬吸收了后现代理论中的标志性思想"差异"思想，提出差异政治理念，积极回应新社会运动中新的权力诉求，主张差异性的团结。同时，与后现代主张差异思想不同的是，艾利斯·扬在注意到晚期资本主义对人们的掌控虽然更加微观化，但与此同时全球化进程使得人与人、国与国之间的联系更加密切，因此，她积极采用社会关系本体论，将人与人、国与国，过去、现在与未来有机联系起来，融入本体论的回归以及辩证法的转向，采用了与罗尔斯的《正义论》不同的理论背景。

第二，"后"指的是具有连续性但又有不同，即艾利斯·扬的政治哲学思想既继承了罗尔斯的某些思想，但又有不同之处，这是"后"的主要内容。其一，赞同罗尔斯对道德正义与政治正义的区分，延续了罗尔斯开辟的政治正义的道路，同时提出社会连接责任模式，深化了对道德正义与政治正义关系的认识，适应了多元、异质的全球化时代。其二，认同罗尔斯将社会结构作为正义的主题，但与罗尔斯的静态的社会结构不同的是，她所谓的社会结构至少包括四个方面内容：个体所经历的各种具有约束又有促进作用的客观社会事实；人们在现实宏观社会环境中所处的位置；由行动产生的结构；通常会涉及由许多人的行动共同作用而无意导致的结果，具有动态性、不确定性。其三，肯定罗尔斯对社会结构与个体行为的区分，同时又从更深层次地挖掘出罗尔斯的这种区分是源于对诺齐克的批判，因而这种区分本身内容并不明确。其四，延续了罗尔斯针对个体的道德原则与针对社会结构的道德原则的区分，指出二者不是对立的关系，而是相互关联的，个体在选择行为时，应考虑制度和互动两个方面；同时又批判自由主义和保守主义的个人责任话语体系以及德沃金运气平等主义理论的观点，从正义的责任视角予以发展，认为只要行为者参与了产生不正义的社会进程，那么就应该负责。这种责任属于政治责任，而非道德或法律责任。由此，深化了罗尔斯关于适用于个体行为的道德原则与适用于社会结构的道德原则的划分思想。当然，艾利斯·扬的政治哲学思想，尤其是其正义思想与罗尔斯的正义思想可能还有其他方面的继承性与发展性的方面。

第三，"后"指的是完全不同的意思，即艾利斯·扬的政治哲学思想在某些方面与罗尔斯完全不同。其一，反对罗尔斯从无知之幕的原初状态出发得出一种普遍性的正义规范的正义理论模式。在艾利斯·扬看来，罗尔斯及其追随者都试图找寻一种基础性的、普遍性的结构，也即基础性的制度，但他忽视了在现实生活中一些人所遭受的不正义未必涉及这些基础性的制度，而且这些不正义也不排斥日常生活惯习的影响。由此，艾利斯·扬不赞同传统"正义理论往往需要首先对人性本质、社会本质和理性本质进行一般性的假定，由此推导出适用于所有或大多数社会的基本正义原则，而不论这些社会具有怎样的具体构造和社会关系"①，转而从晚期资本主义时代现实存在的不正义进行分析。其二，批判以罗尔斯为代表的分配正义范式。艾利斯·扬认为分配正义范式之所以成为当代政治哲学家的共识，原因在于福利资本主义社会的历史背景。分配正义模式试图通过福利制度对社会财富进行再分配，调和社会成员之间的差距，从经济角度确保平等，以实现社会正义，使得分配正义模式日益发挥维持福利资本主义社会统治的意识形态功能，遮蔽了导致分配不正义的更为根本的东西。因此，艾利斯·扬更多的是从分配正义模式所忽视的政治决策，分工以及文化帝国主义等方面来阐述正义。其三，反对罗尔斯将正义原则限定在一定的政治管辖区域范围内，主张全球正义。罗尔斯在《正义论》中假定那些对彼此拥有正义责任的范围是一个单一的相对封闭的社会②，在《万民法》中重申作为公平的正义原则相互责成一个既定社会的成员，并不运用到跨越全球的不同社会人们的道德关系中。③ 相比较而言，艾利斯·扬的政治哲学思想一开始就具有全球性特质，她敏锐感受到晚期资本主义时代人们之间、国家之间的相互联系，并试图寻找一种既能运用于民族国家内部又能用于全球领域的政治哲学思想。

第四，"后"与"罗尔斯"还可以指在罗尔斯之后的所有当代西方政治哲学家及其政治哲学思想。艾利斯·扬的政治哲学思想不仅与罗尔斯的

---

① 〔美〕艾丽斯·M. 杨：《正义与差异政治》，李诚予、刘靖子译，北京：中国政法大学出版社2017年版，第2页。

② 〔美〕约翰·罗尔斯：《正义论》（修订版），何怀宏等译，北京：中国社会科学出版社2009年版，第7页。

③ 〔美〕约翰·罗尔斯：《万民法》，张晓辉等译，长春：吉林人民出版社2011年版，第11—22页。

正义思想有区别，而且与同时代其他西方政治哲学家的正义思想也有不同之处。比较突出的表现为：其一，与法兰克福学派的第三代学者相比，艾利斯·扬虽然也采用了批判理论的方法，但她对批判理论的理解与法兰克福学派并不相同。在论述其建构正义理论框架的基础时，对此已经做了说明，在此不再赘述。其二，与霍耐特、弗雷泽、哈贝马斯一样，艾利斯·扬的政治哲学思想也起源于对罗尔斯的分配正义模式的批判，但是，艾利斯·扬的政治哲学思想一开始就具有全球特质，这是他们之间最大的不同，体现了其政治哲学思想的先进性、开放性与时代性。其三，与霍耐特、弗雷泽、哈贝马斯不同的是，艾利斯·扬的政治哲学思想对民主与正义关系的阐释更加符合晚期资本主义的时代要求。

透过以上分析可见，艾利斯·扬的政治哲学思想正是在深入分析晚期资本主义时代特征的前提下，主动回应时代面临的不正义问题，并综合运用前人的理论成果来建构其政治哲学思想，回答了在晚期资本主义条件下如何实现正义的时代问题。

二、晚期马克思主义者的学术定位

从艾利斯·扬政治哲学思想形成的基础来看，她无疑是一位左派激进政治哲学家，但这样的定位，不免有宽泛、简单之嫌，只能作为评判其思想的总论调，需要进一步精细勾画其学术图像。从理论旨趣、论域、倾向方面来看，艾利斯·扬的政治哲学思想实际上代表着20世纪70年代以后的"西方马克思主义"发展的一些最为重要的特征：强调马克思主义对资本主义生产方式批判的有效性，而坚持一种激进的或批判的理论立场；强调马克思主义的局限性，坚持一种选择的自由性，从而在更大的空间中催生对时代批判的马克思主义；在解放议程上，自由而灵活地运用各种理论话语，对资产阶级主流意识形态及资本主义社会的权力进行批评。因此，能够在西方学术界的流行话语中以批判的立场与主流意识形态进行平等对话。

第一章 艾利斯·扬政治哲学思想形成的背景

国内学者张一兵认为传统西方马克思主义作为一种理论思潮，在20世纪60年代末，以阿多诺对总体性和同一性的批判以及青年学生运动为标识，在历史存在必然性上已经终结。20世纪70年代以后的"西方马克思主义"朝着多元化的方向发展，大致呈现出"后现代马克思主义""后马克思思潮"和"晚期马克思主义"三种态势。其中，后现代马克思主义与后马克思思潮比较接近，都把后现代思潮作为自己的理论基础，肯定资本主义的后工业和后现代社会。不同的是，后现代马克思主义只延用了马克思主义的批判方法，与马克思主义基本原则差别甚远；后马克思思潮则试图把马克思主义与后现代思潮结合起来，如生态学马克思主义与女权主义的马克思主义，虽然其代表人物自称是马克思主义者，但事实上违背了马克思主义的一些重要原则。而晚期马克思主义在理论立场和逻辑基础上与传统的西方马克思主义最为接近，是西方马克思主义的理论构架在变化了的新时代的反应，指"活跃在当前西方左派学界中的一群至今坚持主张以历史唯物主义的生产方式构架来重新解决当代资本主义发展新问题的马克思主义者"[①]。显然，张一兵教授扩大了晚期马克思主义的范围，泛指詹姆逊在英语世界所开辟的一种新的左派激进学术传统。从这个角度来看，艾利斯·扬的正义思想运用马克思主义基本原理从民主政治角度批判资本主义的不正义，具有鲜明的晚期马克思主义特征，可将其定位为晚期马克思主义者。

其一，其理论内容属于扩大了的"晚期马克思主义"定义域。詹姆逊第一个明确使用"晚期马克思主义"（Late Marxism）术语，指的是"产生于现存的晚期资本主义体制，即后现代时期或曼德尔所称的信息资本主义或跨国资本主义的第三阶段的马克思主义"[②]。然而他更多的是从曼德尔所

[①] 张一兵：《何为晚期马克思主义》，载《南京大学学报（哲学·人文科学·社会科学版）》，2004年第5期，第5页。

[②] 〔美〕詹姆逊：《论现实存在的马克思主义》，见俞可平主编：《全球化时代的"马克思主义"》，北京：中央编译出版社1998年版，第82页。

不熟悉的非经济领域，如意识形态、文化、科技等领域对晚期资本主义进行研究。艾利斯·扬从政治领域对晚期资本主义的不正义现象进行批判，符合扩大了的"晚期马克思主义"定义域。其二，其理论主题在"晚期马克思主义"探讨的全球化、批判后现代主义以及解放政治学三个问题域之内。在全球化问题上，联系资本主义来分析探讨全球化是晚期马克思主义理论家的一大特色。他们普遍认为当前的全球化是资本主义生产关系在空间与微观层面的进一步拓展与深化，其实质是资本逻辑主导的全球化。与其他晚期马克思主义理论家类似，艾利斯·扬也特别关注全球化，这也使得她的政治哲学思想不同于同时代的霍耐特或者弗雷泽，一开始就具有全球眼光，内在具有全球特性。在批判后现代主义问题上，立足马克思主义提升批判后现代主义的水平是晚期马克思主义又一特色，尤其是在探讨现代主义与后现代主义的关系上，艾利斯·扬倾向于哈维的"时空压缩"概念，即"资本主义的历史具有在生活步伐方面加速的特征，而同时又克服了空间上的各种障碍，以至世界有时显得是内在地朝我们崩溃了"①。艾利斯·扬从宏观上审视后现代的不足，并提出超越后现代、超越时空的观点。这点在她的社会连接责任模式上体现得尤为突出。在解放政治学问题上，坚持实现无产阶级总体解放的目标导向是晚期马克思主义的鲜明特色。晚期马克思主义理论家在"后68"的西方激进时代，通过建立全球反资本主义政治联盟，将各种群体的、局部的、分散的微观领域的抵抗运动统一起来，深化对资本主义的宏观的全面批判。与之类似，艾利斯·扬在探索资本主义不正义的责任主体时，强调所有为产生不正义的社会进程作出贡献的人都应该为不正义负责，并推崇类似于反血汗工厂这样的大规模的社会运动。

艾利斯·扬政治哲学思想立足晚期资本主义压迫与支配的不正义问题，揭示资本主义制度不正义的实质，而不正义的背后正是资本逻辑的布

---

① 〔美〕戴维·哈维：《后现代的状况——对文化变迁之缘起的探究》，阎嘉译，北京：商务印书馆2003年版，第300页。

控。只不过她没有将这种分析问题的框架定义为生产方式的问题框架，而是诉诸结构。

总而言之，笔者认为，艾利斯·扬的政治哲学思想符合"晚期马克思主义"的基本特征，并将其纳入晚期马克思主义者行列。这一理论定位还具有一些优势：第一，这比简单地称艾利斯·扬为左派激进学者要确切得多。众所周知，左派是一个非常笼统的概念，可以泛指一切进步的激进分子，而且左派内部的观点也十分复杂，有的甚至还是相反的，如我们可以称坚持革命的人是左派，而反对革命的人却不一定是右派，只要他们坚持批判社会和变革社会。相反，晚期马克思主义有自己特定的规范，相对清晰地展现艾利斯·扬的学术特征。第二，可以从马克思主义和西方马克思主义这一宏观视角，全景透视艾利斯·扬的思想，便于进行比较研究，加深对艾利斯·扬政治哲学思想的理解。

第二章　政治主体视域下的差异性公民资格

公民（citizen）是政治行为主体，是各种政治哲学流派谈论其政治哲学问题的前提，离开公民，一切政治行动的分析就丧失了主体依托。从抽象意义上讲，平等创造出公民身份，然而，事实上则是公民身份带来平等。但是，公民虽享有法律赋予的平等身份，但在现实生活中却遭遇了不平等。从理论上讲，政治变革要依赖于经济变革，但从实践上讲，政治变革往往在前。晚期资本主义社会存在大量的不平等问题，以贫困为例，因为穷人与他们的公民资格之间存在着不平等，矫正贫困以及它所产生的不平等的办法就是赋予穷人公民身份，看似自相矛盾，然而符合美国所有的变革都是从政治变革开始的事实。因此，笔者认为这也正是艾利斯·扬从晚期资本主义不正义所蕴含的公民资格不平等开始论述的一个重要原因。

透过艾利斯·扬的成名作《正义与差异政治》，我们知道她的政治哲学思想的逻辑始于对分配正义范式的批判。她认为，分配正义范式忽视了产生分配不正义的结构性的、制度性的背景条件。与迈克尔·沃泽尔一样，她将注意力从分配本身转移到观念和创造，并倾向于分配正义忽略的非分配的议题：决策的结构和过程、劳动分工与文化。对于决策，首先关注的是谁参与决策；其次是决策赖以做出的规则和程序。因此，从本章开始到第四章，将进入艾利斯·扬正义思想的主体部分。先是认知参与决策的"谁"的问题，通过剖析晚期资本主义普遍存在的不正义的新特征，揭示普遍性的公民资格无法应对资本主义社会大规模的结构性的不正义，忽视了群体差异的社会现实，提出结构性社群的概念来弥补决策参与主体的缺失。其次，从晚期资本主义的具体不正义出发，将不完善的决策主体融入具体的不正义案例，并上升到理论高度，提炼出实现正义的责任思想。最后，基于艾利斯·扬将正义等同于政治的认识，系统阐释政治实践视域下的包容性沟通型民主，从民主与正义的关系，将民主视为实现正义的重要因素与基本条件，因此又从理论回归现实的民主政治，聚焦民主决策过程，提出超越协商民主的包容性的沟通型民主，并运用于全球领域，以实现全球正义。三个主体部分呈现出层层递进的逻辑关系。

第一节　晚期资本主义时代政治哲学的主题变迁①

晚期资本主义的一个重要特征便是福利资本主义社会的去政治化。福利资本主义社会通过福利导向将公民塑造成客户—消费者（client-consumer），挫伤公民参与政治生活的积极性；政府制度与机构具有半自治法人性质，有关公共利益的政治决策一般是秘密或半秘密的状态下，由政府、私人企业主等少数有权有势的人做出；利益群体多元的程序使得公共讨论的议题一般是分配问题，分配主导了福利资本主义社会的政治讨论，有关生产组织、公共与私人的决策结构等影响分配的更基础的问题无法提上议程。与此相适应，分配正义范式发挥着意识形态的功能，遮蔽了导致资本主义不正义更根本的生产、政治决策、劳动分工等问题。为取代分配正义

---

① 关于翻译上的一些说明，对于 unjustice 一词，有不同的译法。其中，李诚予、刘靖子翻译的《正义与差异政治》一书有时译为"不正义"，有时又译为"非正义"，将二者视为相同的译法；彭斌、刘明翻译的《包容与民主》一书译为"不正义"。笔者认为应译为"不正义"，而不是"非正义"。理由是，采用类比思想，比如道德，其反义词是"不道德"，而不是"非道德"，非是指与某某无关，非道德的意思是"与道德无关"。以此类推，不正义的意思是"不符合正义"，而不是指"与正义无关"。因此，若译作"非正义"显然不符合艾利斯·扬对晚期资本主义的批判思想。

范式仅仅将人视为"所有者"与"消费者"的正义话语,艾利斯·扬将行动、行动的决策以及发展与实现潜能的方式都纳入正义话语体系,试图从更宽泛的语境下讨论正义问题。压迫与支配取代分配成为论述的出发点。在艾利斯·扬看来,压迫与支配取代分配成为其政治哲学思想的叙述起点的另一个重要原因在于,压迫与支配能够"展现社会群体差异在社会关系及压迫的形成过程当中的重要作用"①,而这也是她批判普遍性的公民资格,提出差异性的公民资格的重要切入点。

一、晚期资本主义时代政治主体的困境

受阿蒂马亚·森的能力正义概念的影响,艾利斯·扬认为正义在概念上必须包含使人获得能力的意蕴。在这个正义概念下,晚期资本主义的不正义主要是指两类对能力的限制:压迫与支配。

压迫是政治话语中的核心概念,在西蒙娜·薇依看来是"一副可怕的服从的漫画"②,服从是其精髓。在服从的情况下,人们发展和运用自身潜能、表达自身的需求、想法和感情的能力都受到约束。不过,艾利斯·扬所说的压迫不同于传统意义上的压迫。传统的压迫意味着统治集团的暴政,在美国,它还强烈意味着政府和殖民统治。因此,在美国,很多人不愿意使用"压迫"一词来描述社会不正义现象。然而,这一情况在20世纪60年代以来美国新社会运动中发生了变化。对新左派而言,传统的统治集团对他人的暴政应被称作压迫,但现实的被压迫群体,比如女人、黑人、墨西哥裔、波多黎各人以及说西班牙语的美国人、美国印第安人、犹太人、阿拉伯人、亚裔、老年人、工人以及身体或精神不健全的人等群体所遭受的不利和不正义并不必然是暴政所导致,更多是由日常生活的各种

---

① Young, Iris Marion, *Justice and the Politics of Difference*, Princeton, NJ: Princeton University Press, 1990, p.3.
② 转引自〔美〕艾丽斯·M.杨:《正义与差异政治》,李诚予、刘靖子译,北京:中国政法大学出版社2017年版,第46页。

制度所致。压迫的含义演变成了由善意的自由主义社会的日常实践,而非暴政导致人们所遭受的不利和不正义。

艾利斯·扬意识到压迫概念发生的变化,并深入分析这种压迫产生的原因、背景及表现,明确指出"压迫指的是使某一特定群体受到制约或削弱的结构性现象"①。压迫存在于一个系统性的制度过程之中,这个系统性的制度阻止某些人的自我发展。压迫的社会条件不仅包含物质上的剥夺或分配不公平,而且也涉及分配之外的因素。②"压迫是结构性的,并非少数人的选择或政策的结果。"③ 这种结构性原因隐藏在我们从未质疑的规范、习惯和象征,隐藏在制度规则的前提假设以及遵守这些制度所带来的后果当中。结构性原因所导致的压迫,指的是某些群体所遭受的广泛而深重的不正义。由此也决定了,我们不能采用传统的通过推翻统治者或制定新的法律等方式来削减不正义。对于如何减少这种结构性压迫,也就成为艾利斯·扬政治哲学思想的一个重要的出发点。艾利斯·扬把结构性压迫划分为剥削、边缘化、无权、文化帝国主义和暴力。具体而言,"剥削"(exploitation) 能够用于阐释压迫在于,它在社会群体之间建构了一种结构性关系,在这一关系下,某些群体在另一群体的控制下运作自己的能力,并对另一群体有利,自身却没有得到相应的回报,最终导致后者的权力、财富和地位的增加,造成系统化的权力转移。比如在阶级压迫领域,麦克弗森(C.B.Macpherson)认为马克思的剥削理论缺乏一种清晰的规范性涵义,于是他以一种更具规范性的方式重构了剥削理论。麦克弗森认为,资本家通过生产资料私有制以及市场对劳动力及购买力的配置,使工人在资本家的控制下,按照资本家的目的,为了资本家的利益而运用自身的能力,工人的权力转移到资本家手中,陷入物质资料匮乏、丧失自我决定和自我发

---

① 〔美〕艾丽斯·M.杨:《正义与差异政治》,李诚予、刘靖子译,北京:中国政法大学出版社2017年版,第50页。

② Young, Iris Marion, *Justice and the Politics of Difference*, Princeton, NJ: Princeton University Press, 1990, p.38.

③ Young, Iris Marion, *Justice and the Politics of Difference*, Princeton, NJ: Princeton University Press, 1990, p.41.

展的能力。

这种剥削还存在于马克思的阶级概念所未能解释的性别和种族压迫领域。其中性别剥削蕴含三层含义：一是妇女所受的压迫源于权力从女性到男性的系统的、没有回报的转移过程。二是女性通过家务工作以及各项生活中的工作，使物质劳动的成果以及把养育和性的能量转移到男性手中。如克里斯丁·德尔菲（Christine Delphy）将婚姻描述为一种阶级关系，认为妇女的家务劳动使男性受益却没有得到相应的报酬，而且剥削还存在于妇女从事的各种各样的工作。安·弗格森（Ann Ferguson）用性—感情生产的概念，描述了女性从男性那里获得的情感照料和性满足远远少于她们所提供的。三是女性在工作场所和整个国家中所遭受的性别剥削。在20世纪的资本主义经济中，伴随着越来越多的女性步入职场，职场成为一个重要的性别剥削场所，其中女性大多从事文员、护士等增加男性地位、愉悦和舒适的工作。随着男性被免除了对孩子的责任，卡罗尔·布朗（Carol Brown）指出，女性不得不承担起抚养孩子的全部重任，从而更加依赖政府的补贴，由此产生了一种公共家长制（public patriarchy），它以政府制度为中介，对妇女家务劳动进行新的剥削。总之，女性默默地贡献自身的精力和力量，使男性争取投入到更具创造性、更高回报的工作中。

在种族剥削领域，艾利斯·扬认为在美国，黑人、墨西哥人、印第安人等群体从事的工作是"低贱"劳动，主要包括服务工作和无需技能、收入低且缺乏自主性的工作。比如在种族主义盛行的地方，充当特权群体的仆从；从事私人家政服务或酒店仆役服务等服务性工作；建筑工地上俯首听命的焊工、电工等工人，总而言之，他们从事的工作的功能在于提升被服务者的地位，而非自身的自我发展。

"边缘化"（marginalization）是最为危险的压迫形式。一方面种族压迫越来越多地以边缘化而不是剥削的形式出现；另一方面女性、老人、残障、单亲家庭等人口处于边缘化的境地。边缘化使他们成为边缘者，即劳动体系不能或不愿使用的人。他们被社会合作所排斥，从而遭受严重的物质贫困，需要依赖福利制度的接济。然而，发达资本主义国家的福利制度对那些依赖福利度日的人设置了种种条件，限制了他们的权利和自由，引发新的不正义；更为严重的是，福利制度虽然缓解了物质上的匮乏，却剥夺了人们通过社会规定和认可的方式获得其权利的机会。因此，通过福利制度矫正边缘化远远超出了分配正义的范围。

艾利斯·扬认为，在今天，这种边缘化采取了更加隐蔽的形式。穷人、妇女、儿童、老人、残疾人、精神病人等边缘人群，常常被剥夺了平等的公民权，被关在济贫院、精神病院、残疾人特殊学校等机构中。这些机构大多依赖官僚机构的支持与服务，因此生活于其中的边缘人群，作为"不独立的人，意味着可以被合法地置于社会服务的提供者或其他公私管理者肆意的、侵入性的权威之下——他们负责执行那些针对边缘人的规则，同时握有操控其生活境况的权力"①。机构与边缘人的信息是不对称的，社会服务的提供者知道什么对其服务的人群而言是好的，而边缘人却无权主张知道什么对自己最好。因此，在艾利斯·扬看来，在我们今天的社会里，依赖性意味着有充足的理由去无视这些边缘人的自尊、选择、隐私等基本权利。

女权主义道德理论家基于女性对社会关系的体验，对这种基于依赖的边缘化进行了解构，质疑只有自治和独立的个体才是道德主体和完全的公民的假设，认为这种假设事实上是源自男性对社会关系的体验。依赖性不能作为剥夺基本权利的借口，社会正义应该旨在给予那些依赖于他人的人们以相等的尊重和参与决策的机会。随着边缘化不断加深且毫无减轻的迹象，"社会工资"（social wage）被引入社会政策领域，通过组织起社会化的生产活动，回应不同人群对参与权的诉求。

"无权"（powerlessness）指没有权威或权力，受制于权力却从未行使权力的状况。艾利斯·扬认为无权可以追溯到马克思主义的阶级观念，她不同意那种认为传统的阶级剥削模型已无法适用于当代社会的结构的观点。相反，她认为马克思主义的阶级观念具有极为重要的意义：一方面它揭示了剥削的结构——一些人的力量和财富源自对他人劳动榨取的利润，

---

① 〔美〕艾丽斯·M.杨：《正义与差异政治》，李诚予、刘靖子译，北京：中国政法大学出版社2017年版，第65页。

导致了权力的转移；另一方面，其表现形式随着时代的发展发生了一些变化，产生了"中产阶级"和"劳动阶级"等新的表现形式，而这源于"专业人员"和"非专业人员"的劳动分工的划分。其中，专业人员处于劳动分工中享有特权的位置和地位，非专业人员则处于被剥削与被压迫的位置和地位。艾利斯·扬将这种被压迫称为无权。

在她看来，无权者缺乏权威、社会地位和专业人员所具备的自我意识及身份特权。正是因为无权者缺乏专业能力提升的学习与运用机会、工作缺乏自主性等身份特权，致使其遭受压迫。更为重要的是，这种身份特权往往会超越工作场所的限制，进而影响专业人员与非专业人员的整个生活方式，如他们生活的社区、出行方式、消费习惯、爱好品味、健康状况、教育需求、子女培养、着装、社会认可度等方方面面。这种无权，在种族压迫和性别压迫上体现得更加淋漓尽致。透过以上的分析，可见艾利斯·扬是基于劳动分工来论证无权这一压迫形式的。她认为有必要重新反思"计划者与行动者"这一工业社会普遍存在的劳动分工，在工作场所通过民主的方式进行劳动分工，使任务界定与任务执行之间的阶级分化最小化。

"文化帝国主义"（cultural imperialism）指占优势社会地位的群体以其经验和文化来建立普遍性的规范，被压迫群体在这种普遍性的规范下找不到表达自身经验和价值的机会，致使集体失声，且被刻板化为"他者"。文化帝国主义带来的结果是女人相对于男人、印第安人或黑人相对于欧洲人、犹太人相对于基督教徒、同性恋相对于异性恋、工人相对于专家等是一种异常的存在，他们的文化表达和身份变成某种不足和否定的符号，演变成为"他者"。其遭受的压迫呈现出一副诡异的图像：一方面，他们因种种"刻板印象"而在社会上异常醒目；另一方面，他们又被人视而不见。人们将对其刻板印象与其身体等无法轻易改变的特征相联系，长此以往便变成了一种理所当然的社会共识，包括文化帝国主义的受压迫者本人在内的人都认为这不值得当一件事来讨论。在这种意识的长期浸染下，它带来的是杜波伊斯（W.E.B.Du Bois）的"双重意识"，即被压迫群体一方面习惯通过他人的眼光来看自己，也认为自己是低劣的、非正常的群体；

第二章 政治主体视域下的差异性公民资格

另一方面,他们潜意识地追求占优势地位群体的文化价值以争得主流社会的认同。①

然而这些群体的努力很难得到主流文化的承认,他们经历着支配群体所无法体验的特殊经验,同时他们能够确定和识别那些同样被社会区隔的其他群体。他们进行交流,交换彼此的群体经验,他们在主流文化那里是缺席的。但是,文化帝国主义的不正义之处在于,主流文化不仅阻碍被压迫群体进入他们的圈子,将他们视为异常的、低劣的文化代表,对他们视而不见,而且还强势地把主流文化强加于被压迫者,让他们被迫接受主流文化的压制。基于此,艾利斯·扬肯定了20世纪60年代以来的文化上受压迫的群体的斗争,并进一步指出差异是政治资源而非阻力,构建一种包容性的差异政治是实现正义的重要途径。

"暴力"(violence)是与文化霸权交叉实施的压迫形式,使某些群体的成员易于受到任意、非理性却为社会容忍的身体和心理的攻击。暴力成为压迫的一种形式源于暴力行为产生甚至被人们接受的社会语境。在这种语境中,暴力的发生如此频繁以至于并不令人惊讶,且即使施暴的人被逮捕,也很少受到制裁,社会似乎认为他们的行为是可接受的。因此,追问这种社会语境产生的根源即是暴力成为不正义的原因。答案是暴力的系统性及其作为社会存在的事实。暴力的系统性不仅在于暴力的直接侵害,更在于被压迫群体的某种集体性的日常知识,即他们的群体身份就足以让他们成为施暴的对象。艾利斯·扬认为,针对女性、有色人种以及其他差异群体的暴力行为,更多的是在文化帝国主义影响下产生的一种对这些群体的恐惧或仇恨心理,部分地暴露了施暴者自身的不安全感,是其无意识的非理性行为的表征,不同于排外的暴力以及国家镇压罢工运动的暴力。

当然暴力也是一种社会行为。人们倾向于认为暴力是一种既定的社会事实,注定会一次又一次地发生,暴力永远存在于人们的社会图景之中,

---

① Young, Iris Marion, *Justice and the olitics of difference*, Princeton, NJ: Princeton University Press, 1990, p.60.

只要条件具备便会发生。人们生活在对暴力的恐惧之中，丧失了自由与尊严。艾利斯·扬认为这种受规则约束的、社会性的，常常带有预谋的特征，使得针对群体的暴力构成了一种社会行为。由于对暴力的容忍是制度化的、系统性的，因此亟需变革这些制度与行为，其中更多的是需要改变文化想象、刻板印象、日常生活中产生的厌恶姿态，等等。

艾利斯·扬认为剥削、边缘化和无权都指向了由劳动的社会分工所塑造的权力与压迫的关系：谁为谁工作，谁不工作以及工作的内容如何规定了一个人相对于他人的制度性位置。这三个范畴涉及划定人们物质生活的结构性、制度性的关系，其中包括（但不限于）人们所能接触到的资源，以及人们拥有（或不拥有）的发展和实现自身潜能的具体机会，涉及人与人之间具体权力关系，谁从谁身上受益，谁又是可有可无的。[1] 文化帝国主义与暴力更倾向于文化与心理方面的因素。艾利斯·扬没有将压迫视为一元化的社会现象，而是视为一种结构性或系统性的社会现象，因此她也没有为每个被压迫群体构建单独的压迫话语体系，这也是她后来反对多元文化主义的身份认同的一个重要维度。在她看来这种考虑具有几大优点：其一，有助于避免排外性和过分简单化。压迫是一种复杂现象，不同群体的受压迫状况不尽相同，单纯依据某种标准容易造成排外性和过分简单化。其二，有助于借助多元标准追溯不同的压迫原因，也便于制定反压迫的策略。其三，有助于测量不同群体所遭受的压迫的程度。五种标准不可归约，因此，可以依据某个群体符合的压迫形式的数量来判定这个群体承受的压迫程度。其四，有助于区分于分配正义模式。"五种压迫形式有的根源于分配不正义，有的是分配不正义的后果，但是都无法还原为分配问题，并都属于分配不正义无法覆盖的社会结构与社会关系。"[2]

---

[1] Young, Iris Marion, *Justice and the Politics of Difference*, Princeton, NJ: Princeton University Press, 1990, p.58.

[2] Young, Iris Marion, *Justice and the Politics of Difference*, Princeton, NJ: Princeton University Press, 1990, p.9.

在弗雷泽看来，这五种压迫形式可划分为：植根于政治经济因素的压迫，包括剥削、边缘化和无权；以及根植于文化因素的压迫，包含文化帝国主义和暴力。她认为，艾利斯·扬主张通过重构劳动分工，例如包括消除界定任务的工作和执行任务的工作之间的分工，以及向所有人提供具有社会价值的、促进技能发展的活动等方式矫正经济压迫，实质上是消除差异；主张通过文化革新，打破单一的普遍的文化规范，实质上要求确认差异，因此在弗雷泽看来，艾利斯·扬的正义理论充满着矛盾。

笔者认为弗雷泽是从她本人有关再分配与承认的二元正义理论来批判艾利斯·扬的压迫概念，这种先入为主的视角，难免会产生偏见。事实上，艾利斯·扬认为资本主义不正义是一种结构性不正义，是大规模的复杂的不正义，在现实生活中很难将某个不正义问题单纯地归结为是经济或是文化导致的，这也是艾利斯·扬批判弗雷泽的二元体系理论的一个重要原因。值得深入思考的是，弗雷泽在若干年后客观地认可了艾利斯·扬的批评，引入代表权，构建了基于参与平等的一元三维正义理论。

全球化背景下的资本主义不正义的另一个表现是支配。支配包含在禁止或阻碍人们参与决定其行动或行动条件的制度背景当中，是对个人自我决定的制度约束。如果其他人或团体能够在不支付对价的情况下，直接或借助其行动所造成的结构性后果间接地决定一个人行动的条件，那么这个人便生活在支配的结构当中。支配的对立面是彻底的社会和政治民主。在福利资本主义社会，支配有了新的表现形式。

福利资本主义社会将冲突和政策讨论限定在分配问题上，由此公民首先被塑造成客户—消费者（client-consumer），人们参与公共生活的积极性严重受挫。福利资本主义制度倾向于打破国家活动的公共领域和私人企业的经济活动领域之间的区分，人们的日常工作和生活逐渐被制度化的科层制所控制，人们在生活的诸多领域都屈从于权威和专家的规训。

从历史上来看，科层制曾经在削减支配特别是阶级支配方面发挥了重要作用。科层制通过法律和程序的治理改变了传统治理中依据治理者的欲望、价值和目的使用权力的状况,由此"集体化农业生产取代了哥萨克式治理、公司管理体制取代了自有产业的自我管理、政府经营城市取代了政党机器的首领统辖、家庭法和社会服务机构取代了丈夫—父亲的管控"①。然而,随着科层制每个领域都发展出一套形式化的、清晰的规则,这些规则依据一套细致的劳动分工在权威等级体制中界定好了各种社会位置,人们只需要依据所处的位置遵循相应的规则,没有个人价值与目的。决定和行为不再根据是否正确或由政党加以评价,而是更多地考虑其在法律上是否有效。正如哈贝马斯所说的那样,法律理性和规范推理的分离构成了科层制去政治化的基本内涵。

科层制规则的形式主义、普适性和非人格性本应使每个人都应得到相同的对待,正是这种特征使得人们必然要结合具体情形去应用这种普遍性的、非人格性的规则,由此决策者的感情、价值和具体的认识都不可避免地掺杂进来。处于科层制下层的人就明显感受到当他们以人身依附于上层时,不得不屈服于上层的意志。为了让下层尊重上层,对约束主观判断的范围,科层制就倾向于创造一些详尽的、形式化的、"客观的"监管方法,下层在运用这些规则时,主观判断更为稀少,加剧了被压迫的程度。正如,阿伦特在《耶路撒冷的艾希曼》中所指出的那样,艾希曼只不过是科层制上的一个环节,他的工作岗位让他丧失了基本判断力,他所犯下罪只不过是平庸的恶。

总体福利社会的支配还从工作场所拓展到日常生活的诸多领域。在这个被哈贝马斯称为"生活世界殖民化"的现象中,政府和私人机构都试图让客户和消费者陷入微观权威的罗网。加之专家中心主义的意识形态以及社会与职业流动的希望巩固了科层制,使得社会中个人无法挑战限定了他们行为和需求的制度权威,某种程度上,他们比其他人更加依赖于这些制度权威。因此,在福利社会,一方面我们的生产、分配、服务各部门所组

---

① 〔美〕艾丽斯·M. 杨:《正义与差异政治》,李诚予、刘靖子译,北京:中国政法大学出版社2017年版,第93页。

成的巨大系统依赖于数以百万计的人相互之间的复杂合作,另一方面于其中绝大多数人并没有决定自己行为和行为条件的权力。人们处于系统化、制度化的支配之下。艾利斯·扬认为只有引进关于目的与手段的集体讨论和集体决策程序,才能促进总体福利制度的民主化,才能让人们对自己的行为实现具有一定程度的把控。

事实上,压迫和支配的概念是交叠的,压迫常常包含或隐含着支配,受压迫的人们常常被迫服从他人设定的规则。但是压迫的每一副面孔同时还牵涉到并非直接由支配关系导致的抑制。换句话说,并非每个被支配的人都是被压迫的。决策的等级结构,使得社会中的大多数人在其生活的许多重要方面都处于被支配的状态,然而,这并不妨碍他们在发展和实现自身潜能以及表达自我的方面获得重要的制度支持。

综上所述,艾利斯·扬从社会关系视角来看待资本主义不正义,人们之间联系更加紧密了,晚期资本主义背景下的压迫与支配同传统自由资本主义阶段下的压迫与支配有了不同的表现形式,呈现出宏观政治与微观生活相融合的特征,从而表现得更加隐蔽。艾利斯·扬虽然是立足于美国现实,对支配与压迫进行概括描述,但她明显捕捉到了时代的变化留在美国社会的痕迹,因此她的概括具有很强的适用性,这也是她的理论生命力之所在。

二、晚期资本主义时代政治主体困境缘由

晚期资本主义条件下的压迫与支配日益隐藏在人们的日常生活当中,不易察觉。艾利斯·扬构建了桑迪的例子来分析这种不正义,揭示导致晚期资本主义不正义的原因是结构性的。

艾利斯·扬笔下的桑迪是一位抚养两个小孩的单亲母亲,她被迫需要从现在租住的公寓楼搬出去,寻找新的居住地。但是,基于她的经济能力,她很难找到一个离上班地方不怎么远,又能保证居住安全的地方。最后,在房屋经纪人的帮助下,她选择了一套社区环境比较安全,小孩也能

到好一点的学校读书的小公寓,但距离自己上班地点比较远。为此她把房租的一部分用于汽车的首付,以缩短通勤时间,结果快到前房东规定的最后交房期限时,她因无法满足租房惯例即预先支付新公寓的三个月保证金而面临无家可归的境地。在这个案例中,桑迪无法归责于导致她必须搬家的房东,因为这位房东不能保证桑迪所住的大楼的维护费,而只好转让;无法归责于房屋经纪人不能替她选择合适的房子,因为房屋经纪人已经在职责范围内为她做了全部努力;无法归责于某项具体的条例,因为这是各种显在的制度规定和潜在的城市发展规划导致的;无法归责于平等主义者所谓的"坏运气",因为"平等主义理论把理解一个人的自己的行为或运气作为他们的情况的唯一原因太过简单,有悖常理"①。很明显桑迪遭遇了不正义的待遇,而且在当下的资本主义社会像桑迪这种情况的人不在少数,但是这种不正义并不能用法律或到道德来解释。

那么桑迪遭遇不正义原因是什么呢?艾利斯·扬遵循罗尔斯关于社会结构的思路,认为这种原因是结构性的。她指出,如果在一种社会进程中,许多人的自我发展和自我决定的能力遭遇系统性的支配或剥夺,其他人的能力却得到增强,那么在这种社会进程中便存在着结构性不正义。"结构性不正义是一种区别于由国家的高压政策或个体行动者所导致的错误行为的道德过失。结构性不正义产生于众多个人与组织依据可接受的体制规则行事的单个行动,而他的单个行动构成的集体行为导致了某种不公正结果。"② 回到桑迪的案例,这就是说,虽然桑迪的处境有她自身的原因,如没有接受高等教育、离婚,但更多的是她无法控制的外部的原因,即结构性原因。这种结构性原因,在艾利斯·扬看来是由许多个组织的行为导致的,因此这种结构性的原因是动态性的、多种多样的、大范围的,并且长期存在的。

---

① Young, Iris Marion, *Responsibility for Justice*, New York: Oxford University Press, 2011, p.47.

② Young, Iris Marion, *Responsibility for Justice*, New York: Oxford University Press, 2011, p.52.

第二章　政治主体视域下的差异性公民资格

为深度解释结构，艾利斯·扬将社会结构理解为"社会结构进程"（social-structural process），即正义的主题——结构，也是罗尔斯所说的作为正义主题的社会结构。只不过，她通过引用一些社会理论家，包括让-保罗·萨特、彼得·布劳（Peter Blau）、皮埃尔·布迪厄（Pierre Bourdieu）和安东尼·吉登斯的思想，使对结构的理解更符合她想要表达的思想。她的社会结构进程至少包含四个方面的内容：

第一，个体所经历的各种具有约束又有促进作用的客观社会事实。可以从两个视角来看待社会结构的客观约束：一个是从物质方面予以考察，即萨特所谓的"惰性总体"，或者是马克思所说的每一代人总是遭遇上一代人留下来的物质生活条件，这些各种过去的行动留下的结果成为我们现在及未来行动的基础，限制了我们的行为。另一个是各项制度性的、社会性的规则视角，表现为难以改变的显性法律法规以及隐性的社会规则和惯习。用玛莎·努斯鲍姆的话说，"习俗和政治规定谁能得到教育，而教育会得到就业的机会并使得政治权利有意义。习俗和政治规定谁能去那些穿什么服饰和有什么同伴的地方。习俗和政治规定谁能得到什么样的保护，免遭家庭内外的不当对待，谁的保护声音有可能被听到。"[①] 社会结构的这种客观约束作用是通过人们的共同行动，限制某些人的发展而间接发挥作用，因而具有隐蔽性，很难找到具体的源头。用玛丽莲·弗莱（Marilyn Frye）的话说，这种约束"恰似鸟笼，单独看一根一根的线，没有一根线能够防止一只鸟的飞行。正是这些线的联合阻碍了鸟的飞行"[②]。当然，社会结构具有约束作用并不意味着它们会消除自由。这种约束也为个人创造了选择种类和范围的差异性，差异性在艾利斯·扬看来也是一种政治资源。

第二，人们在现实宏观社会环境中所处的位置。彼得·布劳认为社会

---

① 〔美〕玛莎·努斯鲍姆：《妇女与文化普遍性》，见玛丽亚·巴格拉米安编：《多元论：差异性哲学和政治学》，张峰译，重庆：重庆出版社2010年版，第216页。

② Marilyn Frye, "Oppression", in The Politics of Reality: Essays in Feminist Theory, Freedom, CA: Crossing Press, 1993.

结构可以定义为人们分布其中的不同社会地位的多维空间。皮埃尔·布迪厄将社会结构定义为"场域",其中人们所处的位置与其他人的亲疏远近相关。艾利斯·扬认为他们都是从结构的视角来看待社会关系的。从宏观视野来看待人们所处的位置,需要注意:其一,社会如何确定其中重要的社会地位以及这些地位彼此联系的方式;其二,作为社会理论或规范理论的研究者,除了要关注人们之间的互动行为外,还应拥有一种更广泛的、具有系统性关联的视角关注人们本身的个性化偏好、能力和特性;其三,从纵向历史视角追溯对人们的生活历程影响深远、持久、范围广泛的不平等;其四,通过采用数据收集和分析的方法,对不同地位的社会群体的福祉进行广泛的多维度比较,以确认人们的社会地位以及彼此间的关系,作出正义与否的判断;最后,现代工业社会是由各种基于特权与不利境况组成的关系构成的,关注由阶级、阶层、种族、性别、能力以及族群等各种类似的类别不平等(categorical inequality)而被结构化的不正义。

第三,由行动产生的结构。艾利斯·扬采用了吉登斯将社会结构定义为"循环地被卷入社会制度再生产的规则和资源"①。吉登斯认为,当个人开始行动时,他们一次做了两件事:(1)他们试图带来他们打算想要的事务状态;(2)他们通过他们的行动再生产了结构的特征、规则和资源的位置关系。结构产生于行动,而不仅是他们描述的行动,或人们依照其知识结构进行行动。在吉登斯看来,资源指的是隐式的或显式的发展或提高人们能力的任何东西,包括物质产品与各种能力,其中能力主要指的是广泛存在的权力,研究结构很大程度上在于弄清权力是如何生产以及再生产不正义。吉登斯认为正是行动循环再生产了结构性地位。布迪厄补充认为人们的惯习暴露了其社会地位。

第四,通常会涉及由许多人的行动共同作用而无意导致的结果。社会结构是指大量的个人实施他们自己的,与其他许多人往往不协调的目标的行动的累积后果。联合的行为影响其他人的行为背景,往往产生了任何参

---

① Anthony Giddens, *Central Problems in Social Theory: Action, Structure, and Contradiction in Social Analysis*, Berkeley: University of California Press, 1979, p.64.

与主体都意想不到的后果。萨特称之为"相反的结局"（counter-finality）：人们追求他们自己的目的创造了一种结构体系，其目的论与其他个人的目的背道而驰。① 著名的"公地悲剧"就是这种形式。② 概括而言，社会结构体现的是人们互动的社会关系，是一种客观事实，具有动态性、不确定性，可以通过人们的行动来改变。由此也道明了艾利斯·扬政治哲学思想的初级目的——解决结构性不正义。"政治责任植根于具体的社会关系，旨在解决可能产生的社会内部与国内外结构性的不公正。"③ 即正义责任来自并且强化那种服务于基本利益的那些关系。正是在对结构进行现实的和理论的分析基础上，艾利斯·扬将正义的主题定为结构。

三、晚期资本主义时代的政治哲学主题

晚期资本主义不正义的原因是结构性的，社会结构便顺理成章地成为艾利斯·扬政治哲学思想的主题。将结构作为正义的主题并不是艾利斯·扬的首创，早在她之前，罗尔斯就已经提出正义的主题是社会基本结构的观点了。那么这是否说明二者的观点一致？作为后罗尔斯时代正义理论的杰出代表，艾利斯·扬明确指出她的观点与罗尔斯类似，但又有不同，继承并发展了罗尔斯的正义主题。

罗尔斯基于康德式的社会契约论将社会的基本结构视为正义的首要主题，在他看来，基本结构指的是"这样一种方式，主要的社会制度以此种方式在一个系统中相互匹配，并分配着各种根本权利和义务，也塑造着通过社会合作而产生的各种利益划分。因此，政治上的宪法、法律承认的财

---

① Sartre, Jean Paul, *Critique of Dialectical Reason*, trans. Alan Sheridan-Smith, London: New left Books, 1976, pp.277-292.

② Garrett Hardin, "The Tragedy of the Commons," *Science*, December 13, 1968, pp.1243-1248.

③ Genevieve Fuji Johnson and Loralea Michaelis(ed.), *Political Responsibility Refocused: Thinking Justice after Iris Marion Young*, Toronto: University of Toronto Press, 2013, p.66.

产形式、经济的组织和家庭的个性都属于基本结构"①。社会的基本结构之所以是正义的首要主题，原因在于：其一，从直觉来看，社会基本结构包含不同社会地位的人们的不同生活前景；其二，属于社会结构的制度构成个体与共同体行动的背景正义；其三，只有确保这一结构在不同的时代得到恰当的遵循与调整，才能保证整个交易过程的正义性。社会结构的基本内容主要由正义的原则决定，但是需要区分适用于社会基本结构的特殊原则以及适用于个人行为的一般原则。

艾利斯·扬对罗尔斯关于正义主题思想的继承表现在相互关联的两个方面：一方面，她肯定罗尔斯对社会结构与个体行为的区分；另一方面，她从深层次挖掘出罗尔斯的这种区分是源于对诺齐克的批判，因而这种区分本身内容并不明确。

艾利斯·扬认为，罗尔斯强调社会制度将社会成员置于不同的社会地位，而不同的社会地位有不同的生活前景，表现为某些群体的行为方式受制于各种制度规定，从而在选择和机会上所受的限制比其他群体要多。据此，他提出有必要将道德原则与判断作出两种区分，一种适用于社会基本结构，一种适用于社会中的个人或个体组织的行动与决策。在艾利斯·扬看来，这种区分一方面源于社会基本机构从一开始就对个人行为产生影响；一方面也与罗尔斯对正义原则的适用范围的划分有关。罗尔斯指出："正义诸原则（尤其是差别原则）适用于调节社会和经济之不平等的各种主要的公共原则和公共政策。……还可以应用于已经宣布的公共法律和法规系统，但不适用于各种特殊交易或特殊分配，亦不适用于个体和联合体的决定，然则却又完全可以适用于人们处理这些特殊交易和作出这些决定的制度背景。"②

艾利斯·扬非常赞同这种区分，并进一步挖掘出罗尔斯的这张区分实

---

① 〔美〕约翰·罗尔斯：《政治自由主义》（增订版），万俊人译，上海：译林出版社2011年版，第261—262页。

② 〔美〕约翰·罗尔斯：《政治自由主义》（增订版），万俊人译，上海：译林出版社2011年版，第261—262页。

际上源于对诺齐克的批判。诺齐克属于极端自由主义者，他的正义理论将人与人之间的关系归为交易关系，只要交易过程没有欺诈或强制，那么交易结果就是正义的。罗尔斯认为诺齐克忽视了对个体之间关系有重要影响的社会结构，由此针对诺齐克认为道德原则仅适用于个体间的互动行为的观点，他从社会过程视角出发，提出了对个人行为影响的道德原则以及对社会结构本身产生的道德原则进行区分的必要性与重要性。这种批判性的建构，有合理的出发点，但呈现形式却不够清晰。对此，G.A.柯亨（G.A. Cohen）对罗尔斯的划分思想进行细致研究认为，罗尔斯的划分存在一定的模糊性、不确定性。利亚姆·墨菲（Liam Murphy）也赞同柯亨对罗尔斯的评价，并将罗尔斯对个体与社会结构道德原则的区分视为一种二元论，提出个体与社会结构应用相同原则的一元论。

在艾利斯·扬看来，柯亨和墨菲对罗尔斯的批评是正确的。之所以这么推定，是因为艾利斯·扬找到了罗尔斯的症结所在。在她看来，罗尔斯及其追随者都试图找寻一种基础性的、普遍性的结构，即基础性的制度，但他忽视了在现实生活中一些人所遭受的不正义未必涉及这些基础性的制度，而且这些不正义也不排斥日常生活惯习的影响。所以，这里事实上也反映了艾利斯·扬反对罗尔斯从无知之幕的原初状态出发得出一种普遍性的正义规范的正义理论模式，这也是她为什么要从晚期资本主义现实存在的不正义进行分析的一个重要原因。为此，艾利斯·扬提出有必要重新界定作为政治哲学主题的社会结构，并通过批判柯亨和墨菲有关对罗尔斯的批判的不足，来发展罗尔斯关于正义主题的思想。

沿着在上一节中对社会结构进程的理解，艾利斯·扬认同柯亨和墨菲个体行为与产生不正义的社会结构进程相关的观点，但她认为二者对罗尔斯的批判不够明确。柯亨认识到个体"所创制和再创制的许多日常的社会习俗、惯例和习惯有助于生产和再生产出社会不正义"[1]，所以个体应对结构性不正义承担相应的责任，这也是墨菲的观点。然而，他们将罗尔斯关

---

[1] Young, Iris Marion, *Responsibility for Justice*, New York: Oxford University Press, 2011, p.70.

于个体与社会结构道德原则的区分演绎为对立关系,担心行动者在选择和互动时不再关注正义问题,实际上并没有抓住罗尔斯正义主题思想的本质不足之处。

因此,艾利斯·扬一方面基于结构视角,指出针对个体的道德原则与针对社会结构的道德原则不是对立关系,而是相互关联的,个体在选择行为时,应考虑制度和互动两个方面;另一方面从正义的责任视角予以发展,提出社会连接责任模式,认为只要行为者参与了产生不正义的社会进程,那么就应该负责。这种责任属于政治责任,而非道德或法律责任。由此,深化了罗尔斯关于适用于个体行为的道德原则与适用于社会结构的道德原则的划分思想。

第二节 普遍性的公民资格无法响应晚期资本主义政治哲学诉求

作为西方一项古老的政治制度,公民资格的涵义随着历史的演变而展现出不同的面貌。纵观历史,公民资格理论的发展历经了古典的公民共和主义、古典的自由主义、罗尔斯修正的自由主义、社群主义、多元文化主义、结构性社群以及全球化背景下的复合的公民资格,其中后来的观念不意味着一定比前面的正确或先进,相反,各种概念彼此相互吸收借鉴以适应时代的需要,因而具有某种连续性。公民资格的历史可视为由古希腊开创的公民共和主义传统与罗马帝国开创的公民自由主义传统两种公民资格之间的对话。然而,无论是公民共和主义,还是公民自由主义,二者都是从某种人性假设出发,奉行的是某种普遍性或共通性的公民资格观,从而都导致了对公民差异的压制。这种对差异性的压制越来越不适应晚期资本主义的时代需求,并随着罗尔斯《正义论》再次强调普遍性而引发了当代正义之争。

第二章 政治主体视域下的差异性公民资格

一、公民资格与当代西方政治哲学之争

公民资格（citizenship）①"指个人同国家之间的关系，这种关系是：个人应对国家保持忠诚，并因而享有受国家保护的权利。公民资格意味着伴随有责任的自由身份。一国公民具有的某些权利、义务和责任是不赋予或只部分赋予在该国居住的外国人和其他非公民的。一般地说，完全的政治权利，包括选举权和担任公职权，是根据公民资格获得的。公民资格通常应负有的责任有忠诚、纳税和服兵役"②。公民资格蕴含着丰富的人本的政治伦理和正义理念，这正是吸引艾利斯·扬的地方。在她看来，以往的"正义理论往往需要首先对人性本质、社会本质和理性本质进行一般性的假定，由此推导出适用于所有或大多数社会的基本正义原则，而不论这些社会具有怎样的具体构造和社会关系"③。而公民资格一般是从人性假设出发，推论相应的关于个体与共同体的关系，因此，作为西方正义理论的出发点及线索的公民资格，不仅符合她的正义理论的哲学基础——社会关系本体论的相关思想，符合她所关注的正义责任的思想，也满足其将民主政治共同体的范围由一国之内扩展至全球的需要。正如，基思·福克斯（Keith Faulks）所判断的那样，公民资格因其权利、责任以及政治参与等对人类治理来说是至关重要的构成部分，而必然在日益全球化和后现代的时代拥有未来。④

---

① "citizenship"一词，本书采用了当代西方政治哲学中越来越被普遍认可的"公民资格"的译法，而非"公民权""公民身份"。理由如下：公民权与"civil rights"相混淆，缩小了"citizenship"的含义；公民身份只强调了地位，而忽视了权利；相比之下，公民资格既强调公民的权利，又强调公民的责任，蕴含着深刻的政治价值理念。

② 转引自宋建丽：《公民资格与正义》，北京：人民出版社2010年版，导言第4页。

③ 〔美〕艾丽斯·M.杨：《正义与差异政治》，李诚予、刘靖子译，北京：中国政法大学出版社2017年版，第2页。

④ 宋建丽：《公民资格与正义》，北京：人民出版社2010年版，第19页。

作为西方一项古老的政治制度，公民资格最早可追溯到古代希腊和罗马，在古希腊，公民一词由城邦演化而来，公民对城邦的依赖不是取决于法律，而是近乎血肉一体的情感。① 彼时，公民资格意味着自由参与政治决定的讨论与制度制订，始终与特权和排斥相关，只有拥有土地的少数人具有完整的公民资格，妇女、奴隶、异乡人或下等群体的人都不是公民。到了罗马帝国时期，公民资格由政治存在物（political being）转向为法律存在物，意味着对物的支配与占有，自由日益演化为财产问题。然而，同样只有成年男性自由人才享有公民资格。伴随着罗马帝国的衰落，基督教会统治了整个中世纪，公民资格成为精神与物质、天国与现世的双重资格。虽然人在天国与现世都有公民资格，但人却同时是这两个领域的虔诚奴仆。随着宗教改革与文艺复兴运动，现代国家的建立，公民资格意味着一个人在法律上被赋予平等的成员资格，并因此享有自由、平等、民主等普遍公民权利，而非在此之前的特权。1945年到1980年之间，马歇尔（T. H. Marshall）的公民资格理论占据统治地位，成为社会共识。公民资格成为向着一个更加理性、正义的社会迈进的解放进程，随着形式上几乎被所有人所获得，公民资格在政治思想家中也就不再受到关注。

罗尔斯《正义论》的问世打破了这种局面，他在坚守自由主义重视个体权利的同时，质疑正义对个体的关注，认为社会结构才是正义的关注点。沙弗在《公民资格论辩：一个读者》一书中指出："正是一种理论上的革新——罗尔斯对自由主义个人主义系统的修正，使得和公民资格有关的议题在当代知识和政治领域的辩论中处于焦点地位。罗尔斯的政治著作推动和促进了人们对作为理解20世纪末社会变化的一个中心主体——公民资格兴趣的复苏，而且罗尔斯的著作还提供了一些分析当代社会进程的理论化的语言。罗尔斯的新自由主义理论对大量新的关于公民资格的论辩仍将发挥巨大的推动作用"②。

---

① 张桂林：《西方政治哲学——从古希腊到当代》，北京：中国政法大学出版社1999年版，第5页。

② 自宋建丽：《公民资格与正义》，北京：人民出版社2010年版，第23页。

第二章 政治主体视域下的差异性公民资格

当代政治哲学领域围绕罗尔斯而展开的公民资格论辩大致分为四个阶段：一是20世纪70年代，自由主义内部的争论，诺齐克批判罗尔斯的公民权利的不彻底性；二是20世纪80年代，社群主义质疑罗尔斯正义论中有关公民的基本人性的假设而引发的个人权利政治还是公共利益政治的争论，以桑德尔和麦金太尔为代表；三是20世纪90年代，由于晚期资本主义大环境的变化，多元文化主义质疑罗尔斯和社群主义关于普遍的、单一的公民资格引发的争议，以金里卡、泰勒为代表；四是为适应20世纪80年代以来世界经济一体化带来全球经济、政治、文化等各方面的变革，21世纪初开始的针对罗尔斯的《万民法》而引发的有无全球公民资格的争论。博格、贝茨等世界主义者不认同罗尔斯关于不存在全球公民资格的观点；艾利斯·扬也将其结构性社群的思想运用到全球正义领域，提出了全球正义视域下的族群概念。

至此，蕴藏在公民资格漫长的历史演变过程中的连续性也慢慢浮出水面，正如公民资格理论家波考克所概括的那样，公民资格的历史是"亚里士多德的表述和盖尤斯（罗马法理学家）主义的表述之间、理想和现实之间、人与人的互动和人与事务的互动之间的一场尚未结束的对话"①。这场对话表现为由古希腊开创的公民共和主义传统与罗马帝国开创的公民自由主义传统两种公民资格之间的对话。尔后的罗尔斯修正的自由主义是公民自由主义的延伸，社群主义、多元文化主义则是公民共和主义的延伸，艾利斯·扬的结构性社群以及全球化背景下的复合的公民资格更像是二者的融合。

其中，公民共和主义公民资格具有以下几方面的特征：第一，从"政治人"的人性假设出发，推论出以义务为基础，将集体和公共利益置于个人和私人利益之上，积极参与政治生活的公民美德至上的观点。最具代表性的人物是亚里士多德。在亚里士多德看来，"人天生就是一种政治动

---

① 宋建丽：《公民资格与正义》，北京：人民出版社2010年版，第37页。

物"①，参与政治活动是人真正实现自我的唯一途径。公民对共同体的义务是无法逃避的，公民的美德体现为全身心地、无私地、有效地履行对城邦的义务。值得一提的是，判断能力也是公民的重要品质，这点对艾利斯·扬来说也非常重要。第二，无论是古典共和主义还是社群主义都强调公民积极参与政治生活，积极承担对共同体的义务，并因此倡导积极自由和积极公民。第三，在个体与共同体的关系上，强调个体性是从共同体中获得，并受共同体的限制，个体身份和品质的稳定性依赖于友谊共同体的支持，个体与共同体是一种和谐共生的关系。第四，对公共善的共同认同是其基础，因此，善优先于正当。

相比公民共和主义，公民自由主义的公民资格具有以下几方面的特征：第一，总体而言建立在以普遍主义和本质主义的假定基础上，强调个体权利。不过在其内部，又分为基于"经济人"假定而衍生出的以洛克为代表的极端个体主义，以及基于"理性人"假定而衍生出的以康德为代表的理性主义。第二，从"经济人"的人性假定出发，推论出个体在本体论、认识论乃至道德上的优先权利，个体权利至上。公民资格表现是一种"身份"，体现的是消极的自由与消极的公民。而且这种自由与平等的公民身份是与生俱来的，因而必然导致对具体的社群成员资格身份的忽视，最终演化为了抽象的平等。第三，从"理性人"的人性假定出发，推论出一种自治理性的公民资格，然而这种屈从于特殊的种族、阶级或宗教等级身份或立场的运用"某人自己的理性"必然不是真正的理性。真正的理性，在康德看来应是"公共人"所具有的理性，即运用"某人自己的理性"作为一个公共人发表言论，摆脱历史特殊性的限制，不可避免将公民资格演化为"真实的"自我与"虚假的"社群身份的对立，人与人之间的平等只能是抽象的平等。第四，在个体与共同体关系上，洛克式的与康德式的自由主义都主张区分公共认同与非公共认同，主张正当优先于善，并由此导致自由主义社会公民素质的低落、政治参与的冷漠以及公共道德的沦丧等

---

① 〔古希腊〕亚里士多德：《政治学》，吴寿彭译，北京：商务印书馆1965年版，第130页。

危及共同体团结的现象。

透过对公民共和主义与自由主义特征的分析,我们可以发现二者的一些共同点:第一,从某种人性假设出发,奉行的是某种普遍性或共通性的公民资格观。这种普遍性源于将平等诠释为相同,除了所有人拥有公民资格外,其中自由主义公民资格将这种普遍性演绎成了无视差别的一视同仁的平等对待,法律和规则忽视了个人、群体之间的差异,共和主义公民资格则将这种普遍性演绎成了同一性。[1] 第二,无论是自由主义还是共和主义都导致对公民差异的压制,产生了不正义的后果。有鉴于此,艾利斯·扬提出了结构性社群概念,以试图超越自由主义与社群主义,既强调个人又涵盖群体,注重差异,构建一种差异性团结的公民资格,并将这种思想运用到全球正义领域。

二、自由主义普遍性公民资格及分配正义的局限

正如上文所述,自由主义公民资格的一个鲜明特征,即普遍的公民资格与平等的权利义务,换句话说,自由主义公民资格将所有人视为无差别的公民,并平等对待。这种普遍性的公民资格一方面受益于资本主义制度,正是资本主义制度摧毁了封建社会严格的社会等级制度,破除了人身依附关系,赋予人们平等的公民身份。同时这种平等的公民身份,因资本主义的发展需要打破封建割据,从而与民族、国家关联;另一方面又受制于资本主义制度,正是资本主义制度生产的社会化与生产资料私人占有的内在的不平等性,使得普遍性的公民资格只是政治上虚假的平等,掩盖了经济上实质的不平等。随着资本主义的不断发展,自由主义公民资格带来的却是,资本主义社会普遍存在的形式上的平等与公民实质上的不平等之间的差别的日益凸显,以及原子式的个人和松散的共同体之间的矛盾。在朗西埃看来,这种脱离对被压迫人们的真实生活的"平等"和"自由"是

---

[1] Iris Marion Young, "Polity and Group Difference: A Critique of the Ideal of Universal Citizenship", *Ethics*, No.2, Jan., 1989, pp.250-274.

空谈。

对此，马克思主义给予了深刻批判。在马克思主义看来，自由主义的公民资格代表的是一种虚假的普遍性，掩盖了事实上的支配来源。[①]"政治人只是抽象的人，人为的人，寓言的人，法人。"[②]因此，自由主义的公民资格只是在学理上承诺了自由与平等，无法变成实践中的自由与平等。而究其根源在于，在自由主义社会，个体先于国家形成，个体权利往往表现为人权，而非公民权，人们更应被称为"市民社会的成员"而非公民。因此，个体总是担心共同体对个体私利造成限制，视共同体为外在的威胁而缺乏内在的情感认同，造成了对个体的极端关注以及共同体价值的忽视，形成原子式的平等的个体以及松散的共同体。连接这些原子式的个体的是"自然的必然性，是需要和私人利益，是对他们的财产和他们的利己的人身的保护"[③]。因此，在马克思主义看来，自由主义的公民资格中的公民并非真正的"公"民，只能是关注市民权利尤其是财产权利的"私"民。由此，在资本主义社会，维护个人利益的私人领域的人，必然会同维护共同体利益的公民身份的人发生冲突，事实上这种冲突反映的是私人利益和普遍利益之间的冲突以及市民社会和政治国家之间的分裂。

艾利斯·扬全面剖析了蕴藏在自由主义公民资格中普遍性的含义：(1) 政治平等意义上的普遍性。表现为社会的所有成员在政治上都有平等参与政治生活的资格，参与影响他们生活的决策制定过程。她赞同并支持政治平等意义上的普遍性，并认为资源分配的不平等将对此造成障碍。(2) 高度抽象意义上的普遍性。表现为自由主义的公民资格要求个体采取共同体成员共同的、普遍的、抽象的身份行使其权利，履行其责任，屏蔽了个体经历的特殊性所蕴含的对权利与义务的特殊要求。(3) 实践意义上的普遍性。表现为在政治决策过程中，用少数人的观点代替所有人的观点，限制了社会其他群体，尤其是弱势群体声音的表达。因此，在她看

[①] 宋建丽：《公民资格与正义》，北京：人民出版社2010年版，第62页。
[②] 《马克思恩格斯全集》第1卷，北京：人民出版社1956年版，第442页。
[③] 《马克思恩格斯文集》第1卷，北京：人民出版社2009年版，第42页。

第二章 政治主体视域下的差异性公民资格

来,自由主义代表的恰恰不是平等,而是牺牲社会多样性的支配性不平等。由此,虽然她赞同政治平等意义上的普遍性,但是蕴含在自由主义中的抽象平等与实践不平等使她廓清了自由主义平等的幻象,找出了自由主义公民资格否定差异、无视差异的本质。这也是为什么"对黑人、女性、土著居民、少数民族、宗教少数派、同性恋群体等许多群体而言,尽管他们也拥有共同的公民资格,但仍然感到自己被排除在'共同文化'之外。"①

这并不是说艾利斯·扬真的认为自由主义不重视差异,她恰恰是看到了自由主义公民资格在维护资本主义统治上的意识形态功能,即在现实的政治实践中,貌似为维护所有成员的利益而采取的政治中立立场,推行一种形式平等的正义程序。事实上自由主义公民资格最初为人们所拥护就在于它打破了封建等级社会对人的束缚,主张天赋人权,人人享有自由、平等,将所有人视为无差别的公民,并平等对待,从而调动起广大的农民、小手工业者、无业游民等群体参与反封建的斗争。只不过,随着资本主义制度的确立与发展,自由主义的这种正义号召日益演化为对资产阶级财产权的维护,折射到正义理论上,则是曲解了正义内容,集中表现为分配正义模式。在罗尔斯看来,社会正义就是对"基本权利和自由、制度性的机会和职位与职业的特权、收入和财富以及自尊的社会结构"②等社会基本善的分配。

艾利斯·扬认为分配正义范式之所以成为当代政治哲学家的共识,原因在于福利资本主义社会的历史背景。20世纪两次世界大战给人类社会带来巨大的创伤,世界进入休养生息的阶段,从20世纪30年代至70年代,福利国家因其在实践中作为缓解社会矛盾的政治方式而广受赞誉。与此相适应,为应对现实的贫困等不正义问题,正义理论家纷纷把目光锁定在从

---

① Ronald Beiner (ed.), *Theorizing Citizenship*, Albary: State University of New York Press, 1995, p.302.

② John Rawls, *Political Liberalism*, New York: Columbia University Press, 1993, p.181.

结果上就能促进正义的再分配正义模式。分配正义模式试图通过福利制度对社会财富进行再分配，调和社会成员之间的差距，从经济角度确保平等，以实现社会正义。然而，艾利斯·扬认为从公民资格角度来看，分配正义模式存在诸多不足：

第一，分配正义模式掩盖了一系列不平等的权力关系。在晚期资本主义社会，政策形成具有"去政治化"的特点，以分配话语来讨论正义遮蔽了隐藏在政策制定、实施中的压迫与支配关系。而且分配正义模式的这种意识形态功能，往往得到人们无意识的支持，从而更加隐蔽。例如，白人男性在美国享有公民资格无人质疑，然而，女性、黑人、少数族裔能否具有公民资格一直处于讨论中。这一事实暗含公民资格与特殊社会身份之间的勾连，然而这种勾连由来已久，能够追溯到历史上的帝国主义以及父权制。一些女性主义者和后现代作家已经提出，自由主义的理性传统蕴藏着对差异的否定，并通过无意识控制而将女性视为非理性的和情感的化身以致女性本身都认同自己不具备公民资格。艾利斯·扬将这种状况概括为文化帝国主义。

第二，分配正义模式不适当地扩大了分配的范围。分配正义将社会正义的问题化约为资源是否平等分配的问题。这些资源不仅包括"财富或收入的分配，而且还包括一些非物质性的产品，像生产工作、发展机会、公民资格、权威、荣誉等"①。然而将分配对象扩大至非物质的善（goods），比如，分配权利模式化了它们蕴含的社会规则和政治实践的含义；分配机会将误导人们以为机会可以通过付出或保留而增加或减少的独立的"善"，而掩盖了机会代表的涉及社会关系和规则的能力条件；分配物质性产品某种程度上能支撑人的自尊，但一来自尊是不能通过分配获得，二来掩盖了自尊所蕴藏的主体间的认同。

第三，分配正义模式关注个体，忽视群体，无法应对晚期资本主义群体差异的现实。自20世纪70年代开始，美国及欧洲国家逐渐将消除贫困

---

① William A. Galsto, *Justice and the Human Good*, Chicago: University of Chicago Press, 1980, p.6, 116.

的责任由国家推给个人,以往作为社会稳定器的福利制度却成为新的矛盾和政治分裂的源泉,事实上反映了以剥削工人阶级为本质的资本主义国家不可能长期实施"从摇篮到坟墓"的再分配政策。福利资本主义的衰落伴随着佩戴"双刃剑"的全球化,使得晚期资本主义社会认为自己遭遇了不平等待遇的各种群体揭竿而起,爆发了争取自身权益的新社会运动,开启了"后68"的西方激进时代。各种群体遭受的不正义待遇并非分配正义的个人的财产不正义,更多的是作为群体要求未获得社会的承认。因此,主要关注分配结果的自由主义由于忽视了差异群体,而不能在政治实践中满足所有的人及群体。

最后,分配正义模式忽视了背景制度。艾利斯·扬认为由于对分配问题的过分关注,正义理论往往无法讨论决策权、劳动分工、文化等问题。而这些问题实际上比分配问题更加基础,往往构成分配的条件。"许多社会正义的讨论不仅忽视分配得以产生的制度背景,而且经常预先假定特殊的制度结构,却没能对这种制度结构本身的正义性作出相应的评价。"[1] 即便是分配正义理论的集大成者罗尔斯也未能直击分配问题的核心,如将要分配的东西是如何产生的以及谁决定分配的方案等。实质上,这两个问题都与公民资格相关,其中谁决定分配的方案直接涉及谁具有公民资格,具有公民资格的公民如何通过制度参与决定分配什么。艾利斯·扬将二者简化为决定分配的背景制度,并将正义的出发点由分配调整为现实中不正义的表现形式——压迫与支配,社会正义也就顺理成章地成为消除压迫与支配的制度性障碍,主张以差异政治来消除不正义。

总之,艾利斯·扬从批判自由主义的普遍性公民资格出发,揭示适应于福利资本主义社会的分配正义范式随着资本主义的不断发展越来越不适应时代的需求,并且日益演化为一种意识形态,为现行资本主义不正义作辩护。自由主义公民资格的形式上的平等却产生了实质上的不平等,造成对少数者群体的压迫以及对差异的否定。自由主义普遍性的公民资格观念

---

[1] Young, Iris Marion, *Justice and the Politics of Difference*, Princeton, NJ: Princeton University Press, 1990, p.22.

并不能成为实现社会正义的前提，因此她主张用一种涵盖个体与群体、包容差异的差异性的公民资格代替自由主义普遍性的公民资格。

三、共和主义同一性公民资格及公私二分法的局限

如上文所述，共和主义公民资格的显著特征是重视个人对共同体的义务，强调公民积极参与政治生活，将集体和公共利益置于个人和私人利益之上，追求公共善。因此，艾利斯·扬认为蕴藏在共和主义公民资格中的同一性，不仅具有自由主义公民资格的政治平等意义上的普遍性、高度抽象意义上的普遍性以及实践意义上的普遍性，还有一种与共同体团结相适应的同一性。

无论是古典共和主义还是社群主义都倾向于将公民资格设想为某种普遍理性，理性预设下的公民在参与公共讨论和集体决策中为促进公共善，而能够超越他们的特殊经历与利益。理查德·贝拉米说："对于社群主义者来说，政治仅仅意味着参与社群的公共生活。它预设了实现存在的公共的善，而参与者必须将其作为现存的合理的利害关系来加以接受。"① 公共领域为这种促进公共善的理性表达提供了空间。因而，共和主义理论家推崇代表理性的公共领域，诋毁压制代表个人情感、身体因素与特殊性的非理性的私人领域。正如汉娜·阿伦特所言，私人领域从语源学上便与剥夺相关。

艾利斯·扬认为民主过程应反对区分那种指向某种单一的共同善的公共议题和话语与那种由于具有特殊性或者会引起分裂而被认为是私人的议题和话语，因为这种区分将某种一致性施加给了公共领域。这种区分在卢梭、黑格尔那里都有所表现。比如，卢梭设想了一种统一的、同质的公共领域，于其中接受公民礼仪教育的理性的公民聚在一起承认公共利益和普

---

① 〔英〕理查德·贝拉米：《重新思考自由主义》，王萍等译，南京：江苏人民出版社2005年版，第179—180页。

第二章 政治主体视域下的差异性公民资格

遍意志，反对并驱逐欲望、情感和需要等，并将其划归为私人领域的特殊利益。① 黑格尔认为市民社会领域是追求个体自由的领域，国家是超越个体利益的公共领域。个人不能代表国家法律和行为表达的普遍意志、整体社会的利益。在艾利斯·扬看来，卢梭和黑格尔关于公私领域的划分，都将作为情感、欲望和身体的看守者的妇女从公共领域排挤出来了，而一些女性主义者，如吉利根批判了共和主义公民资格将理性与欲望对立起来，导致把综合考虑同情、关心、差异的道德决定视为非理性，从而排斥女性的做法。艾利斯·扬认为，虽然马克思因其主张国家是统治阶级的利益代表，成为否认国家代表中立性和普遍性的第一人，并且意识到资本主义公民资格在公私领域的分裂，由此再生产了统治阶级的地位。但是，她很遗憾马克思虽然揭露了这种不完善的公共性，但却没有将这种批判进行下去。

更为糟糕的是，随着晚期资本主义的发展，公共领域日益萎缩。本杰明·巴伯曾指出，"无节制的自由主义已经破坏了民主制度，因为在西方国家中我们所拥有的为数不多的民主因素已经在自由主义制度的重重包围下，一再妥协退让，并且民主的理论和实践都来源于自由主义哲学。"② 这些反映到政治生活中，表现为参与公共事务管理的人越来越少，越来越多的公共事务被移交给了私人部门。为此，"除非我们采取一种基于参与和共享的制度安排形式，否则民主就有可能会偏离政治舞台而沿着自由主义的价值观运行。"③ 艾利斯·扬还进一步指出，多元主义的利益集团不仅使得决策私有化，而且将决策付之于幕后交易和自治的调节机构与群体导致

---

① Iris Marion Young, "Impariality and the Civic Public: Some Impalications of Feminist Critiques of Moral and Political Theory," in Benhabib and Cornell (eds.), *Feminism as Critique: On the Politics of Gender*, Minneapolis: Basil Blackwell, 1987, pp.64-65.

② 〔美〕本杰明·巴伯：《强势民主》，彭斌、吴润洲译，长春：吉林人民出版社2006年版，1984年版序言第3页。

③ 〔美〕本杰明·巴伯：《强势民主》，彭斌、吴润洲译，长春：吉林人民出版社2006年版，1984年版序言第4页。

利益分散化和私有化的政治过程，反过来又助长了强势利益集团的统治地位，导致了不民主与不正义之间的恶性循环。

为此，艾利斯·扬认可并赞同许多学者呼吁资本主义合法化危机的关注，尤其是社群主义者企图复兴公共领域，推进关注正义的集体决策。但她同时也提醒人们，"某种程度上当代主张复兴公民资格的人保留了这种普遍意愿和共同生活的观念，他们含蓄地支持类似的排斥和同质性。"① 如佩特曼所指出的，很多当代参与式民主理论家和他们的先辈一样，致力于公民共和的理性。艾利斯·扬对此的态度是鲜明的，突出表现为，她在认可杰明·巴伯重视政治对话中情感维度的同时，也批判其强调公民参与者的一般性和共同性，而压制公民之间的差异以及反对他坚持公与私、理性与情感等一系列的二分对立。现代社会不再像古希腊城邦那样，公民具有高度的个体同质性，在文化多元的今天，若不加批判地接受，将会遮蔽共和主义公民资格本身存在的排挤性并带来不正义的后果。

总之，艾利斯·扬反对公私领域的二分的浅层民主，反对传统的关于公私领域的界定。她认为，"公私对立联系着普适性与特殊性、理性与情感的对立，挑战公私对立，意味着挑战一种反对正义去关注的正义概念。"② 正是这种公私领域的二分导致了女性及其他群体被排除在公民资格之外，使他们的观点得不到表达，利益得不到维护，而且即使这些群体参与了政治决策，也不能很好地表达观点，从而面临同质化的压力，造成根深蒂固的不平等。

艾利斯·扬反对的是公私二分法，并不否定公私之间的区别。因此，她并不认同传统将"私"定义为"公"的排除之物，而应将"私"界定为有权排除他人的生活与活动。当前的福利资本主义社会对个人隐私的保护，体现的是国家机构和非国家机构对个人"私"的主张的确认。在

---

① Iris Marion Young, "Polity and Group Difference: A Critique of the Ideal of Universal Citizenship", *Ethics*, No.2, Jan., 1989.

② Young, Iris Marion, *Justice and the Politics of Difference*, Princeton, NJ: Princeton University Press, 1990, p.121.

她看来，这是受到了女性主义抵抗传统政治理论的影响，一定程度上否定了公私领域之间的社会分化，值得肯定。真正的异质性的公共领域应保证任何人、任何行为以及个人生活中的任何方面都不应被迫"私"化，同时任何社会制度和实践都不应先验地被排除在连接人民与权力的公共领域之外。正如迈克尔·桑德尔（Michael Sandel）所指出的那样，正义作为一种美德，绝不能站在个人需求、情感与欲望的对立面，而应该推行那些能够让人的需求、欲望得到满足的制度。也正是在这个意义上，艾利斯·扬提出了公共领域的民主化和私人领域的民主化的深层民主的正义构想。

综上所述，无论是自由主义的普遍性公民资格还是共和主义的同一性公民资格，都导致了一些群体被排除在民主政治范围之外，其利益得不到表达，从而也就很难得到维护。如果继续沿着这种普遍性的公民资格去实现正义，既不可能找到深层次的原因，也不可能找到恰当的突破方法，也正是在这个意义上，差异性的公民资格在艾利斯·扬看来是实现正义的前提。

第三节 差异性的公民资格与晚期资本主义时代的政治主体

针对自由主义与共和主义普遍性的公民资格对差异的否定，以及由此造成的社会群体压迫，艾利斯·扬在晚期资本主义的多元时代特征与后现代理论的冲击下，将目光转向了多元文化主义，试图建构"一种承认而非压制差异的政治"[1]，超越自由主义与社群主义。她提出既强调个人又涵盖群体的差异性公民资格——涵盖又超越文化差异的结构性社群，并将其运用至全球领域，提出族群概念。针对现有聚合式民主和协商民主在公民资

---

[1] Young, Iris Marion, *Justice and the Politics of Difference*, Princeton, NJ: Princeton University Press, 1990, p.10.

格设定方面的局限,她进一步提出了落实差异性公民资格的相关设想,包括构想一种囊括公共领域的民主化和私人领域的民主化的深层民主、将群体差异视为政治资源、实施群体代表权以及重新思考自决。

一、从多元文化主义文化群体到结构性社群

多元文化主义(multiculturalism)诞生于20世纪60年代,是对黑人民权运动、女性主义运动等释放出寻求身份认同、承认差异而进行社会深层次变革的强烈信号的回应,是美国对亚洲和拉丁美洲的移民急剧增多带来的人口结构、居住区域、宗教组成及种族关系等方面变化的应对。社会学家内森·克莱日尔(Nathan Glazer)统计发现美国主要报刊在1980年代末才开始使用"multiculturalism"一词,该词在1989年仅出现33次,1991年增至600次,1994年已达1500次。然而,学术界尚未就多元文化主义的概念达成共识,唐纳德·H.罗伊(Donald H. Roy)认为它至少涉及妇女与少数族裔公民权的赋予、新的全面的多元文化的形成以及包容差异文化的途径三大主题;C. W. 沃特森(Conard William Watson)认为多元文化主义是一种文化观、历史观、教育理念及公共政策;艾利斯·卡什莫尔(Ellis Cashmore)认为它包含意识形态、话语以及政策和实践等一系列含义。总体而言,多元文化主义是美国、加拿大等移民国家的普遍政策,指的是"在多民族、多文化国度里,中央政府不仅对那些历史上长期遭受歧视和压迫的群体(不论出生、性别、肤色、年龄等)的传统文化、语言、生活习惯采取积极的保护和援助政策,而且还要禁止种族歧视,积极纠正差别,推进和创造他们的教育和就业机会,并致力于消除在社会、政治、经济、文化和语言上不平等状况的一种国家统一的意识形态理念。"[①] 因此,多元文化主义具有鲜明的政治特性,常常与身份/认同政治、差异政治、承认政治相关。

---

① 韩家炳:《多元文化、文化多元主义、多元文化主义辨析——以美国为例》,载《史林》,2006年第5期,第188页。

第二章 政治主体视域下的差异性公民资格

按照政治哲学家研究重点的不同,索菲·格拉尔·德拉图尔把多元文化主义的发展划分为三个阶段①:20 世纪 70 年代至 80 年代末为第一阶段,主要研究妇女、黑人等边缘群体的问题;20 世纪 90 年代至 21 世纪初为第二阶段,重点关注的是少数民族、移民等民族—文化少数群体;2000 年代中期以来为第三阶段,重点关注种族与宗教多样性融合思考。

可见,肇始于新社会运动的多元文化主义争取的是少数群体的文化尊重,要求将公民、种族、民族、文化等平等落实到具体的政治经济生活中,并演变成一种政治诉求。同时,这种诉求不为美国所独有,加拿大、澳大利亚以及欧洲同样存在。无怪乎南希·弗雷泽指出,新社会运动改变了人们谈论社会正义的内容,包括"谁"的正义以及"什么"才是正义。恩斯特·拉克劳也指出,新社会运动"正在开创潜在的、甚至不只是潜在的,而是更自由地走向民主和平等社会的趋向"②。艾利斯·扬认为新社会运动已经对诉诸某种共同善的方式表示了怀疑,它们反对将女性、土著居民、黑人等置于不正常的他者位置,主张在以促进正义为目标的政治讨论与决策中关注社会地位、结构性权力与文化依附关系。

多元文化主义者在当代多元文化背景下,将少数群体的不平等的原因归为文化因素,而非自由主义认为的经济因素,看到了文化因素所造成的实质不平等。与此相关,多元文化主义者批判自由主义普适性的公民资格遮蔽了导致不正义的权力关系和历史文化背景,忽视了差异及差异性群体的群体权利的需求,致使弱势文化群体实质上被排挤在公民资格之外。由此,包括艾利斯·扬在内的多元文化主义者提出差异性的公民资格,通过对"差异性公民身份"的肯认,使每一个社会成员都享有完全的公民资格以参与政治,并力图通过赋予差异性文化群体以特殊的群体权利,保障其权利。在此,艾利斯·扬融入了文化因素。也是在这个意义上,艾利斯·

---

① 〔法〕索菲·格拉尔·德拉图尔:《文化与差异:艾利斯·马瑞恩·扬多元文化主义理论的张力》,载《国外理论动态》,2017 年第 4 期,第 18—19 页。
② 〔英〕恩斯特·拉克劳、查特尔·墨菲:《领导权与社会主义的策略——走向激进民主政治》,尹树广、鉴传今译,哈尔滨:黑龙江人民出版社 2003 年版,第 1 页。

扬确立了其多元文化主义者的身份。依照德拉图尔对多元文化主义发展阶段的划分，艾利斯·扬的正义思想正好涵盖了多元文化主义发展的三个阶段。

虽然，艾利斯·扬肯定多元文化主义者从群体角度来赋予少数群体以公民资格，但她反对将群体差异还原或简化为身份认同，将诉诸政治的社会运动仅仅看作是少数群体追求文化上的承认。因此一些人认为，艾利斯·扬"既是一位致力于在政治理论中强烈关注'文化差异'的哲学家，又在后来拒绝关注这一概念"①。对此，笔者赞同索菲·德拉图尔认为艾利斯·扬部分赞同多元文化主义者的文化概念，尽管她的观点有所变化，但她的身份依然是多元文化主义者，只不过她对公民资格的解释不同于其他多元文化主义者。基于此，从公民资格视角来看，笔者认为艾利斯·扬不同于其他多元文化主义者的地方在于她从多元文化主义社群转向了结构性社群。表现在以下几个方面：

首先，批判多元文化主义内在悖论。多元文化主义一方面拒斥自由主义公民资格的普遍性而强调差异性的公民资格，另一方面它以身份认同为其理论目标，又暴露了它正是以追求某种普遍性为其前提的。同时，这种追求身份认同的理论目标能否实现正义值得怀疑。退一步说，即使通过身份认同就能实现正义，那么这个肯认者是谁，是否具有合法性？因此，多元文化主义不可避免地陷入了难解的悖论，即多元文化主义在反对现存权力体制的同时，却不得不依赖现存权力体制。

其次，强调群体差异并非身份认同。艾利斯·扬一再批判那种将群体差异还原或简化为身份认同的多元文化主义的观点。她认为这其中蕴含着一种本质主义的逻辑，"在这种逻辑下，群体是通过一系列的本质属性——它们构成了某个群体的身份——而被界定的"②。这意味着群体之所以是群

---

① 〔法〕索菲·格拉尔·德拉图尔：《文化与差异：艾利斯·马瑞恩·扬多元文化主义理论的张力》，冯红译，载《国外理论动态》，2017年第4期，第17页。
② 〔美〕艾丽斯·M.扬：《包容与民主》，彭斌、刘明译，南京：江苏人民出版社2013年版，第109页。

体，是因为群体成员共享了某种或某些属性，那么不具备这些属性的其他人或群体就自然而然被排斥在外，而这与多元文化主义批判自由主义普遍性公民资格将弱势群体排斥在公民资格之外毫无差别，同时这也是各种文化群体之间经常发生政治冲突的原因。因此，承认群体差异的目的是赋予差异群体以真正的公民资格，并非身份认同。

第三，提出从关系视角看待群体。艾利斯·扬认为社会群体本身并不具有在实质上一致的身份，而是通过各种不同关系被构建出来的。一些人认为对于个体而言，"他们是谁"是通过各种特殊的方式由社会群体的成员资格决定的。对此，艾利斯·扬认为，个体与群体的关系并非身份认同的关系，社会群体决定个体的位置与境况，但个体的身份并不是由社会位置构成的，而是在各种社会位置的关系互动中构成的，这种关系构成了与文化群体截然不同的结构性社群。对于结构性社会群体，弗雷泽曾提醒研究正义与多元文化主义的理论家要注意结构性压迫及可能转化的议题，但她本人又对身份政治内涵的理解过于简单，艾利斯·扬明确指出她不认同弗雷泽对文化与结构的二元划分。艾利斯·扬认为需要从分析结构性差异与结构性不平等入手，来分析结构性社群。

二、从结构性社群到族群

正如本杰明·巴伯所言，"在全球化的世界中，仅仅从国内的视角去思考民主的本质和命运是不够的。全世界各国相互依赖的现实弱化了国家主权，使国家间的界限具有可渗透性。这就产生了新的问题，即采用什么类型的政府（如果有这样的类型的话）才能监督国际关系或国家内部事务。当前，全球化涉及商品、市场、犯罪、疾病、贫困、资本、毒品、武器和恐怖主义的国际化等许多问题"①。这些全球性问题所涉及的人跨越了国界，那么结构性社群的概念是否能够有效应对呢？

---

① 〔美〕本杰明·巴伯：《强势民主》，彭斌、吴润洲译，长春：吉林人民出版社2006年版，二十周年纪念版序言第3页。

结构性社群是艾利斯·扬针对多元文化主义的文化群体提出的适应结构性不正义产生的社会群体。艾利斯·扬认为,"当那些构建着性别、种族、阶级、性偏好与能力的社会关系通常建立在各种文化差异的基础上并且与之交叉的时候,它们最好被理解为一种结构意义上的关系。"① 建立这些关系之上的群体即为结构性社群。由结构性社群的经历与感受引起的社会运动致力于政治活动,并且反对各种结构性的不平等。因此,结构性社群本质上是一种公民资格,适用于论述公民与国家的关系,但不适用于全球性问题。而且,随着移民的融入,比如亚裔、美洲裔、非洲裔等移民融入到美国,单纯从传统的民族(nation)角度来论述已不能涵盖。由此,艾利斯·扬在社群之外,引入了"peoples"一词。peoples 有两种含义:一种指特定共同体的成员;另一种指族群(ethnic group)。基于族群概念的形成历史以及艾利斯·扬本人的相关论述,笔者将 peoples 译为"族群"。

国内学者马戎认为,"族群"是对"ethnic group"一词的中译,20 世纪 60 年代经由港台地区的文献传播到内地。② 西方学者对"ethnic group"的学术调查始于 20 世纪 50 年代,他们发现这个词汇代表着有悠久历史的社会形态,甚至早于"种族",多用来描述近代移民国家中来自不同国度,具有不同语言、宗教和文化传统,但混杂居住在一起的群体。对于这些群体,不能称之为"nation"(民族)、"tribe"(部落、部族)、"clan"(氏族),或者"race"(种族)。因此,美国学者借用希腊语的"ethnos"的形容词形式"ethnic",加上"group"(群),构成一个合成词"ethnic group"来描述这类群体。③

因多元文化国家的复杂性,"族群"的定义也丰富多彩。如最早收录"族群"的《韦氏新国际词典》(第三版)将其定义为:非犹太教或非基

---

① 〔美〕艾丽斯·M.扬:《包容与民主》,彭斌、刘明译,南京:江苏人民出版社 2013 年版,第 115 页。
② 马戎:《民族社会学——社会学的族群关系研究》,北京:北京大学出版社 2004 年版,第 1 页。
③ 菅志翔:《"族群":社会群体研究的基础性概念工具》,载《北京大学学报(哲学社会科学版)》,2007 年第 5 期,第 138 页。

第二章　政治主体视域下的差异性公民资格

督教的异教徒；具有文化传统、心理特质和体形特征的共同体；起源于异邦的原始文化。①对中国学术界影响较大的是马克斯·韦伯（Max Weber）的定义："某种群体由于体质类型、文化的相似，或者由于迁移中的共同记忆，而对他们共同的世系抱有一种主观的信念，这种信念对于非亲属社区关系的延续相当重要，这个群体就被称为族群。"②弗雷德里克·巴斯（F. Barth）强调："族群"是社会组织，它超越了实际上的文化差异问题，涉及社会对文化差异的组织；"族群"的身份是在社会互动中通过"自认"（self-ascription）和"他认"（ascription by others）获得，不是分析者根据自己对一个群体"文化"的建构而建构；最重要的文化特征和边界有关：成员身份的特点和当事人自己用来评判本族成员行为的文化规范，暗示着他们把自己看作是"玩同一场游戏"的人。③尽管定义内容有别，但族群源于文化差异的特性没有变。这一点在艾利斯·扬那里体现得尤为明显，并赋予了它新的含义。

艾利斯·扬在《全球挑战》一书中回顾了18世纪中叶的美国历史，她借助唐纳德·格林德（Donald Grinde）和布鲁斯·约翰森（Bruce Johansen）的著作《自由的典范》（*Exemplar of Liberty*）阐述了美国政治机构的创始人受到美国原住民的思想和制度的影响的思想，其中美国宪法直接受到易洛魁联盟治理体系的影响。美国历史告诉人们，历史是霍米·巴巴所说的混合历史，世界既不是某一个人或民族的，也不是其他人的或其他民族的，而是由不同主体间交互构成的。由于从"体制上，后殖民时代需要创建全球民主治理体系以满足全世界土著族群的自决权。而现有的民族—国家体系不能满足这些需求，致力于为土著人民伸张正义需要质疑这种国

---

① 纳日碧力戈：《全球场景下的"族群"对话》，载《世界民族》，2000年第1期，第5页。

② 乌小花：《论"民族"与"族群"的界定》，载《广西民族研究》，2003年第1期，第13页。

③ Barth, F., *Ethnic Groups and Boundaries*, Illinois: Waveland Press, 1998, p.6.

家体系"①。peoples 便成为了她用以为土著人民伸张正义的分析工具,赋予了社会学意义上的族群概念以政治内涵。

艾利斯·扬采用了"native peoples""indigenous peoples""peoples"等词与欧洲殖民者相对应,而且她明确指出,美国历史不是单一主体或民族认同的叙事,而是涵盖各种差异群体的文化的历史,"这种混合模式中,当我们把美国社会和身份视为美国本土和欧洲文化互动发展的产物,成为美国人的真正意义变为去中心的和关系性的了"②,分析 peoples 是为了论证"这种关系型的和去中心的主体性和政体概念有助于重新界定自我决定和全球治理的概念"③。因此,虽然艾利斯·扬没有给族群下一个定义,但在她那里族群的含义至少包括以下几个方面:第一,在较大的文化和社会体系中,因宗教、语言、文化传统等而具有自身文化特质的少数群体,相对主流群体的差异群体,以文化特征来划定其"边界"。第二,这些群体与其他族群处于互动关系中,并在互动中由族群成员有意识地构建形成,因此具有流动性、开放性。第三,不同族群因族群认同不同构成不同的想象的共同体,由此超越时空以及层次性的特征。族群不同于民族(nation)的单一性,它既包括初级族群(basic ethnic group),还包括由初级族群衍生的次级族群,以及由族群组成的更高层次的族群集团,甚至还包括国家和文明(civilization)。它不因地理边界的变化而消失,由此形成的族群性是社会亲近和亲属制体验的最上限。④ 第四,连接利益与情感的族群在现代社会是民主政治的又一重要主体,具有原发情感性和工具性的双重特点;第五,在全球化背景下,族群取代民族,成为论述民族自决权

---

① Young, Iris Marion, *Global Challenges: War, Self-determination and Responsibility for Justice*, Cambridge, UK: Polity Press, 2007, p.16.

② Young, Iris Marion, *Global Challenges: War, Self-determination and Responsibility for Justice*, Cambridge, UK: Polity Press, 2007, p.24.

③ Young, Iris Marion, *Global Challenges: War, Self-determination and Responsibility for Justice*, Cambridge, UK: Polity Press, 2007, p.24.

④ 菅志翔:《"族群":社会群体研究的基础性概念工具》,载《北京大学学报(哲学社会科学版)》,2007年第5期,第140页。

的最佳主体。

综上所述,艾利斯·扬对族群的认识贯彻了她的社会关系本体论指导思想,体现了她对少数群体或者说是弱势群体的一贯的关注,体现了她的差异政治思想,是其结构性社群概念的进一步拓展。于其中,我们既看到了作为社会现象的"族群",又看到了作为研究对象的"族群",看到了极富穿透力的族群从少数群体向国家、文明的跨越、从地理到文化、政治的跨越到时间与空间上的跨越。艾利斯·扬借助"族群"重点论述了不依赖于领土解决民族自决问题,并将这种非支配的自决概念化为一种联邦制,试图解决类似巴以冲突等问题。因此,族群成为艾利斯·扬探讨全球民主、全球正义的一个重要的概念,为推进正义实现增添了新的工具。也许,在艾利斯·扬运用族群试图化解世界冲突时,她心中激荡的正是著名黑人诗人兰斯顿·休斯①(Langston Hughes)的诗歌:"我是贫穷的白人,愚昧并且处于社会的边缘,我是忍受着奴隶伤疤的黑人,我是被驱逐出自己土地的棕色人,我坚信我是在寻找希望的移民。然而,我所找到的仅仅是同样古老愚蠢的计划——狗咬狗,有权有势者压榨穷苦人。啊,让美国重新归来吧——这片土地将不复往昔——它将是一片人人自由的土地。这片土地是我的——穷人的,印第安人的,黑人的,是我的"②。

三、差异性公民资格的价值

艾利斯·扬在批判自由主义、共和主义的普遍性公民资格的基础上,提出了差异性的公民资格,并对差异性公民资格内部的多元文化主义进行了细分,提出了涵盖又超越文化差异的结构性社群以及全球领域的族群概念。她认为差异群体是推进民主、实现正义的重要资源而非障碍。针对现

---

① 兰斯顿·休斯(1902—1967),美国最优秀的黑人诗人,对美国和非洲黑人诗歌产生了深远的影响。马丁·路德·金那篇脍炙人口的《我有个梦想》就是受兰斯顿的直接影响。

② 转引自〔美〕本杰明·巴伯:《强势民主》,彭斌、吴润洲译,长春:吉林人民出版社2006年版,二十周年纪念版序言第7页。

有聚合式民主和协商民主在公民资格设定方面的局限，艾利斯·扬提出了落实差异性公民资格以实现正义的相关设想。

首先，构想一种涵盖公共领域和私人领域民主的深层民主。在艾利斯·扬看来，公共领域的民主化指的是差异的民主化。公共领域是那种存在于人民和权力之间的主要的连接物。公共领域的良好运作，一方面表现为各种有组织的公民借助公共领域，通过异议和问责来限制权力，并且促使有权有势的行动者承担起责任；另一方面表现为有组织的公民借助公共领域，就集体性的问题以及有关他们应当做什么的问题进行辩论来影响政策的制定。① 其中，哈贝马斯的交往伦理为这种民主化提供了希望。哈贝马斯从合理性出发重构理性，主张通过对话模式，消除公共领域中义务论理性的专断式的独白。然而，在艾利斯·扬看来，这种对话虽然允许所有参与者自由发言、被倾听以及被考虑，但是其需求、动机和情感的表达因需要与他人进行互动而不具有私人的意义，从而与义务论传统并没有本质区别。因此，除了哈贝马斯强调的对话，艾利斯·扬还强调了在公共领域中差异的重要性。承认差异意味着：第一，将所有边缘的、被排除的群体和个体都纳入公共领域，承认并认可其差异。第二，差异与共识对决策同等重要，二者在政治讨论过程中并存或相互促进，不是对立关系。第三，差异不同于分歧。差异不仅指人们客观的性别、种族、民族的不同，还包括社会性的差异，比如个人习惯等。分歧仅仅指那些相互对立的区别，其中在公共领域讨论的是需要达成共识的公共性分歧，而私人性分歧以及其他方面的差异属于应受到隐私权保护的私人领域，不能被消除。

私人领域的民主化，即隐私权的民主化。"隐私权指的是一个人是否允许了解她本人及其个人信息、对她意义重大的事物的控制权和自主权。"② 隐私权包括：个人对个人信息的掌控权、私人空间不受侵犯、私人

---

① 〔美〕艾丽斯·M. 扬：《包容与民主》，彭斌、刘明译，南京：江苏人民出版社2013年版，第217—221页。

② Iris Marion Young, *On Female Body Experience:"Throwing Like a Girl" and Other Essays*, New York: Oxford University Press, 2005, p.152.

第二章　政治主体视域下的差异性公民资格

活动不受干涉及不被言说的权利和自由等。然而,从古希腊开始,政治便与公共领域相关,与私人领域无关。"我们的社会仍然是一个要将个人或个人的某些方面驱赶到私人领域的社会。"① 直到20世纪60年代以后,宣称"私人的即政治的"(Personal is Political)第二波女权运动才开始打破这一禁忌。艾利斯·扬关于私人领域民主化的思想正是在这一大的背景下形成的,她认为私人领域同样存在权力关系,隐私权是一种自主权,涉及个人的自我决定与自我发展,从而与正义相关。毫无疑问,对私人领域尚且没有自主权的人,更妄谈他们对政治决策的影响力。而这点经常被正义的理论家所忽视,看不到私人领域的民主化对公共领域的民主化的制约作用。因此,艾利斯·扬认为公私领域不应被人为分开,二者是相互促进的关系。只有实现了公私领域的民主化,才能为实现正义提供有利条件。

其次,将群体差异视为政治资源。在批判聚合式民主和协商民主的基础上,艾利斯·扬提出了一种包容性的沟通型民主。从差异性公民资格促进正义实现的角度来看,包容的价值主要表现在三个方面:

一是将各种差异群体包容进政治讨论的过程,使得差异群体得到平等的尊重,其经验和观点得到表达。在存在由特权阶层与处于不利地位的人构成的结构性关系的情况下尤为重要,将差异群体,特别是处于不利地位的群体纳入政治过程,能够为促进正义的民主沟通提供各种经验上的和批判性的资源,这也是群体差异作为政治资源的基础要求。

二是激励那些参与政治辩论的人将他们所具有的来源于利己主义的利益表达的主张转化为对正义的呼吁。由于参与辩论的人,需要对那些来自不同社会地位的,怀有不同需要、利益和经历的人做出合理解释,因此,他们必须要依据正义的措辞来表达其提议,而且只当他们依据各项权利平等的主张,考虑其他人的利益,其他人才会应当接受他们的主张。不过与某些协商理论家的观点不同的是,这种政策建议并不是依据某种共同利

---

① Young, Iris Marion, *Justice and the Politics of Difference*, Princeton, NJ: Princeton University Press, 1990, p.120.

益或所有人都能共享的利益而提出来的,相反,承认社会差异的政策建议恰恰是多样性利益的表达,合理的政治决策是挑选出那些需要优先考虑的且道德上正当的表达。

三是使信奉民主的公众群体所获得的社会知识扩展到最大程度,以至于公民更有可能做出各种公正的、明智的决策。处于不同社会位置的人所具有的各种情境化的知识包括:对于他们的社会位置及其与其他社会位置处于何种关系的理解;关于各种其他显著的社会位置的交往地图,各种其他显著的社会位置是如何被界定的,它们处在这种社会位置所依据的关系是什么;关于那种社会的历史的观点;关于整个社会的各种关系与过程如何运作的解释特别是当它们影响到某个人自己的社会位置的时候;在自然环境与物理环境中关于某种特定位置的观点与经验。① 这是知识为人们从不同角度看待社会环境,克服偏见准备了条件。

再次,实施群体代表权。对于晚期资本主义普遍存在的大规模的结构性不正义问题,参与政治讨论的人员往往存在于由数百万人组成的复杂的政治体中,民主沟通存在于各种不确定的、重叠的和充满分歧的讨论与决议中,人员与民主过程在时间和空间上都是分散的。对此,艾利斯·扬认为群体代表权是使政治活动成为深层次的民主政治的最佳方式,批判了某些民主理论家认为代表制与真正的民主不兼容的理由。与那种将代表描述为代替(substitution)或者某种同一性概念不同的是,她把"代表概念化为一种政治行动者之间的具有差异的关系,而这些代表参与了某种在时间与空间上存在延伸的过程"②。代表制的主要规范问题在于,那种存在于某位代表与他所代表的许多人之间关系的断裂所带来的威胁,因此需要代表与公民承担其各自的责任,这点在后文将详细论述,在此不再赘述。

---

① 〔美〕艾丽斯·M. 扬:《包容与民主》,彭斌、刘明译,南京:江苏人民出版社 2013 年版,第 148 页。

② 〔美〕艾丽斯·M. 扬:《包容与民主》,彭斌、刘明译,南京:江苏人民出版社 2013 年版,第 154 页。

第二章 政治主体视域下的差异性公民资格

艾利斯·扬认为至少存在利益、意见以及视角三种代表制模式。利益代表制模式指的是自己的以及与他人共享的利益得到了照顾;意见代表制模式指的是应当用来指导各种政治决策的原则、价值与优先考虑的事情在政治讨论中得到了表达;视角代表制模式指的是即使我本人没有亲自参与政策的讨论与投票表决,但是我的社会经历所代表的观点得到了表达。利益、意见以及视角是人们所拥有的三个可能被代表的重要方面,没有任何一个方面可以还原或简化为群体或个人的身份,但都会涉及身份的某个方面,而且在这些关于身份的方面,任何一个方面都不能还原或简化为其他的方面,三者通常不会相互抵消,反而是提供了各种补充性的问题和更加完整的社会知识。

不过,艾利斯·扬关于在代表团体中为某种特殊群体的代表们保留特定数量的席位或职位促进特殊群体代表权的实现的方式,遭到了某些学者质疑。他们认为这可能会倾向于固化那种群体的身份以及它与其他群体的关系;被特别代表的群体在具有代表性的层面上可能会被孤立和边缘化;保留席位容易被各种党派或利益集团攫取。对此,艾利斯·扬分析认为这种批评仅仅考虑了国家的立法机构,无论是在公共生活中还是在学术交流中,将注意力集中在各种关于在立法机构中增加群体代表权的提议致使群体代表权备受争议。

最后,重新思考自决。针对当前许多要求具有自决权的族群试图建立属于它们自己的主权国家,同时拥有一种完整的、被明确的疆界所围绕的连绵不断的领土的情况,艾利斯·扬认为这将使我们陷入一种两难境地:一方面,这些族群处于其他族群特别是较大的已经取得国家领土主权的族群的压迫与支配之下,它们的族群自决的主张似乎具有原初的正当性与合法性;另一方面,如果通过赋予独立的具有领土边界的管辖权的方式承认族群自决,意味着会产生新的压迫与支配,最终会不断威胁世界的和平与发展。这也是近些年来国际机构越来越不愿采用自决原则来承认某个民族建立新的国家的重要原因。在现实生活中,艾利斯·扬发现土著民族发起的一种质疑由国家主权所组成的全球体系的社会运动为解决这种困境提供了思路,而且她相信她基于土著民族的自决原则的思考所提出的自决概念适用于所有族群。①

世界上大多数土著民族反对国家将主权权威施加于它们,要求拥有各种利用土地和资源的权利,以及要求延续前殖民时期土著人的治理习俗,但它们并不试图建立一种独立的、被国际社会承认并有明确领土边界的国家。在艾利斯·扬看来,土著民族的要求事实上是诉求某种在更广泛的政治体框架内争取更大和更可靠的自主。这种自决诉求一方面源于文化和身份认同;另一方面源于对现有权力与支配关系的重新思考。为此,克雷格·斯科特(Craig Scott)呼吁把自决理解为关系和连接,而不是之前达成更多共识的作为分离和独立的概念。艾利斯·扬赞成这种呼吁,支持女权主义提出的"关系性的自主",并运用菲利普·佩蒂特(Fhilip Pettit)关于用无支配的自决代替现有的无干涉的自决思想予以丰富。

女权主义关于自我的关系型的解释认为个人通过他或她与其他人的交往和互动关系而被建构。个人要求的一种自我意识与被其他人认可有关,他们依据既约束又赋予他们能力的错综复杂的社会关系和社会影响网络而行动。② 事实上男性户主和财产的所有者不比他统治的女性或工人更加独立。个人自由不应理解为互不干涉。无独有偶,新共和主义的代表佩蒂特也反对古典共和主义将自由解释为不干涉,同时提出一种无支配的自由观念。艾利斯·扬认为女权主义和新共和主义将自由的首要标准定为无支配而不是无干涉,深知人们所处的关系中的位置,这种关于个人自由的解释可以扩展它们的参数形式,从个体之间的关系扩展到各族群之间关系。当然,将个人自由和自治的任何思想扩展至族群,需要一种政治性的"自我"概念,通过它使自我决定概念适用于民族的所有人。然而对于关系性

---

① Young, Iris Marion, *Global Challenges: War, Self-determination and Responsibility for Justice*, Cambridge, UK: Polity Press, 2007, p.43.

② Young, Iris Marion, *Global Challenges: War, Self-determination and Responsibility for Justice*, Cambridge, UK: Polity Press, 2007, p.46.

第二章　政治主体视域下的差异性公民资格

的"自我"本身并没有定论，而且现实世界并不存在一个统一的拥有一套共同的利益、代理和它自己的意志的社会集体，这也正好符合族群成员复合的、含糊不清的和重叠性的特征。因此，可以将个人的无支配自由解释用于族群的无支配自决。

族群的无支配自决权意味着他们有权通过自己的治理机构来决定目标和解释他们的生活方式，包含以下几个方面内容[①]：一是互不干涉。一个族群显然有权设置其治理程序和自行决定其行为不受他人干扰。二是当群体的活动可能对他人产生不利影响，或者产生冲突时，自决需要群体保证他人的权利、根据他们的关系进行谈判，调整其影响。三是世界范围的族群的自我决定需要族群通过认可的及设定的机构和程序进行谈判、裁定冲突以及执行协议。但这并不意味着独立，而是使人们居住在同一个尽量减少族群之间支配的政治机构内。四是族群有权参与设计和执行作为族群的政府间机构，旨在尽量减少支配的行为。因此，在艾利斯·扬看来，无支配的自决最终意味着限制现有民族国家的权利，并将它们调节设置为不同的、更具合作性的关系。正如促进个人自由涉及调整关系，以防止支配一样，促进族群的自我决定也涉及调整国际关系，以防止对族群的支配。对此，需要另外的篇幅予以阐述。值得注意的是，艾利斯·扬的"族群"概念并非"民族"概念，有助于对弱小群体文化及其发展的关注和关怀。与此同时，要防止过分地渲染民族内部不同群体的差异性，人为制造差异影响民族团结和国家的长治久安。

本章小结

作为后罗尔斯时代的著名政治哲学家，艾利斯·扬不赞同罗尔斯关于无知之幕的原初设计，把目光聚焦在活生生的晚期资本主义现实之上，透过现实存在的诸多不平等，找寻不正义的表现、产生的原因，并沿着为了

---

① Young, Iris Marion, *Global Challenges*: *War, Self-determination and Responsibility for Justice*, Cambridge, UK: Polity Press, 2007, p.51.

谁的正义问题，找到了实现正义的最重要的元素。面对当代西方政治哲学领域围绕公民资格之间的争论，她引入群体的概念来分析公民资格，在批判自由主义普遍性的公民资格与共和主义的一般性公民资格的过程中不免陷入了脱离群体的逻辑悖论，同时差异性公民资格建立在社会关系的基础上，而非基于生产基础上，具有不彻底性。这些都促使我们重新思考马克思主义的阶级分析视角。

一、差异性公民资格的逻辑悖论

艾利斯·扬在早期挑战马克思的阶级分析框架，认为阶级分析只是从生产方式和生产关系视角将整个社会分为统治阶级与被统治阶级，遮蔽了性别带来的压迫，从而提出性别劳动分工概念用于分析在生产领域妇女的不公正待遇。① 相比之下，"对性别分工的分析是针对社会中相互作用、相互依赖的特殊关系在更为具体的级别上进行的，这使之变成了一个综合的网状系统。它描绘社会成员之间根据他们在劳动活动中所起作用所进行的结构分配，并且评估这些分配在经济和统治关系以及政治和意识形态结构起作用的情况下的结果"②。因此，将性别分工提升到阶级分析的高度，更加符合当前社会的现状，对女性遭受的压迫分析得更具体、范围更广、效果更为显著。具体表现在，性别分工不仅能够用来分析普遍存在的专业人士与非专业人士之间的区分带来的文化帝国主义、边缘化、剥削等不正义现象，而且能够更好地分析广泛渗透在社会生产关系领域的压迫。这一方面丰富了马克思主义的阶级分析范畴，推进了马克思主义的发展；另一方面也为当时的女性主义提供了有效的分析工具。然而，彼时，艾利斯·扬还没有找到更好的概念来分析社会的其他不正义现象，或许也是因为她早

---

① 〔美〕艾里斯·扬：《超越不幸的婚姻》，见李银河主编：《妇女：最漫长的革命》，北京：生活·读书·新知三联书店1997年版，第84—85页。
② 〔美〕艾里斯·扬：《超越不幸的婚姻》，见李银河主编：《妇女：最漫长的革命》，北京：生活·读书·新知三联书店1997年版，第85页。

期专注于性别不正义而没有对正义做更全面、更深入的思考。这种状况一直延续到她对分配正义范式所蕴含的普遍性公民资格的分析。她批判分配正义范式建立在平等的公民权之上，暗含着将人视为普遍性的、毫无差别的人，然而现实却是人们之间的不平等。直到她对新运动进行反思，这种状况才得到了改观。

新社会运动让她的目光由女性不正义转移到其他社会群体的不正义。她意识到，人们是作为一个群体的成员而非独立的个体遭受不正义的，所以，"群体"应成为考察压迫和支配的出发点。在发现"政治哲学没有一个明确的社会群体的概念"① 之后，艾利斯·扬基于社会关系本体论以及对资本主义不正义的结构性原因的认知，提出了不同于以往在方法论上都是个人主义的集聚模式或结社模式的结构性社群构想。她认为社会群体本身并不像社群主义者所认为的那样具有在实质上一致的身份，而是基于各种不同关系被构建出来的。虽然社会群体决定个体的位置与境况，但个体的身份并不是由社会位置构成的，而是在各种社会位置的关系互动中构成的，这种关系构成了与文化群体截然不同的结构性社群。结构性社群是艾利斯·扬针对多元文化主义的文化群体提出的适应结构性不正义产生的社会群体。因此，艾利斯·扬对社会正义问题进行批判的视角并非由政治经济批判转向了文化批判。多元文化主义的冲击，的确使艾利斯·扬的正义思想融入了文化视角，但从总体来看，从多元文化主义文化群体到结构性社群再到族群，艾利斯·扬依然是在政治意义上来谈论差异性公民资格的。艾利斯·扬提出差异性公民资格的目的在于纠正现实政治生活中对某些群体的忽视，从某种程度上具有积极意义，不仅使得这些被忽视的群体能够融入进政治决策过程，而且因这些群体的融入而进一步推进决策的民主化、科学化。然而，这一差异性公民资格却存在着诸多悖论。

蕴藏在艾利斯·扬的差异性公民资格中的悖论主要有三点：

---

① Young, Iris Marion, *Justice and the Politics of Difference*, Princeton, NJ: Princeton University Press, 1990, p.43.

其一，引入群体又抛弃群体。为反对自由主义对个体的关注以及社群主义对国家的关注，艾利斯·扬在个体与国家之间引入了群体，群体规定了个体，不是个体形成群体，而是群体构成个体，超越了二者的争论。但是在反驳自由主义以及社群主义时，她或是基于二者人性假设，或是从批判分配正义，或是从公私二分法的不恰当性等角度予以批判，基本上关注的又是个体，并没有从群体视角论证关注群体的真正意义，脱离了群体。而且她拒绝从本质主义角度来定义群体，使得群体作为政治正义的主体站不住脚跟。

其二，群体差异能否被超越存在悖论。艾利斯·扬一方面通过赋予群体代表权使得不同群体得以沟通，进行科学决策；另一方面，又明确指出超越群体差异的立场与视角是不可能的。对此，贝纳尔（Ronald Beiner）指出，艾利斯·扬一方面承认群体之间相互理解的可能性，但是在更深层上她的理论立足点是认为群体之间是根本不可能相互理解的，这也是她为什么反对用独立的公民概念，而主张用群体的成员来定义个体。[1] 那么，群体差异到底能否被超越？以上两方面的悖论，实际上引发了我们对马克思的阶级以及市民社会概念的思考。对于晚期资本主义社会的不正义，阶级分析视角真的过时了吗？还是说，我们需要进一步丰富阶级内涵。而且，艾利斯·扬关于社会群体边界不确定性、关系性、流动性、交叉性等的相关论述，更像是要探寻市民社会在国家治理中作用，这一点在《正义与差异政治》中关于城市生活以及《包容与民主》的第五章"公民社会及其局限"中得到了印证。

其三，在对待现行民主规则上存在悖论。艾利斯·扬因否定现行的民主，而主张弱势群体积极参与民主，但是要参与民主决策，势必首先接受现行的民主规则。艾利斯·扬将差异群体包容进政治决策环节，使得这些原本被忽视的意见、利益得到表达，用她自己的话说，就是将差异变成了政治资源，打破了差异带来分裂的质疑。然而，要使得这些群体的意见、

---

[1] Mitja Sardoc, *Citizenship, Inclusion and Democracy: A Symposium on Iris Marion Young*, Blackwell Publishing Ltd, 2006, p.26.

利益得到表达，首先这些群体要能够被现行民主制度所接受。艾利斯·扬否认了这个逻辑，而是主张赋予这些群体以特殊代表权。表面上看，似乎解决了这一悖论，却又引发了新的问题，即这是不是意味着不平等。以上问题，还需要我们做进一步研究。

二、差异性公民资格的不彻底性

艾利斯·扬遵循罗尔斯开辟的将正义由道德哲学领域转向政治哲学领域的研究路线，将正义视为政治。然而面对晚期资本主义社会制度虽然赋予了所有人以平等的公民权，但是社会依然存在穷人、妇女、同性恋者、少数族裔等群体的权利得不到保障的事实，她不禁开始质疑罗尔斯根据不正义的结果提出分配正义理论是否真的能够解决不正义问题，并将研究视角转向了产生不正义的资本主义制度本身。正如丹尼尔·艾伦（Danielle Allen）所指出的那样，《正义与差异政治》之所以具有先见之明，是因为它主张将现代城市生活当作民主理论之规范理想的一个源泉。① 艾利斯·扬认为正是资本主义制度导致了现实的不正义，而且这种不正义不是由某个单独的事件、某项制度等简单原因导致的，在人与人、人与世界紧密联系的情况下，这种不正义属于结构性不正义，它造成了人与人、群体与群体、国家与国家之间的差异，带来了压迫与被压迫、支配与被支配关系。因此，不正义反映的是资本主义制度下限制人们自我决定和自我发展能力的压迫与支配，正义旨在消除造成压迫与支配的各种制度。"社会正义所要求的并非差异的融合，而是通过制度来消灭压迫，促进对群体差异的尊重和再生产。"②

在社会关系本体论的世界观的指导下，艾利斯·扬看到了产生不正义

---

① 〔美〕艾丽斯·M. 杨：《正义与差异政治》，李诚予、刘靖子译，北京：中国政法大学出版社2017版，序第 I 页。

② 〔美〕艾丽斯·M. 杨：《正义与差异政治》，李诚予、刘靖子译，北京：中国政法大学出版社2017年版，第56页。

的原因是结构性的,并将结构作为正义的主题。社会结构体现的是人们互动的社会关系,是一种客观事实,具有动态性、不确定性,可以通过人们的行动来改变。那么,是否所有人都有资格参与改变的行动呢?很明显,答案是否定的。无论是自由主义、新自由主义,还是共和主义、新共和主义都错误诠释了平等的公民资格的含义,由此带来了不正义的后果。前者将平等演绎成将所有人视为无差别的公民,并平等对待,追求公民资格的普适性,理论上催生了关注结果的分配正义,但事实上依然是资本主义世界广泛存在的不平等;后者将平等演绎成具有普遍性和中立性的理性,造成了公与私、理性与情感、男性与女性等的截然对立。在多元文化主义的背景下,分析新社会运动,让她找到了破解现存公民资格普遍性的钥匙,提出了差异性的公民资格概念。随着对多元文化主义日益将不平等归为文化差异的不满,艾利斯·扬逐渐将差异扩展至文化、经济、政治等领域,承认差异的结构性,提出关注结构性社群。在批判的基础上,艾利斯·扬也提出了从差异群体如何推进正义实现的相关构想,包括构想一种涵盖公共领域的民主化和私人领域的民主化的深层民主,构建包容性的沟通型民主将群体差异视为政治资源、实施群体代表权以应对大规模的结构性不正义,以及用无支配的自决代替现有的无干涉的自决以适应族群自决权的要求等。可见,艾利斯·扬的差异性公民资格不仅超越了自由主义与社群主义,而且超越了时空的界限,赋予多元文化主义以新的内涵。

透过艾利斯·扬的研究思路,我们仿佛看到了资本主义世界的激进左翼演变成了一个马克思主义者:将世界看成普遍联系的、变化与发展的世界;从社会关系视角看待人的本质;批判资本主义民主制度的虚伪性;强烈捍卫弱势群体的利益,等等。然而遗憾的是,艾利斯·扬的历史唯物主义与唯物主义辩证法并不彻底。她没有看到人与人之间的关系是在社会生产中通过生产、血缘、语言、文化等关联中构建起来的;资本主义制度带给人与人之间的不平等不是公民资格是否全面、落实到位,而是生产的社会化与生产资料的私人占有之间的矛盾。总体而言,她关于对资本主义制度的不正义的认识及提出的解决措施都是在资本主义制度范围内的改良,而非革命。

第二章　政治主体视域下的差异性公民资格

也正是因为其理论的不彻底性，艾利斯·扬的差异公民资格以及差异政治的思想遭遇了各方的批判。在罗纳德·贝纳尔（Ronald Beiner）看来，艾利斯·扬的差异公民资格似是而非，语焉不详，将本该具有统合力以培育认同感的公民资格置于无穷尽的差异中，没有论述差异与统一的关系，致使其差异理论并不能解决群体之间的冲突，维护社会稳定性。同时他认为艾利斯·扬将民主视为正义实现的条件，因而力求参与民主过程的公民尽可能全面，不排斥弱势群体，而这种做法事实上意味着她对现有政治体制和权力构架的认可。对此，笔者认为，贝纳尔没有关注艾利斯·扬的差异性团结理念，对差异进行了片面的解释。社群主义者珍妮·厄尔斯坦（Jean Elshtain）认为新社会运动中的女权主义者、黑人、同性恋者等差异群体缺乏公共精神，忽视了自己对促进那种涉及每一个人的共同善的责任，这种差异的政治只能使对话成为一种拙劣的利益集团政治。自由主义的民族主义者戴维·米勒虽然并不反对少数族裔应得到公共承认，但他认为差异政治走得太远危及了民族身份认同。社会主义者托德·吉特林（Todd Gitlin）和大卫·哈维认为根据新社会运动提出的差异群体的公民资格与差异政治的主张，使不断发展进步的政治分裂为分离主义者的飞地，使社会主义者偏离了对资本主义制度本身的关注。

对于人们对差异公民资格以及差异政治的批评，艾利斯·扬指出"上述批评都用'身份政治'的标签对各种以群体为基础的社会运动进行简化和还原"[①]，极易引起误解。新社会运动源于群体差异的特殊性，回应的是结构性差异，而非文化差异。她承认社会差异是在关系逻辑下对群体的概念化，而非在本质逻辑下对群体身份的界定，因此强调社会差异并非身份认同。

概而言之，艾利斯·扬通过采用批判理论的方法，在批判资本主义现实、普遍性的公民资格、分配正义、公私领域二分等的基础上，提出了自己的差异公民资格与差异政治的构想，通过深层民主、群体代表权等方式

---

① 〔美〕艾丽斯·M. 扬：《包容与民主》，彭斌、刘明译，南京：江苏人民出版社2013年版，第108页。

确保所有差异群体都纳入政治决策领域，保证参与决策的源头的正义性，为实现正义准备了前提。然而，这是否意味着就一定能产生正义的结果呢？如果不能，那么包括差异群体在内的公民对不正义负有什么责任？事实上，艾利斯·扬的差异性公民资格思想蕴含了一种深层追问，即个人、社会结构与责任之间是否具有关联性？作为个人，我们应该如何看待自己与结构性不正义现象相关的责任？

第三章　政治价值视域下的
　　　　社会连接责任模式

　　站在不同的政治立场的政治哲学，信奉不同的政治价值。站在维护个人利益的立场，是自由主义政治哲学的鲜明特征。站在共同体利益立场，宣扬共同体价值高于个体价值，是共和主义、社群主义的价值选择。艾利斯·扬在分析晚期资本主义不正义产生的原因的基础上，摒弃个体与共同体二元对立的形而上思维，推崇个体与共同体的共同利益，强调责任的连接性。艾利斯·扬对责任的关注，突破了自由主义政治哲学的权利话语。在艾利斯·扬看来，晚期资本主义的压迫与支配使得一些群体的自我发展与自我决定的能力受到限制，而造成这种不正义的原因是结构性的，来自于许多人的有意识或无意识的行动。对于资本主义结构性不正义，作为个人，我们应该如何看待我们自己与社会不正义现象相关的责任？虽然对罗尔斯关于社会正义主题是社会基本结构的探讨，使她发现确实有必要划分针对个人的道德责任与针对社会结构的道德责任，但是这不代表二者毫无关联。艾利斯·扬试图在个人、社会结构进程和责任之间构建一种更积极的关系。汉娜·阿伦特关于政治责任的论述给了她很大启发，艾利斯·扬在社会关系本体论的指导下，提出了针对结构性不正义的社会连接责任模式，以对应针对个人道德责任的法律责任模式，进一步深化了罗尔斯开创的将道德正义转向政治正义的正义领域，超越了当代西方政治哲学领域，尤其是霍耐特与弗雷泽之间的承认政治之争。社会连接责任模式的核心观点是所有通过自身的行为，且有助于推进产生结构性不正义的社会结构进程的个人及机构都应负责。在这里，所有人既包括结构性不正义的受害者，比如受压迫与受支配的差异性群体，还包括结构性不正义的受益者，比如有权有势者。在艾利斯·扬看来，个人及机构对结构性不正义的责任属于共享性的政治责任，那么，个人及机构是否履行了相应的政治责任便成为正义实现与否的重要判断标准。

第一节 个人责任之争

当前，"责任"一词有着多层含义，其一是表示某事件的行为人应对他所做的事负责，行为者与事之间具有因果联系，这种"责任"概念类似"义务"；其二是行为者以道德上适当的方式履行了某些行为并旨在达到确定的结果，这种"责任"概念是依据社会角色或地位确定的责任。角色是责任划分的起点，诚如齐格蒙特·鲍曼所言，"责任依赖于角色，而不是依赖于完成任务的人。"① 艾利斯·扬在责任划分的框架内讨论正义的责任。

促使艾利斯·扬探讨正义责任的直接原因在于20世纪80年代以来西方民主国家的福利改革。福利制度反映了一国对社会不正义的原因与责任的认识。以贫困问题为例，20世纪20年代以前，美国主流意识从个人责任角度来解释贫困问题，认为贫困是个人失败的结果，是个人问题而不是社会问题。20世纪30年代初的经济大萧条促使绝大多数的美国人重新反思传统的贫困观点，开始建立福利制度。此后经过罗斯福新政，美国逐渐建立了世界上较为完善的福利制度，政府积极履行公共责任。然而，与此同时也带来了政府财政支出的压力。加上20世纪70年代的经济滞胀，致使比尔·克林顿上台后就发誓终结福利制度，并于1996年签署《个人责任与就业机会协调法》进行福利改革。这项立法从根本上改变了美国的公

---

① 〔英〕齐格蒙特·鲍曼：《后现代伦理学》，张成岗译，南京：江苏人民出版社2003年版，第22页。

第三章　政治价值视域下的社会连接责任模式

共援助的内容，重新强调贫困的个人责任，对领取公共援助的条件进行了严格限定。无独有偶，欧洲、加拿大、澳大利亚以及新西兰的福利政策从重点放在市场结构失灵或需求和生产之间不匹配，到现在也很大程度上关注穷人的特质与行为，并采取措施鼓励个人承担更多的责任。

20世纪80年代以来，西方民主国家相继进行福利制度改革，改变了传统福利制度由国家对社会弱势群体承担集体责任的理念，转而强调社会弱势群体的个人责任。对此，艾利斯·扬揭示在这一转变的背后，实则是将接受援助的社会弱势群体置于不平等的社会地位，剥夺了其平等的公民资格。资本主义制度赋予公民以平等的公民权，只是形式上的平等，并没有给人们带来真正的平等。然而，对于是什么原因导致人们之间的不平等以及谁有责任来补救不平等，引发了广泛的社会讨论，其中具有代表性的是自由主义和保守主义的观点以及运气平等主义理论的观点。

一、个人责任话语体系

自由主义和保守主义代表查尔斯·默里（Charles Murray）和劳伦斯·米德（lawrence Mead），通过批判20世纪60年代和70年代美国社会福利政策所代表的"社会学的"方法一派的观点，构建了一种个人责任的政策话语体系。这一话语体系核心观点认为，20世纪60年代和70年代的美国社会福利政策是一种误导性的社会政策，它为社会弱势群体"创造了一种期望，即他们不需要做任何事而理应受到援助的权利。这种期望创建一种依赖文化，享受这些补助的人不需要像其他人那样遵循相同的社会规则"[①]。因此，社会弱势群体的不利状况是由他们自身的行为和特质造成的，消除这些不利状况是他们的个人责任。而且，在他们看来，新政为个人责任的履行做好了充分准备。比如，新政最重视改变现有的经济规则，以让工人们能够公开获取机会并获得自己的成功。米德声称公民权利改革

---

① Lawrence M. Mead, *Beyond Entitlement: The Social Obligations of Citizenship*, New York: Free Press, 2006, especially chap. 2.

具有相同的功能,尤其是对少数种族而言。他们再次强调不分种族或族裔向所有人平等开放所有经济机会,使每个人都能谋生,以自己的方式取得成功。

在艾利斯·扬看来,这种个人责任话语体系假定了最典型的法律话语中的"归责"模型(liability model),也即法律责任模型,并以更具道德话语的形式展现出来。这个概念中责任的一个显著特点是,其目的是在确认一个代理人有责任的同时免除其他人的责任。因而这个概念中责任有两层含义:每个人或家庭都应把他们所有的行动后果内化在他或他们的职责范围内;他人没有任何帮助我们的责任,我们对他们也没有任何指望。每个人同时有两方面的责任,一方面监测他或她的行为的后果,确保他们不会做错而影响他人;另一方面如果他们这样做了,就"内化"他们(例如,通过赔偿)。因此,基于此观点,在共同参与的社会结构进程中人们之间没有任何积极的责任。即如果每个人自给自足、不依靠他人生活,那么他们便已履行了他们的个人责任。这种免除责任性的功能正是个人责任话语广受政策制定者欢迎的原因之一。在艾利斯·扬看来,这事实上改变了以往福利国家关于"人在现代社会中相互依存"的理念,体现了对社会关系进行更加个人主义的理解的想法的胜利。

这种话语也同样忽视了大规模社会结构进程与评估人们对环境及他人的责任的相关性。在这个非常简单的社会图景中,只有个人和家庭两个单位,偶尔两者进行交互。即使新政为个人履行责任准备了条件,但是这只是表面的机会平等。它忽视了全球化的竞争压力使公司感觉有必要创建更加灵活、适应性更强的员工队伍。同时,人口老龄化和税基的减少给社会支出施加了额外的压力。大规模工业生产从最发达的国家转移到欠发达国家、遍及世界大部分地区的离婚和单亲家庭趋势以及许多其他结构性因素都使得个人责任话语不能应对大环境的变化。因此,艾利斯·扬分析指出,这种个体责任话语实际上是建立在并不成立的假定之上的:

第一,假定个人责任和社会结构之间是二元对立,相互排斥的。米德和默里抨击他们称之为的人文社会科学成功说服决策者和许多公共部门的人相信贫困是有结构性原因的说法。在米德看来,20世纪60年代和70年代的美国社会福利政策将穷人和他们的问题的责任完全归于社会和政府,"除非把一些责任归咎于个人,否则没有办法改变它。社会责任的假设阻碍了决策者认知这些问题,更遑论解决它们"①。艾利斯·扬认为没有必要将个体和结构置于二元对立的境地。因为所有责任最终都归结为某种程度的个体的责任,某种意义上讲个体是道德责任的主体。然而,人们必须认识到结构在制造不正义中的重要地位。在探究一个结构性不正义的问题的原因时,需要同时兼顾个体的和结构的因素。

第二,假定社会背景条件是公平的。默里和米德认为穷人能够通过努力和愿望提升他们的处境,假设背景条件是基本公平的,并不是不公平地阻碍穷人。然而,艾利斯·扬认为这种假设是站不住脚的。她通过列举美国的教育不公平、就业不公平、劳动分工所导致的不公平、住房不公平等,试图揭示当时的美国的确存在严重的结构性问题,这些问题让穷人很难甚至不可能改善自己的命运。

第三,假定其他非弱势群体都认真地履行了自己的责任,贫困只是穷人的个人责任。艾利斯·扬明确批评这种将责任归结为穷人的责任,同时免除了其他人对穷人的责任的法律责任模式。她认为简单地假定富人行为合适并解除他们所有责任的做法,忽视了富人致富的历史原因、富人对社会的道德责任,这显然是错的。她指出大部分人并不真正相信承担道德责任仅仅意味着避免依赖他人。"承担责任的一个更加真实的理解,更加符合大部分人的想法的,很可能类似这种:一个有责任心的人在行动之前,仔细考虑选择,做出对所有所影响的人都好的选择,并且担心他或她的行为的结果反过来影响他人。"② 这是一个必要的标准,在默里和米德那里,富人的行为没有这条标准。

然而,艾利斯·扬发现即便反对解释贫困的"社会学的"方法,默里

---

① Lawrence M. Mead, *Beyond Entitlement: The Social Obligations of Citizenship*, New York: Free Press, 2006, p.46.

② Young, Iris Marion, *Responsibility for Justice*, New York: Oxford University Press, 2011, p.15.

和米德也不可避免地呼吁社会结构,即使在他们自己看来他们没有。例如,默里赞同20世纪60年代中期的学术共识,即"对贫困的个人主义解释是完全过时和反动的。贫困不仅仅是懒惰或邪恶的后果。它不仅仅是个人努力不够的后果。它是由个人美德或努力无关的条件产生。贫困不是个人的责任,而是制度的责任"①。令人吃惊的是,他们所支持的20世纪30年代及之后的经济监管政策中,有许多政策符合他们话语中的结构性论述,某种程度上他似乎愿意接受结构性原因导致了人们所处的不利处境。只不过,默里和米德将劳动力市场、投资模式、离婚法、不断变化的阶级结构等结构性原因简单地归结为一种谬论:"社会学论证的关键,正是豁免那些在社会底层的人们对他们的状况的责任。"② 他们假定对贫困结构性考虑与诉诸个人责任是相互排斥的。如果其中一个是正确的,那么另外一个必须被排除在外。总体而言,默里和米德的个人责任话语体系是站不住脚的。

二、个人责任话语体系的批判

无独有偶,在过去的几十年里,政治哲学家之间也就社会政策考虑社会弱势群体个人责任问题展开了辩论。以罗纳德·德沃金(Ronald Dworkin)的资源平等理论为首,杰拉尔德·科恩(Gerald Cohen)、理查德·阿内逊(Richard Arneson)和约翰·罗默(John Roemer)等哲学家围绕个体的情况对个人责任的适当范围进行了辩论。他们有一个共同的直觉认知,即个人只应该负责他自己主动做出的选择或者这种选择带来的后果,而不应该对他无法控制的情况所产生的处境负责。现以德沃金的运气平等主义为例,分析个人责任话语体系的不足,并为艾利斯·扬转向政治责任

---

① Young, Iris Marion, *Responsibility for Justice*, New York: Oxford University Press, 2011, p.11.

② Lawrence M. Mead, *Beyond Entitlement: The Social Obligations of Citizenship*, New York: Free Press, 2006, p.57.

第三章　政治价值视域下的社会连接责任模式

做铺垫。

　　德沃金是在对罗尔斯的分配正义论批判的基础上提出自己的理论的。罗尔斯的分配正义理论旨在为社会提供基本善。罗尔斯提出："所有社会价值……都要平等地分配，除非对其中的一种价值或所有价值的一种不平等分配合乎每一个人的利益。"① 正如国内学者龚群指出的那样，"罗尔斯分配正义的这一观点体现了他的平等主义的倾向。不过，罗尔斯的这一分配平等主义是反福利平等主义的。"② 表现为罗尔斯认为"对基本善的使用……取决于对我们的目的负责的能力"③。德沃金完全赞同罗尔斯对福利平等主义的批评，并系统地发展了罗尔斯的这一观点，提出了反福利平等主义的资源平等理论（equality of resource）。德沃金的资源平等理论引发了埃里克·让科斯基（Erik Rakowski）、杰拉尔德·科恩、理查德·阿内逊和约翰·罗默等一大批哲学家的争论。④ 而艾利斯·扬关注的是德沃金的运气平等主义理论，因为这一理论比其他的正义理论更切合个人责任问题主题，而且看似与默里和米德的个体责任的政策话语之间存在重大差异，实则两者之间有两个相似之处。

　　其一，德沃金的平等理论很大程度上侧重于个人的特质，忽视了社会结构，成为实现正义的障碍。德沃金的政治目的是证明国家补偿制度的合理性。德沃金认为，正义要求国家实行再分配的措施以弥补他们的环境而不是他们的选择造成的劣势。一个人的选择包括他拥有的喜好，以及性格特点，如野心、固执、敏感性或冷漠，这些条件规定了他们如何使用他们的能力和喜好。德沃金认为这是一个纯运气问题，有些人对数字特别敏感或有天赋；而有些人都无法理解复杂的概念或身体有缺陷导致不能行走。

---

①　John Rawls, *A Theory of Justice*, Boston: Harvard University Press, 1971, p.62.
②　龚群：《德沃金对罗尔斯分配正义理论的批评与发展》，载《湖北大学学报（哲学社会科学版）》，2014年第5期，第1页。
③　龚群：《德沃金对罗尔斯分配正义理论的批评与发展》，载《湖北大学学报（哲学社会科学版）》，2014年第5期，第2页。
④　高景柱：《西方学界关于德沃金平等理论研究述评》，载《上海行政学院学报》，2008年第4期，第102—103页。

有些人拥有的能力使他们能够适销对路的产品，以获得可观的回报，而有些人却只能把它们放在社会市场上，等待出售。然而，从道德的角度讲，这些差异是任意的。为此，没有天赋的人或伤残人员不应该承担他们难以培养的且市场需要的技能的费用。相反，他们应通过社会政策的方式得到补偿，把才干出众的人获得的一些超值奖励重新分配给天赋不高的人。但是，德沃金将一切并非来自她的选择造成的个人状况概念化为运气，未能区分运气不好造成的相对劣势以及社会组织和社会进程造成的相对劣势，因此也就不能找到真正实现正义的途径。

其二，德沃金的平等理论不可避免地涉及某种社会结构。德沃金定义一个人的特质是帮助其在生活中成功的积极因素，还是消极因素，取决于这些特质是否能在市场上获得劳动力和商品。然而，市场对个人的技能和他们生产什么的需求是一种环境，而且很大程度上超出了个人的控制范围，因而它通常不是一个纯运气的问题。市场关系的构建涉及几个方面，一是文化传统和影响偏好的不断变化的时尚潮流；二是通过制度化的权力关系，使一些人拥有比其他人更大的资源调度力；三是其他机构的任务和规则。市场激励机制和市场关系的聚合结果反过来决定这些关系和机构。德沃金的理论只是通过忽略其他决定人们状况的结构化的社会进程的存在，试图运行一套简单的社会运作方式，因此非个人控制的环境不能简单地归结为运气。

正是看到了德沃金平等理论中存在的不足，罗默引进社会结构关系对其理论进行修订。罗默采用一种精确的数学计算方法，把社会成员分成不同的类别，每个类别都包含完全相同的、能正确地分配给环境或背景的因素，所有这些因素都是成员无法控制的因素，如性别、种族、同代人、成为未受过正规教育的父母的孩子等。当他们共享类似的超出他们控制的背景条件时，我们将区分个人所属的"类型"。因为可以追溯到的原因在他们的控制范围内，所以为了确定哪些人之间的不平等是不正义的，我们只能比较类型内的个人。如出生于20世纪40年代的白人女性群体，她们的父母通常收入微薄或未受过教育，我们发现其中有部分人通过努力改善自己的处境，也有部分人成功地远离这些麻烦，但没有太多的精力投入学习。根据这种观点,尽管普通的工薪阶层女性和一名律师之间可能不公平,但他们之间存在着的不平等的收入和地位是正常的。在艾利斯·扬看来,罗默的这种方法不仅暴露出其通过比较态度、行为和与他人不同背景条件的情况,做出哪些人是负责任的或不负责任的判断的谬误性,也表明罗默含蓄地反对德沃金仅仅根据人可购买彼此的货物、服务和劳动方面的兴趣,完全将不平等与个人的爱好、选择以及影响生活前景不平等的行为联系起来。然而,即便如此,艾利斯·扬依然认为罗默的论述并没有解释他的建模引发的最重要的正义问题。大多数引发正义问题的不平等,不表现在拥有类似的性别、年龄、家庭背景、收入水平等构成结构的那些人之间。相反,这些不平等存在于结构化的社会地位本身。当人们声称他们遭遇社会不正义时,大量的社会批判就出现了。与正义理论相关的个人责任不仅应该问问个人以何种方式对自己的情况负责,还应该问问我们应该以何种方式理解我们对由结构化体制关系产生的构成他人生活的背景条件所负的责任。

三、从个体责任到政治责任

艾利斯·扬透过自由主义和保守主义以及运气平等主义强调个人责任的表象,挖掘出其中蕴含的社会结构因素,并进一步指出,他们的分析之所以不具说服力,是因为"我们缺少良好的概念工具以思考社会结构进程中的个人责任"①。传统的法律和道德的"归责"模式无法为结构性不正义找寻具体的责任人,也无法为个体思考如何对社会结构进程负责提供规范性指引,而这正是她写作《正义的责任》这本书的一个重要前提。受汉娜·阿伦特提出的政治责任思想的启发,艾利斯·扬以思考"个人应对结构性不正义承担什么责任"为出发点转向了对正义的责任的探索。

"道德主体应如何看待我们对结构性社会不公正的责任?我从这个问

---

① Young, Iris Marion, *Responsibility for Justice*, New York: Oxford University Press, 2011, p.18.

题出发。结构性不正义的一个例子是因经济适用住房供应不足而使他们易沦为无家可归者。结构性不正义不像种族灭绝那么可怕；我认为它是'普通'的不公正。这种不公平必须把我们作为道德和政治的代理，具体而言，正是因为它更多是日常生活，并经常限制其他犯罪行为。我觉得这个我已解释，由阿伦特提出来的政治责任对解释结构性不正义的责任特别有用。"① 总体而言，阿伦特的启发价值体现在两个方面：一是对罪责与责任的区分；二是《耶路撒冷的艾希曼》中隐藏的关于与纳粹罪行相关的四种责任关系。

艾利斯·扬认为，阿伦特对罪责与责任的区分是研究政治责任的基础。阿伦特坚称，有罪（或无罪）概念严格适用于个体事件。如果应用到与协会有关的整个群体或共同体，罪责就失去了它的含义，成为一件错事。"在哪里都有罪，罪责不同往往是挑选出来的责任。"② 由此，她区分了道德和法律与政治责任的不同之处："在道德中心思考代表自我的人类行为；在政治中心思考代表世界的人类行为。"③ 道德和法律关注那种个人意识中的自我，一方面个人可以被指责或被判有罪，只有在他们做了什么的基础上；另一方面政治责任以世界立场看待事物，不管苦难的原因是什么，我们都有关注和解决它们的责任。艾利斯·扬在肯定阿伦特对两者的区分的同时，进一步指出阿伦特仅仅因为一个人是政治共同体的成员就必须承担责任，不论他们做过或没做过什么事情，这是一种神秘主义，而且也扩大了政治责任的概念。

在艾利斯·扬看来，事实上，阿伦特对政治责任的理解有一个变化的

---

① Young, Iris Marion, *Responsibility for Justice*, New York: Oxford University Press, 2011, p.93.

② Hannah Arendt, "Collective Responsibility," in Amor Mundi, *Explorations in the Faith and Thought of Hannah Arendt*, James W. Bernauer (ed.), Boston: M. Nijhoff, 1987, p.43.

③ Hannah Arendt, "Collective Responsibility," in Amor Mundi: *Explorations in the Faith and Thought of Hannah Arendt*, James W. Bernauer (ed.), Boston: M. Nijhoff, 1987, p.47.

第三章　政治价值视域下的社会连接责任模式

过程,虽然她本人并没有指出,但艾利斯·扬认为这种变化隐藏在《耶路撒冷的艾希曼》一书中,尤其是关于屠杀犹太人的四类人责任的论述,而这恰恰成为艾利斯·扬最终提出社会连接责任模式的一个重要的突破口。艾利斯·扬批判地继承与发展了阿伦特有关责任划分的思想,进一步区分了政治责任与道德责任、法律责任。

第一,那些参与大规模屠杀犹太人的人,负有法律责任和政治责任。这类人以艾希曼为典型代表,他们是阿伦特笔下的"家庭的人"(family men),为了确保个人和那些依靠他的支持的人的经济安全,他们只关心私人生活和自己的职业生涯,对私人圈外的他人漠不关心。这样的人容易丧失对自身行为的道德判断力,沦为社会机器的某个零件,机械地履行上级的指令。因此,他们没有杀人动机,像艾希曼还有犹太朋友,看似没有直接屠杀犹太人,但是他们的行为,比如艾希曼参加了对犹太人实施"最后解决办法"的万湖会议,负责将犹太人移送至集中营等,构成了他们负有法律责任的直接原因。对于这类责任,阿伦特在《集体责任》中做出了明确区分。她认为,法律责任与道德的罪责虽都指向个人行为,但道德注重对人的行为动机的考虑,法律注重的是个人行为的结果。因此,类似艾希曼这样的参与了大规模屠杀的人,应该对屠杀负法律责任。与阿伦特不同的是,艾利斯·扬认为这类人不仅负有法律责任,还负有政治责任。因为他们没有考虑其"行为的意义及其后果,不能从它的受害者角度理解官僚制度,没能看到他参加的社会和政治制度更深远的意义"①。

第二,那些客观上没有参与纳粹罪行的人,负有政治责任。这类人包括德国的年轻人以及在纳粹体制下没有直接参与屠杀的人。阿伦特反思德国青年人说他们为纳粹的罪行"感到内疚",提出了集体犯罪(collective guilt)的思想,她只是简单地说罪责无处不在。延续了她在《集体负责制》中提出的,只要一个人属于某个共同体,那么作为一个共同体的成员应该为自己所属的共同体所犯下的罪行负责。艾利斯·扬极力批判这种思

---

① Young, Iris Marion, *Responsibility for Justice*, New York: Oxford University Press, 2011, p.84.

想。她认为这类人负有政治责任是因为他们无所作为的行为。他们或因为缺乏能力，如德国年轻人当时还小；或因对纳粹行径，比如参与政治的网站被关闭、人们未经指控或审判被监禁等，表示沉默。他们的消极态度产生了政治真空，致使他们处于促成犯罪的社会系统，并至少被动支持供应这一系统。因此，虽然他们客观上没有参与纳粹罪行，不负有法律和道德上的责任，但他们负有政治责任。在此基础上，艾利斯·扬提出政治责任的必要性在于观察这些机构，监测他们的影响，以确保他们不是非常有害，并维持有组织的公共空间使这种观察和监测可能发生，公民可以公开发言和互相支持以防止伤害。

第三，那些通过自己的行动避免犯罪或试图防止伤害的人，负有政治责任。阿伦特列举的木匠、放弃立场而不效忠纳粹的学者以及私底下帮助犹太人的意大利人等，这类人都通过自己的行动避免参与犯罪或试图防止伤害他人，从道德上不容指责。然而，因为"我们不是独自生活，而是和我们的伙伴们一起生活"[①]，所以阿伦特认为这些道德上无辜的人也应该对纳粹罪行负政治责任。在此基础上，艾利斯·扬进一步指出这类人主观上避免参与犯罪，仅仅是私底下的、默默的行为，他们之所以负有政治责任，是因为他们没有像丹麦人那样公开反对纳粹的计划，没有以公众抗议的形式表达自己的政治立场，而仍然像第二类人那样处于促成犯罪的社会系统，支持这一系统的运转。

第四，那些公开反对或拒绝错误行为的人，履行了道德责任和政治责任。阿伦特认为这类人不仅在道德上保持了洁身自好，而且公开积极地参与抵抗运动，取得了实效。艾利斯·扬在阿伦特论述的基础上，提出政治责任的主体不只是政府，还包括阿伦特所指的参与政治行动的公民。这类人没有屈服于官僚机构中国家官员的愿望或利益。换言之，个人的行动要成为政治的，必须是公共的并以可能采取或采取集体行动响应和介入历史事件为目标。阿伦特所列举的丹麦人的反抗事例是集体的政治行动的范

---

① 〔美〕汉娜·阿伦特：《责任与判断》，陈联营译，上海：上海世纪出版社2011年版，第129页。

例。公众的反对案例以及丹麦事件给我们的经验就是：当一大批人协调一致行动时，行动经常有效："当遇到坚决的反抗时，纳粹证明既不拥有人力，也不拥有意志力来保持它的'强硬'。"① 据此，艾利斯·扬找到了政治责任的主体、履行条件。

综上所述，艾利斯·扬在深度犁耕阿伦特的文本基础上，逐步找到了应对结构性不正义的责任特征，引申出了一个政治责任概念：一种个人对影响广大人民群众的行为和事件采取公共立场，并设法组织集体行动，以防止大规模的伤害或使社会进程越变越好的责任，也即她所说的"社会连接责任模式"。

第二节　社会连接责任模式的内在规范与外在约束

作为政治哲学家，艾利斯·扬的政治责任思想无疑受其世界观和价值观的影响。在构建"政治责任"概念的过程中，艾利斯·扬在社会关系本体论的指导下，运用批判理论方法，提出了社会连接责任模式以回答"个人应对结构性不正义承担什么责任"这个问题，在与传统的法律责任模式的对比分析中，对政治责任的哲学基础、责任特征、责任主体、责任来源、责任对象、责任目的、责任范围、责任履行进行了规范化界定。

一、社会连接责任模式的内在规范

正如前文所提出的那样，在本体论重建的大潮中，艾利斯·扬受布伯的关系本体论和古尔德关于马克思的社会关系本体论论述的影响，她提出了社会关系本体论，认为社会存在体现为各种社会关系，社会关系规定人

---

① Hannah Arendt, *Eichmann in Jerusalem: A Report on the Banality of Evil*, New York: Viking Press, 1963, p.165.

的本质。她强调从结构视角看待社会关系,认为"社会实际上是通过各种由特权与不利地位组成的结构性的关系来区别的"①。社会关系本体论贯穿于艾利斯·扬社会连接责任模式的方方面面。

社会连接责任模式的核心观点认为,"所有主体因其行为有助于产生结构性不正义结果的社会进程而应承担责任"②。而且,艾利斯·扬运用批判理论方法,通过与传统的法律责任模式进行比较,在规范层面系统阐述了社会连接责任模式的五大特征:第一,非孤立性。与前者致力于将责任的承担者与其他人隔离开来,以制裁他们或要求他们独立承担补偿责任不同,后者认为在存有结构性不正义的地方,找到某些犯有明确的不公正行为的人们,也并不意味着自动免除了其他那些有助于这种不正义后果的人以不同的方式承担其所应承担的责任。第二,判断背景条件。与前者在公认的道德或法律规范条件判定责任不同,后者旨在理解行为者与结构性不正义之间的间接关联,常常质疑背景条件本身。第三,向前看而非向后看。与前者的目的是为了对过去行为寻求再分配或补偿不同,后者设法为最近已存在的、正在进行中的或除非社会进程改变则有可能继续存在的结构性不正义寻求干预,去改革它。第四,共享责任。这是两者最大的区别。前者是独立承担的责任。后者不同于集体责任,也是一种个人亲自承担的责任,但又不是个人独立承担的责任。第五,只能通过集体行动来履行责任。源于本质上责任的共享特征,后者只能通过在集体行动中和其他人合作来履行,绝不可能在势单力薄中完成。

透过社会连接责任模式的核心思想及其特征,我们能够清晰地找到政治责任的主体、来源、对象与目的。其中,政治责任的主体是所有以自己的行为推进了产生结构性不正义结果的社会结构进程的人和机构。主体不仅在结构化的社会关系中受制于他们所处的位置与境况,同时也是促使社

---

① 〔美〕艾丽斯·M. 杨:《包容与民主》,彭斌、刘明译,江苏人民出版社 2013 年版,第 136 页。

② Young, Iris Marion, *Responsibility for Justice*, New York: Oxford University Press, 2011, p.105.

第三章 政治价值视域下的社会连接责任模式

会结构进程发生变化的行动者。成为行动者就意味着,你可能会接受那些决定着你的生活的约束与可能性,也可能会运用你的方式改变其中的某些事情。依据第二章有关艾利斯·扬差异性公民资格的论述,我们可以将社会群体以及族群视为正义责任的主体。对于民族国家内部的不正义问题,社群可以将所有责任主体连接起来采取集体行动。社群是人们因认同而集结在一起所呈现出的一种社会关系,是异质的且具有流动性、交叉性、边界的不可判定性,还可以由穿越时空差异的间接关系而非必须处于面对面的直接关系组成,涵盖了所有与不正义问题相关的主体。而且,政治责任只能通过集体行动来履行,因此社群正是由某个不正义的问题而将各主体集结在一起,包括受害者与受益者、直接相关者与间接相关者,他们都因自己的行为促进了产生不正义的结果的社会结构进程而负有相应的责任。以此类推,对于全球不正义问题,正义的责任主体应该包括社群与族群。

根据社会连接责任模式核心观点,政治责任来源于参与了产生结构性不正义的各种社会结构进程,而不是源于生活在一个共同的境遇下。而结构性不正义在她看来,表现为渗透到日常生活中的压迫与支配关系。由此政治责任的对象就是产生结构性不正义的社会结构进程,政治责任的目的就在于解决可能产生的社会内部与国内外的结构性不正义,使产生结构性不正义的社会结构进程朝着更好的方向发展。可见政治责任的来源、对象与目的都与社会结构进程相关。在第一章我们对艾利斯·扬的"社会结构进程"已经做了详细阐释,在此不再赘述。总而言之,艾利斯·扬借用社会结构进程这个充满动态、不确定性的概念想要传达的思想是,造成不正义的原因是复杂的、结构性的,既有历史性原因,又有现实的制度原因,而且通过人们的行动而不断处于生产与再生产的过程中,但是作为主体我们可以通过集体行动来改变。透过艾利斯·扬对社会群体和社会结构进程的分析,可以推断出艾利斯·扬的政治责任的范围超越了阿伦特的同一共同体的限制,是全球范围的,而且超越了时间的限制。正因如此,她借用全球血汗工厂的案例,来深入解释社会连接责任模式的空间范围,用奴隶制来解释社会连接责任模式如何应对历史性不正义。

至此,艾利斯·扬通过界定政治责任的主体、来源、对象、目的以及范围，丰富了她从阿伦特对四种代理的区分中引申出的政治责任的概念。根据艾利斯·扬对社会连接责任模式特征的论述，玛莎·努斯鲍姆（Martha C. Nussbaum）代替她给政治责任下了一个定义："代理人是有责任的，当且仅当（a）代理陷入产生问题的因果关系之中和（b）代理处于假定为改善这些条件而承担前瞻性的责任的位置（与他人合作）。有时，这两个条件似乎有必要联合起来去承担，但有时，正如我前面提到的那样，扬添加了第三个因素：公民应当监测和监管他们的社会机构，因为作为代理的公民（此外，据推测，包括前两个条件）有相关道德责任。"① 笔者认为，努斯鲍姆抓住了艾利斯·扬强调的社会关系、前瞻性、集体行动等特点，而她认为艾利斯·扬添加的第三个因素，通过赋予公民以监测与监管社会机构的权力，将公民资格、政治责任以及民主有机地联系了起来，但是她最终还是混淆了道德责任与政治责任，而且也忽视了艾利斯·扬有关政治责任的动态性、不确定性等特征。

二、政治责任的履行

当前，个体履行责任的形式主要有道德责任与法律责任。道德责任是"人们对自己行为过失及其不良后果在道义上所承担的责任"②，是"人们对自己行为的善或恶，是或非所承担的责任"③。道德责任引导人们的规范意识，提升理想人格。正如阿伦特所指出的，道德责任的前提是把个人当作责任主体，它的规范性前提是，每个人都应该是自己行为的主宰者，不能把自己的错误行为归责于环境或社会习俗。阿伦特的对道德责任的评论同样适用于强调对行为者及其行为后果的可追溯性的法律责任。虽然人们经常区分应对某种情况的道义责任与法律责任，但是他们的责任概念在形

---

① Young, Iris Marion, *Responsibility for Justice*, New York: Oxford University Press, 2011, p.xx.
② 朱贻庭：《伦理学大辞典》，上海：上海辞书出版社2002年版，第36页。
③ 宋希仁等：《伦理学大辞典》，长春：吉林人民出版社1989年版，第1048页。

第三章 政治价值视域下的社会连接责任模式

式上是相似的,即"我们必须能够证明他们与有问题的危害之间存在因果联系,同时他们的行为是自愿的,而且对行为的后果有足够的认知"①。换句话说,这种责任类型在形式上必须满足两个条件:一是行动者的行为出自自愿,对行为后果有足够认知,属于有意识的行为;二是在行为与行为的结果之间存在着可以识别的、可归责的因果联系。满足这两个条件的责任被艾利斯·扬称作"法律责任模式"(liability model),而且是分配责任最常见的模式。

在她看来,法律责任模式具有几大特征:第一,孤立性。在确定了某个罪责的行为者后,就自动免除了其他人的责任。第二,规范性。依据被人们普遍接受的道德规范和法律规范,判定行为者及其行为者非规范性。第三,向后看。可追溯行为后果与特定行为者之间的因果关系,并以此来确定责任人和责任范围。第四,非共享性。责任只适用于有过错的行为者,没有过错但参与行为的人不承担责任。第五,可分配性。责任可以单独履行,不一定需要与其他人合作完成。

虽然法律责任模式和社会连接责任模式都是基于行为与结果之间的联系来确定责任主体,但因两者所依据的是不同类型的行为,前者可以将责任定位到特定的个人或机构的行为,后者对应的是结构性不正义,因而责任只能追溯到众多的不确定的个人行为。综上,二者在责任的履行上大不相同。

在法律责任模式下履行责任,类似于一种同心圆的结构,以自我责任为核心,离圆心越近,责任越大越重,离圆心越远,责任越小越淡,甚至没有。责任的履行主要依据现行法律规制、道德律令来判定个体脱离法律规制、道德律令行为,并追溯因背离这些规则带来的后果的行为者的责任,要求行为者承担相应的赔偿。履行责任主要是履行个体目前的国内责任。个人要对自己及家庭负责,遇到问题应首先自我内化,个人没有权利要求别人的帮助,别人也没有义务帮助他。法律责任模式的运用有两个条

---

① Iris Marion Young, *Responsibility for Justice*, New York: Oxford University Press, 2011, pp.98-99.

件：一是确认个人或集体行为者的行动与造成损害之间有明确的因果联系；二是对其中的因果联系的行为没有正当借口予以逃脱。由此，法律责任模式"包括了所有根据法律和道德判断的分配责任行为，以确定制裁、惩罚，或严格赔偿或纠正这种做法的责任方"①，捍卫了法律制度和道德律令。然而，在艾利斯·扬看来，这种责任模式是有缺陷的。首先，它的本质是个体责任，对于一些不能归责于个体行为的结构性不正义现象无能为力，容易成为责任主体逃避社会责任的借口。其次，它的主要目的在于追责定罪，警示作用大于激发潜力作用，没有促成结构性非正义的社会进程的积极改进。第三，它忽视了大规模社会结构进程与评估人们对环境及他人的责任的相关性。因此，艾利斯·扬认为，这种原子式的履行责任的方式带来的是缺乏温情的社会，缺乏进取精神的社会，离好生活会越来越远。

在社会连接责任模式下履行责任，类似于坐标轴加圆结构。与法律责任模式不同的是，它的圆心是所有相关责任人的责任，X 轴代表时间，代表从过去、现在到未来；Y 轴代表全球范围的国家，从欠发达国家到发达国家；圆与现在、发达国家相重合的面积大，代表所有相关责任人因自己的行为对超越时空的人的贫困负责。虽然社会连接责任模式强调责任的共享，但不意味着行为者平等地承担责任，责任的履行受诸多因素的影响，因此也不存在整齐划一的划分标准。人们究竟以什么作为自己行为选择的出发点，目的是什么，与他所处的环境有关。艾利斯·扬为责任主体准备了在履行自身的责任时的四个参考因素：

1. 权力

行为者在结构性进程中的社会地位常常对产生结果的进程带有特定程度的潜在的或实际的权力以及影响力。个人和组织机构的精力和资源终归是有限的，为回应所有与之相接的结构性不正义，责任主体应该重点关注那些对结构的进程有更大影响力的人和机构。艾利斯·扬的这种分析具有理论与实践基础，从理论方面来看，受阿玛蒂亚·森的影响，艾利斯·扬

---

① Iris MarionYoung, *Responsibility for Justice*, New York: Oxford University Press, 2011, p.98.

将正义理解为一种能力,一种人们能够进行自我发展与自我决定的能力,因此,实现正义的一个途径便是赋权。这也是本书第一章论述公民资格的一个原因,即赋予差异性的群体以真正的公民资格,参与政治决策。在现实生活中,为实现正义,所有相关的责任主体都应承担相应的责任,根据差异政治的思想,已经拥有权力且所拥有权力较大的主体应承担更多的责任。从实践方面来看,反血汗工厂运动的成功也为这一参考要素提供了正面理由。反血汗工厂运动积极分子通过重点关注服装行业有巨大权力的企业,即大型跨国企业。这些跨国公司通常将工厂分散到发展中国家,而且承包给当地的雇主,因此主要由雇主企业招聘、管理工人,因此这些公司的代理人往往否认他们对工人劳动条件负有任何法律责任。反血汗工厂积极分子不依据法律责任模式,而是诉诸不同于法律责任的模式,也即艾利斯·扬总结提出的社会连接责任模式,认为跨国公司有权力向制造商施压,迫使这些制造商改善工人的工作条件,监控这些条件并直接资助工厂改进生产条件。这项呼吁一经公布,大的企业想要忽略或拒绝它已经很难了。通过这种方式,成功使得一些跨国公司为改善其产品的生产条件承担了一些责任。

2. 特权

与权力相关的是处于结构性社会进程中的社会地位,不同的社会地位蕴藏了不同的权力。因此,结构性不正义在产生其受害者的同时,也产生了从中获益并享有特权的人们。在履行责任时,每个行为者的责任大小、范围并不相同。在结构进程中,享有相对特权的个人和机构要比其他人具有更大的责任来采取行动削弱不公正。相反的例子是,很多有相对特权的人以各种方式进行不负责任的行为——他们虐待家庭成员、工作投入少、使用危险药物。那些工作常常影响数以百万计的身居大型机构要职的人,一次又一次做出自私或严重知情的决定使雇主、消费者或纳税人赔进数十亿美元,但依据道德与法律责任,他们很少受到重大处罚。作为这一进程的受益者,他们负有政治责任。我们须警惕那些进行有害的操作,但不是非法或至少不被认为是非法的不负责任的行为。最为典型的例子是 2008 年开始的全球金融危机，这次危机源于最大的金融机构的抵押贷款支持证券和其他金融工具，致使数以百万计的人们遭受伤害。此外，享有特权通常意味着，他们能够改变自身的习惯或不用遭遇严重剥夺就能做出额外努力。例如，无论是在发达国家还是在发展中国家，比较富裕的消费者比低收入的消费者能够通过购买更多的服装以改善服装工厂的工人的生产条件，而且相比低收入者不需要付出额外的努力就能履行责任。

3. 兴趣关注点

法律责任模式在确认犯罪者的责任的同时也免除了其他人的责任，包括受害者。然而，社会连接责任模式中，因为结构性不正义的受害者的行为常常有助于不正义的结构性进程，因此受害者与受益者应共担结构性不正义责任。结构性不正义的受益者，即那些最有权力影响结构改革的人往往最希望结构永久化。相比之下，结构性不正义的受害者因亲身经历不正义的待遇，为改变不正义的社会结构进程，他们对打破不正义更感兴趣。事实上，这反映了艾利斯·扬对新社会运动的思考。艾利斯·扬深受新社会运动的影响，她一直思考新社会运动到底在哪些方面影响了西方当代正义理论，无论是上一章论述的差异性的公民资格，还是现在论述的政治责任以及下一章将要论述的包容性的沟通型民主，都是她对新社会运动思考的部分理论成果。比如，虽然反血汗工厂运动是由学生发动的，但事实上血汗工厂的工人才最应该承担改革产生不正义的结构进程的责任。因为作为受害者，他们最清楚自己所遭受的苦难，能够向外界完整清晰地阐述这些不正义的现象，引发外界人士的关注，并使他们采取合理的方式帮助改善工人的生产条件及生活待遇。只是在这个过程中，血汗工厂的工人因受教育程度普遍不高、参政能力普遍不足等客观情况的限制，他们更需要将改革不正义社会结构进程的兴趣传递给其他负有正义责任的责任主体，凝聚责任主体的力量共同履行正义的责任。

4. 集体能力

对于结构性不正义，无论是拥有权力、特权还是兴趣的人都不能单独完成改革产生结构性不正义的社会结构进程。因为结构性不正义产生的原

第三章 政治价值视域下的社会连接责任模式

因是结构性的，是众多人的有意识或无意识行为的结果，很难找到最终的肇事者。根据社会连接责任模式，各责任主体只有通过集体行动才能减少结构性不正义，履行这种共享的责任。对此，参与产生不公正进程的行为者往往需要重新组织他们的活动，协调他们的行动关系。然而，以一种新方式组织个人和机构往往是相当困难的。如果一些行为者所处的结构中的位置使他们可以利用已经组织起来的实体的资源，比如工会、教会团体和股东组织，那么他们将更有能力以新的方式使用它们以尝试促进变革。这些组织之所以有时可以行使重要权力不是因为它们可以强迫别人按照它们的决定去行动，而是因为它们有很多成员可一起采取行动。例如，在反血汗工厂运动中，学生团体发挥的作用便属于此类，他们将反血汗工厂的校园活动成功引向社会化的政治运动，从而激发了社会大众对全球劳工正义问题的关注。对于全球性的不正义问题，世界的民主治理和履行全球正义责任的愿望显然需要某种全球机构，原则上包括或代表世界上的每个人。例如，对于像美国及其盟友以人道主义为借口发动的战争等单个国家无力应对的不正义事件，应该改革联合国相关机构，发挥联合国应有的功能。[①] 今天联合国虽然是以小的和极不完善的方式代表世界上所有的民族，但它"可以成为全球辩论和政治冲突的舞台……只不过，现有的联合国必须改革或转化为服务于任何有利于民主和正义的目的"[②]。

总之，个人和组织在改革产生结构性不正义的社会进程中应该思考蕴藏其中的权力、特权、兴趣点和集体能力来履行政治责任。这也客观上决定了各个责任主体的责任范围，同样，责任范围依据主体的主观判断，具有很大的不确定性。然而，这些都是道德上的要求，改革社会进程并不能要求有权力的、有特权的、对责任感兴趣以及有集体能力的行为者来变革结构。在艾利斯·扬看来，"政治责任的首要任务之一是暴露这些结构的

---

① Iris Marion Young, *Global Challenges: War, Self-determination and Responsibility for Justice*, Cambridge, UK: Polity Press, 2007, chapter 5.

② Iris Marion Young, *Global Challenges: War, Self-determination and Responsibility for Justice*, Cambridge, UK: Polity Press, 2007, p.155.

裂缝,也就是,揭露一些强大的行为者对现状感兴趣和其他行为者对变化感兴趣的事实"①。受剥削和支配的人们应该诉诸强大的正义主张。在此过程中,因地位和利益不同,政治争论不可避免。对争论的处理在于恰当地理解"共享责任"本身的含义,它除了协同行动的含义之外,还包含行为者之间需要辩论,相互给出理由以论证自身行动的正当合法性。那么,决定履行他们共同的责任的行为者如何采取行动改变结构呢?在艾利斯·扬看来,民主是实现这一责任的重要途径,并进一步提出包容性的沟通型民主的理念。根据这种民主理念,所有相关责任人,尤其是弱势群体能积极参与公共领域的讨论,清晰表达所要表达的意愿与建议,进而,共同参与采取民主的集体政治行动以改变不公正的社会结构。

三、逃避政治责任的策略及其应对

社会连接责任模式本质上是共享的政治责任,改变产生不公正的结构进程必须是一个集体的社会行动。它需要的条件,包括组织、与形形色色的人合作的意愿、熟知个人的行动和规则、目的清晰的机构共同导致不公正结果的作用方式、拟议补救办法的能力。这些条件中的一个或多个往往是缺席的。除此之外,虽然社会连接责任模式要求所有通过自己的行动对产生不正义的社会进程做出贡献的人,共同分担不正义责任,但是某些参与者试图否认他们有设法补救不公正的责任。社会连接责任模式规定行为者对贫困的责任不局限于离自己近的区域或与自己处于相同的民族国家内,如果他参与了连接一个人与其他很远的地方的并在管辖区以外的人的社会结构进程。对此,一些人认为责任似乎过于巨大而无法履行。扬认为,这种误解源于对责任与义务的混淆,当我们有义务时,道德规则指定我们应该做什么。例如,"孝敬你的父母。"然而,责任虽然没有强制性,它呼吁的行动更具开放性。一个人有责任尽一切努力完成具体的目标或目

---

① Iris Marion Young, *Responsibility for Justice*, New York: Oxford University Press, 2011, p.148.

的。承担责任相比履行义务而言，涉及更多的自由裁量权。承担责任取决于行为者，行为者有责任自行决定怎样做才能履行它，并将其他道德方面的因素也考虑在内。不可否认，现实中某些参与者试图否认他们有设法补救不公正的责任。艾利斯·扬阐述并分析了这些行为者用以避免履行结构性不正义的责任的四种典型策略及应对方法①：

一是物化策略及其应对。物化指的是行为者对待特定社会关系中人的行动的产物，就好像他们是自然力量一样不可抗拒。参与社会进程的人经常否认他们承担责任的理由是他们面临压力，这些压力让他们除了做他们正在做的事情外别无选择。如市政局议员通过一个条例，这将导致低收入租房者无家可归，然而他们辩称为了吸引开发商来城市投资，他们必须这样做。艾利斯·扬认为，虽然物化是不可避免的过程，但是反物化是可能的，在道义上和政治上是可取的。通过确定特定问题的责任主体和有助于产生不正义的进程，然后与其他人探讨我们应该采取什么样行动，通过自觉集体来改变这些进程。反血汗工厂运动就是全球化的生产和贸易的进程的反物化的最好例子。

二是拒绝连接策略及其应对。一般而言，如果假定我对发生在其他人身上的事情有责任，我必须与他们有直接的和可见的连接，我必须承担我的行动效果对我直接交往的人的影响的责任。但是，人们往往否认与遥远的地方的其他人有联系。根据社会连接责任模式，只要我们的行为有助于产生不正义的结果的社会进程，那么我们就应对结构性不正义负责。这里的连接不仅包括直接连接，还涉及时间上和地位位置上的间接连接。如果我们拒绝这种连接，用奥诺拉·奥尼尔（Onora O'Neill）的话说，"是智力和道德上声名狼藉的寻求修改和操作的伦理思考；每个人都可以在自私、以自我为中心、自卫甚至自欺欺人的战略中发挥强大的一部分作用。每个

---

① Iris Marion Young, *Responsibility for Justice*, New York：Oxford University Press，2011, chapter 6.

人可能掩盖活动知识以及提供扭曲的解释"①。因此，我们不能拒绝这种间接连接。

三是即时性的要求的策略及其应对。一些人可能会承认，我们有责任促进与数以百万计的陌生人相连的结构化进程的那些人的正义。然而，我们的注意力和精力都被即时性互动关系完全占据，而且这种即时互动的道德要求是迫切的和持续性的，因而我们无法对每个要求我们与之交往的人负责。在分析伊曼努尔·列维纳斯（Emmanuel Levinas）反省这种存在于我们与他人交往的正义的总体责任和具体责任之间的紧张感觉的基础上，艾利斯·扬指出相互作用的道德要求与那些有关正义之间的张力不可避免，正义责任理论应正确区分交互的层次和结构的层次的社会关系。而且至少有一种方法来缓和这种紧张局势，即当我们在日常生活中互动的人和我们一起从事针对组织和行动以减少结构性不正义的项目的人一致时，我们投入回应他人的注意力和精力与在致力于正义责任的时间、注意力和精力是一样的。

四是与我无关策略及其应对。一些人认为，虽然我们有很多分配的和承担的责任，但是根据现有的角色和位置定义的方式，它们之中没有一个要求解决结构性不正义。国家机构的一个主要功能是解决这种情况下提出的协调问题，"与我无关"问题为国家采取更积极的行动奠定了更多的基础，因为他们有可以合法行使的强制性权力。以全球贫困为例，戴维·米勒（David Miller）认为，我们对世界上的穷人负有的义务，只是基于满足基本人权底限的义务。②，只是基于满足基本人权底限的义务。也就是说，如果世界上其他国家的人们虽然贫困，但只要其基本人权没有受到践踏，那么即使我们对其贫困有责任，也不一定要履行相应的责任，而且这种责任是通过民族国家集体责任形式得以履行的。艾利斯·扬不完全同意米勒

---

① O'Neill, *Towards Justice and Virtue*, Cambridge: Cambridge University Press, 1996, p.107.

② 〔英〕戴维·米勒：《民族责任与全球正义》，杨通进等译，重庆：重庆出版社2014年版，第229页。

第三章 政治价值视域下的社会连接责任模式

的观点,基于国家对全球不正义的无力以及后殖民国家能力的缺失,她认为国家促进正义的力度很大程度上取决于其公民对这种努力的支持程度。自20世纪80年代以来,世界上许多国家的国有资产和活动的私有化;税收制度改革;减少对基础设施、低效的官僚机构的支持以及庞大的军费开支,使得国家采取积极行动减少不公正更加困难,为此公民必须愿意付出,辩论关于如何实现它,并追究各种私人行动者以及公共机构启用或阻碍影响协调行动,尽量减少结构性不正义。正如罗伯特·古德温(Robert Goodin)所言,如果有人应该为伤害做些什么,而这项任务尚未分配给任何特别的人,那么,我们所有人都应该为之负责。①

以上每一种策略都为行动者提供了不积极改变结构进程,以及考虑我们在政治上如何与他人开展联合行动的借口。即便如此,艾利斯·扬强调对于逃避政治责任的行为,我们仍然要谨慎运用责备的修辞,因为每一个借口都有现实的基础。每一个借口都展示了个人的意识和行动与宏观社会进程之间联系起来的困难。政治责任的执行需要我们意识到:我们大部分有助于产生不正义进程的人需要暴露彼此的不诚信,我们需要解释为什么人们不采取行动的原因,并试图纠正它。因此,在识别结构性不正义、确认责任主体以及履行责任的整个过程中,政治争论不可避免。也正是在这个基础上,艾利斯·扬认为民主是实现正义的必要的和恰当的手段,是实现正义的载体,因此,社会连接责任模式不仅为我们思考个人与结构性不正义相关的政治责任提供了理论指导,而且从积极意义上构建了激进民主政治、正义以及责任之间的关系。我们将在下一章展开论述。

---

① Robert Goodin, "The State as a Moral Agent", in *Utilitarianism as a Public Philosophy*, Cambridge: Cambridge University Press, 1996, p.32.

第三节　社会连接责任模式的现实价值

根据艾利斯·扬对社会连接责任模式的界定，我们发现无论是责任的主体、对象、范围、责任履行等都具有不确定性，都要根据具体的情况进行界定。由此带来两方面的影响：一是其理论的开放性。这一理论既可用于民族国家内部，也适用于全球。该理论一经提出，便在西方学术界引起广泛回应，并被用于分析气候变化、金融危机等集体伤害的责任、女权主义的出路、对子孙后代的责任等诸多大规模复杂的议题。二是其理论的不确定性，也引发一些学者对该理论的可行性的质疑。本节将以艾利斯·扬对贫困问题的责任、历史性不正义的责任、全球劳工不正义的责任的阐释为例证，展示其正义责任理论的特征。

一、贫困的政治责任及其应对

理论的生命力在于运用。艾利斯·扬立足美国社会的种种压迫和支配，透过个人责任的争论，敏锐察觉到个人对结构性不正义责任规范的缺失，提出了社会连接责任模式，并从内在规范与外在属性两方面予以丰富，不仅深刻揭示了晚期资本主义制度的弊端，而且丰富发展了阿伦特提出的政治责任概念，以及关于责任与判断的关系，为定位大规模的复杂的结构性不正义的责任主体、对象、范围和责任履行提供了有效的标准。正如玛格丽特·摩尔（Margaret Moore）所言，"社会连接责任模式相比传统理论而言，最伟大的进步在于对集体危害的责任有更广泛的适用性。"[①] 这

---

① Genevieve Fuji Johnson and Loralea Michaelis(ed.), *Political Responsibility Refocused: Thinking Justice after Iris Marion Young*, Toronto: University of Toronto Press, 2013, p.13.

第三章 政治价值视域下的社会连接责任模式

里主要列举艾利斯·扬本人关注的主题,来具体论述社会连接责任模式的特征。

贫困问题是全球社会主义国家与资本主义国家都面临的问题,在批评理论的政治伦理转向的大潮中,艾利斯·扬剑指西方国家的福利改革,从责任视角来研究贫困,提出了原创性的贫困社会连接责任模式。她认为贫困产生于结构性原因,而非单纯的制度或穷人秉性;责任主体是参与造成贫困的社会进程的所有人,而非个人或国家;贫困责任是一种政治责任,而非传统的可归责的个人责任。反贫困在于各责任主体共担责任,积极主动参与民主过程,构建包容性的民主以及全球民主,而不是由强势的一方将自己的意见与建议强加给弱势的一方。由此,艾利斯·扬将贫困理论由权利领域转移到政治责任领域,并试图超越时间和空间、个人与国家、微观与宏观的二元限制,构建一种贫困责任共担的解放政治学。

对贫困的认识如同奥善斯基(Mollie Orshansky)所说的那样,"贫困,就像美那样,只存在于注视者的眼中"①,不同时代有不同的看法。现代性语境中的贫困理论经历了经济学领域的收入贫困到能力贫困,扩展到社会学领域的贫困文化观以及政治学领域正义视角的贫困观的嬗变。艾利斯·扬认为传统的分配正义模式主要针对的是经济上的贫困,忽视了现实生活中存在的多种贫困样式。因此,她从资本主义社会压迫的五副面孔来识别贫困,认为贫困的概念很难聚集在一个清晰的边界范围内,涉及五种不同的境遇:剥削、边缘化、无权、文化帝国主义以及暴力。

具体而言,"剥削"是一种系统化的权力转移,这种剥削不仅产生于马克思的阶级关系中,也以性别、种族等特殊形式呈现。如在马克思的剥削概念中,妇女只是在有薪工作范围内被剥削,而不包括普遍存在于女性身上的、在无报酬的家务劳动领域的特殊剥削。对此,将分配的基本单位假定为家庭的罗尔斯的分配正义,同样不能应对这种权力转移的剥削。"边缘化"是最为危险的贫困形式,它排斥社会成员,尤其是女性、老人、

---

① 〔印〕阿玛迪亚·森:《贫困与饥荒》,王宇、王文玉译,北京:商务印书馆2001年版,第34页。

残障、单亲家庭等参与社会合作，不仅使他们遭受严重的物质贫困，更会造成其公民权利的缩减和发展机会的剥夺，而对这种贫困的矫正远远超出了分配正义的范围。"无权"对那些从事没有专业技能工作的工人来说，因无权带来的贫困是历史存在的、长期的，罗尔斯的机会平等原则只是形式上的平等，对反贫困没有实质意义。"文化帝国主义"不同于因劳动分工而导致的剥削、边缘化和无权，它使被压迫群体一方面习惯通过他人的眼光来看自己，也认为自己是低劣的、非正常的群体；另一方面，他们潜意识地追求占优势地位群体的文化价值以争得主流社会的认同。如在这种压迫下，妇女甘愿处在劳动分工中的不利地位，从事技术含量低、报酬低的工作。"暴力"是与文化霸权交叉实施的压迫形式，使某些群体的成员易于受到任意、非理性却为社会容忍的身体和心理的攻击。如女性在家庭和工作场所经历的暴力事实上是容忍暴力的社会制度造成的，因此矫正制度性不正义，要求改变贬低和压迫弱势群体的文化现象、刻板的陈规陋习以及支配关系的再生产，这些超出了针对物品、资源的分配正义讨论的范围。

需要强调的是，艾利斯·扬的五种境遇的任意一种都可以界定贫困，但一个群体因何种形式遭遇贫困则需要追踪历史及当前的特殊社会关系结构。在她看来，采取这种多元的压迫结构来辨识贫困有诸多优点：其一，有助于避免排外性和过分简单化。贫困是一种复杂现象，不同群体的贫困状况不尽相同，单纯依据某种标准容易造成排外性和过分简单化。其二，有助于追溯不同的贫困原因。造成贫困的原因是多样的，有历史的也有现实的，有个人的也有社会的，有国内的也有全球化的，借助多元标准能够追溯不同的贫困原因，也便于制定反贫困策略。其三，有助于测量不同群体所遭受的贫困的程度。五种标准不可归约，因此，可以依据某个群体符合的压迫形式的数量来判定这个群体承受的贫困程度。透过以上分析，我们可以明确得出结论：艾利斯·扬认为贫困是一种结构性不正义现象。

与20世纪80年代以来进行福利改革的西方民主国家普遍将贫困视为穷人的个人及家庭责任的观点不同，艾利斯·扬运用社会连接责任模式来分析贫困责任，对贫困责任的性质、主体、范围进行了规范化的界定。

第三章 政治价值视域下的社会连接责任模式

首先，贫困责任是典型的共享的政治责任，而不是个体道德或法律责任。不同于个人责任将孤立的个体视为规范性前提，政治责任把共同体中的自我视为规范性前提。因此，即使行动者实施的不正义行为是无意识的，或者没有采取积极行动以阻止不正义事件的发生，都应该对不正义的结果负有责任。贫困是诸多匿名行为者造成的社会不正义现象，所有以自身的行为有助于产生结构性不正义结果（即贫困的社会结构进程）的人都有责任，责任是共享的，仅仅把责任推给穷人显然不合逻辑。富人帮助穷人、发达国家资助欠发达国家不再是人道主义责任，而是政治责任。而且这种政治责任只能通过在集体行动中和他人合作来履行，绝不可能在势单力薄中完成。只有处于不同社会地位的诸多行为者共同努力，干预这些产生不同结果的进程，才有可能根本改变贫困。

其次，贫困责任的责任主体具有复合性。承担贫困责任的主体是所有以自身的行为有助于产生结构性不正义结果（即贫困的社会结构进程）的人，包括实施者、受害者、政府或国家、民间组织等，责任主体是非孤立的，即使找到某些犯有明确的不公正行为的人们，也并不意味着自动免除了其他那些有助于这种不正义后果的人以不同的方式承担其所应承担的责任。例如，桑迪成为无家可归者，按照法律或道德标准不能直接追溯到房东，制裁房东。但如果按照社会连接责任模式，虽然在公认的准则和规则的范围内行事，所有致使桑迪无家可归的人，包括房东也应承担责任。同时，重视对产生贫困的背景的分析，也进一步强化了这一特征。例如，面对住房和教育的不正义，我们应反思和审议是不是我们习惯地遵从了某些规范的和公认的行为。事实上，正是作为住房消费者的家长对理想学校的需求助长了房价的膨胀，导致学生获得教育水平的差异。家长在给孩子以最好的信念下做出选择，并相信其他人也同样这么做，虽然他们中的有些人可能意识到这么做会助长住房和教育的不公正，但相信他们自己无力改变这一进程，他们必须随大流。而在艾利斯·扬看来，他们应该为此承担责任。

第三，贫困责任的范围超越时空的界限。在社会连接责任模式下，贫困责任打破时空界线，涵盖现在的人与未来的人，不局限眼前；着眼国内与国外，不局限于自己和家庭。人们不仅要对目前世界上的穷人负责，还应因自己的行为而对后代的贫困和全球范围的穷人负责，如因自己购买血汗工厂生产的服装，而应对血汗工厂的工人负责。面对诸多责任，划分贫困责任不是为了指责谁，而是为了分析社会结构进程如何生产和再生产了贫困。这种向后看的视角可以帮助参与这些进程的人更好地理解我们在反贫困中的角色，合理履行贫困责任，推进反贫困的进程。

对于如何履行贫困责任，艾利斯·扬认为在法律责任模式下，个体对自己及家庭负责，遇到贫困应首先自我内化，个人没有权利要求别人的帮助，别人也没有义务帮助他。这种原子式的履行责任的方式带来的是缺乏温情的社会，缺乏进取精神的社会，离好生活会越来越远。艾利斯·扬认为在社会连接责任模式下履行贫困责任，责任的履行受诸多因素的影响，因此也不存在整齐划一的划分标准，为此她提供了四种策略：

其一，重点关注对反贫困有更大影响力的人和组织。不同的贫困责任主体的社会地位常常对产生贫困带有某种程度上潜在的或实际的权力以及影响力。当个人和组织机构没有足够的精力和资源应对贫困问题时，他们应该重点关注那些对反贫困有更大影响力的人和机构。例如，反血汗工厂运动积极分子一直专注于服装行业有巨大权力的企业，他们呼吁大型跨国公司，如耐克等，向制造商施压，迫使血汗工厂改善工人工作条件，监督这些条件或直接资助工厂改进条件。虽然这些公司往往否认他们对工人劳动条件有任何法律责任，因为他们并不是与这些工人的雇主签订合约的，但是当这项呼吁广为人知时，他们想要忽略或拒绝它已经很难了。

其二，关注在反贫困进程中有特权的人或组织。贫困问题在产生其受害者的同时，也产生了从中获益并享有特权的人们。在履行责任时，每个行为者的责任大小、范围并不相同，享有相对特权的主体要比其他人具有更大的责任来采取反贫困行动。享有特权通常意味着，他们能够改变他们的习惯或不用遭受严重剥夺就能削弱不公正。例如，无论是在发达国家还是在发展中国家，低收入的消费者不能比较富裕的消费者购买更多的服装，以确保生产服装的工人被公平对待。我们须警惕那些不是非法或至少不被认为是非法的不负责任的有害行为。

第三章 政治价值视域下的社会连接责任模式

其三，激发贫困的受害者对反贫困的兴趣。不同的人和组织对贫困的结构的转变有不同的兴趣点，通常那些最有权力影响结构改革的人也往往是最希望结构永久化的人。相比受益者，贫困的受害者对反贫困更感兴趣，他们更有责任这么做。例如，血汗工厂的工人事实上最清楚他们遭受的苦难，因此只有他们，当然不只是他们自己，向外界宣传他们所遭受的不正义的待遇，并参与改善他们境况的行动，那么外面的好心人才能避免以另外的方式伤害他们，如关闭工厂却使工人失业，或者设置改革措施进行反生产运动。贫困的受害者更应该承担挑战产生贫困的责任。

其四，发挥集体能力，采取集体行动。只有通过集体行动才能履行消除或减弱贫困的共同责任。参与产生贫困进程的行为者往往需要重新组织他们的活动，协调他们的行动关系。然而，以一种新方式组织个人和机构往往是相当困难的。如果一些行为者所处的结构中的位置使他们可以利用已经组织起来的实体的资源，那么他们将更有能力以新的方式使用它们以尝试促进变革。

总之，个人和组织在反贫困过程中应该思考蕴藏其中的权力、特权、兴趣点和集体能力来履行贫困责任。然而，这些都是道德上的要求，反贫困并不能要求有权力的、有特权的、对责任感兴趣以及有集体能力的行为者来变革结构。虽然，联合国开发计划署以及经济学家杰佛瑞·萨克斯（Jeffrey Sachs）和阿玛蒂亚·森（Amartya Sen）曾声明，如果世界最富有的国家拿出其国民生产总值的0.7%用于帮助世界上的穷人，那么可以消除世界的绝对贫困。但问题是，谁能要求这些国家这么做。在现实世界，逃避贫困责任屡见不鲜。对此，艾利斯·扬总结归纳了物化、拒绝连接、即时性的要求以及与我无关四种逃避责任的策略，并分别予以反击。以上每一种策略都为行动者提供了不积极改变贫困的社会结构进程，以及逃避我们在政治上与他人开展联合行动的借口。即便如此，艾利斯·扬强调对于逃避政治责任，我们仍然要谨慎运用责备的修辞，因为每一个借口都展示了个人的意识和行动与宏观社会进程之间联系起来的困难。这也提醒我们大部分有助于产生贫困进程的人，需要解释为什么不采取行动的原因，并试图纠正它。因此，在识别贫困、确认贫困责任主体以及履行贫困的整个过程中,政治争论不可避免。

也正是这个基础上,艾利斯·扬提出了她的解放政治哲学思想。在她看来,消除贫困的"首要任务之一是暴露这些结构的裂缝,揭露一些强势的行为者对现状感兴趣和其他行为者对变化感兴趣的事实"①。包容性的民主是实现这一责任的重要途径。根据这种民主理念,所有相关责任人,尤其是弱势群体能积极参与公共领域的讨论,清晰表达所要表达的意愿与建议,在争论的问题上进行充分辩论,相互给出理由以论证自身行动的正当合法性。进而,共同参与采取民主的集体政治行动以改变不公正的社会结构。在全球范围内,构建全球民主,使经济、文化、政治上处于弱势的国家和民族都能参与到全球贫困问题的治理中来。

当然,艾利斯·扬贫困责任的责任主体的流动性大,而且如果对国内国际遭遇贫困的人都负责,责任范围过大,无法落实。瑞尼尔·福斯特(Rainer Forst)对艾利斯·扬格外赞赏以反血汗工厂这类公民社会集体行动的形式来弥补国家这一责任主体的不足,持保留意见。他认为,在全球场景中,主要的权威参与者或行动者还是国家这样的政治实体。② 因而,无论是消除或缓解一国国内贫困还是全球贫困,不可脱离国家这个背景。尽管有这些不完善之处,但我们必须承认,即使艾利斯·扬主要谈论的是美国贫困问题,但她的贫困责任理论回应的是当代全球资本主义国家和社会主义国家普遍存在的问题,对我们反思和批判资本主义不正义,探索社会主义建设有效途径无疑具有重要的启发意义。

二、历史事件的政治责任及其应对

马克思认为,人们只能提出自己时代可能完成的任务。然而任务本身

---

① Iris Marion Young, *Responsibility for Justice*, New York: Oxford University Press, 2011, p.148.

② 〔德〕瑞尼尔·福斯特:《激进的正义:论艾利斯·马瑞恩·扬对"分配范式"的批判》,周穗明译,载《国外理论动态》,2014年第2期,第49页。

第三章 政治价值视域下的社会连接责任模式

并不会随着时代的变化而自行退场，反而会以新的更加复杂的形式呈现出来。这一点在历史性不正义方面体现得尤为明显，对历史性不正义的责任由此而变得更加复杂。不同于对贫困责任的论述，艾利斯·扬对历史性不正义的责任的论述更多的是在阐释为什么要采用社会连接责任模式，而不是法律责任模式。

首先，历史性不正义属于结构性不正义。历史性不正义主要指的是由于历史上不正义的事件带给现实某些事件的负面影响。依据艾利斯·扬对社会结构进程对理解，历史性不正义表现为：（1）存在一种压迫与被压迫、支配与被支配的关系。这种社会关系与其中的人们所处位置相互关联，构成宏观社会环境。如奴隶贸易下白色人种与黑色人种之间的压迫关系等；（2）作为约束或促进个人经历的客观社会事实；（3）作为存在，然而，只以行动的形式存在；（4）作为通常由多数人联合行动所产生的意料之外的后果。由此推论，把历史性不正义视为结构性不正义现象意味着，我们不能从静态角度来看待历史性不正义及其产生的现实影响，而应从动态角度来分析其表现、影响及纠正措施。而且对于历史性不正义，需要先回答"我们究竟处于什么样的时代"这个问题，时代主题的变化影响其对问题的认识；再回答"我们期望什么样的生活"这个问题，不同的回答可以显现出对历史性不正义是持积极态度还是消极态度。

其次，为什么法律责任模式无法应对历史性不正义。对于在我们世界中存在的历史不正义，从受害者和肇事者角度来看，存在两者情况：一种是至少一些受害者和肇事者都还活着的历史性不正义，如纳粹屠杀犹太人；另一种是所有最初的受害者和肇事者在许多年前就已去世的历史性不正义，如奴隶贸易、殖民统治、欧洲美国人占领北美的美洲印第安人等。法律责任模式作为一种标准模型，旨在查明各方责任，或在某些情况下要追究他们之间的关系导致伤害的原因，即使他们对危害没有直接关系。依据法律责任模式来对待历史性不正义的合理性在于，在现实中，我们需要为实现目标而承担合作责任。如美国芝加哥市要求任何与它有业务往来的公司提交宣誓披露其在历史上是否有过从奴隶制获利的生意。然而整体而言，依据法律责任模式无法应对历史性不正义，主要有三个方面原因：

其一，历史性不正义不是产生于个人或机构的原子式的行动，而是产生于社会正常的、持续的结构化进程，因此很难找到具体的责任人。尤其是对于那种所有最初的受害者和肇事者在许多年前就已去世的历史性不正义而言，按照法律责任模式，在今天追究这种历史伤害的责任已经没有任何意义了，相反可能会产生怨恨心理。于是一些人提议忘却过去，如20世纪研究非殖民化和殖民主义的弗朗茨·法农（Frantz Fanon）在他的《黑皮肤，白面具》中，号召非洲人要把殖民历史放在他们身后来结束他对殖民主义的辛辣批判，他认为如果人们对过去的大量罪行感到极度痛苦，将会陷入向后看的怨恨而不能自拔。

其二，历史性不正义产生于大部分人依据可接受的体制规则行事的个人行动，大部分无组织的集体中的个人分享这种结构性不正义的责任。对于那种至少一些受害者和肇事者都还活着的历史性不正义，在法律责任模式下，只要找到某个责任人，便自动免除其他人的责任。事实上，其他人也以自己的行动为生产和再生产不正义的结构作出贡献而应承担相应的责任。以奴隶贸易为例。一些人认为责任方不是白人，也不是美国，而是美国政府。毫无疑问，承认奴隶制是以美国宪法为基础的，同时美国政府帮助和教唆了奴隶主剥削和支配奴隶。然而，美国政府也废除了奴隶贸易，解放了奴隶，使他们成为了公民。后来，政府违背了重建的承诺，允许在南方建立一个新的种族统治体系，并对北部和西部地区对黑人实施的种族隔离、歧视和暴力活动视而不见。但美国国会最终通过了公民权利和投票权法案，以及一项公平住房法案，该法案的主要目的是阻止住房的种族歧视。也就是说，美国政府既支持奴隶制，又对非裔美国人进行了压迫，并进行了明确的改革，旨在提供一些补救措施。如果赔款要求是有效的，美国政府不是对错误负有责任的代理人，也不是对损害赔偿进行评估的代理人。此外，认为美国政府是一个有别于它所治理的社会的具体代理人，可能会让美国人民轻易地脱离困境。奴隶制及其后果是社会问题，而不仅仅是公共政策的问题。如果这些历史上的不公正事件有责任，那么这些责任在某种意义上属于美国人民，或者至少属于某些美国人；而将美国政府视为责任方的做法免除了其公民或部分公民的某种责任。

第三章　政治价值视域下的社会连接责任模式

其三，就算我们找到了某些责任人，法律责任模式也不能为现实提供积极推动作用。依据法律责任模式，当一方起诉另一方赔偿损害时，侵权通常是确定公平的补偿金额的一个方法。当财产被偷或被毁，通过法律手续，赔偿金的数目可能是该财产的价值加上一些给对方造成不便的额外金额。当人们失去了生命、生计或声誉时，补偿评估则较为困难，遭遇上述计算方法也是可接受的。可是，对于历史性不正义，某些美国人、非洲裔美国人都需要对他们的前辈和自己遭受苦难的损害进行赔偿，那么在法律责任模型下，我们很难做出公平的补偿评估。如道尔顿·康利（Dalton Conley）声称我们需要一个公式来使黑人与白人这两个群体平等，不过，这种想法的思路是正确的，但如何列出这个公式并不清楚。① 另一位作家认为对奴隶制及其后果的赔偿，应根据公式计算出不存在奴隶制的情况下，非洲裔美国人的生活条件和物质福利水平，然后根据这个计算结果进行赔偿。② 但这是一个奇怪的命题。没有人可以为这种空泛和笼统的反事实作出客观的、可核实的索赔。

最后，艾利斯·扬认为，社会连接责任模式为应对历史性不正义提供了思路。主要表现在以下几个方面：第一，引导现实生活中的相关责任人积极承担历史性不正义的责任。兰德尔·罗宾逊（Randall Robinson）认为今天的美国人因过去的美国人犯下的错而欠下今天的黑人的债务。运用法律责任模型最明显的困难在于奴隶制的肇事者及其受害者都已经去世很久了。今天的白种美国人有权抗议，他们没有参与奴隶制危害。事实上，绝大多数白种美国人是在废除奴隶制后移民到美国的人。为了人类更美好的

----

① Dalton Conley, "Forty Acres and a Mule: What If America Pays Reparations?", *Contexts Magazine* 1.3, 2002, p. 17. See also Conley, "Calculating Slavery Reparations: Theory, Numbers, and Implications," in John Torpey (ed.), *Politics and the Past: On Repairing Historical Injustices*, Lanham, MD: Rowman & Littlefield, 2003, pp.117-125.

② Robert S. Browne, "Achieving Parity through Reparations," in Richard F. America (ed.), *The Wealth of Races: The Present Value of Benefits from Past Injustices*, New York: Greenwood Press, 1990, pp.199-206.

生活，我们既不应该在现在寻找历史不正义的罪恶，又不应该试着去忘记它。艾利斯·扬认为根据社会连接责任模式，能够给现实生活中的相关责任人一种合理的承担责任的理由，并引导他们积极承担自身的责任。

第二，有助于深层揭示资本主义不正义。艾利斯·扬认为资本主义不正义是结构性不正义，现实的不正义有历史不正义的渊源。比如，持非洲裔美国人遭受结构不正义的观点的人注意到，许多非洲后裔的行动和选择受到他们的社会环境提供给他们的有限的机会和选择的限制：过分拥挤的学校、警察有偏见的做法、被隔离的社区很少的就业机会、成本上升的高等教育等。理解这些作为结构性不正义的表现形式的手段，有助于我们了解繁多的体制规则、社会政策、市场的力量和文化内涵传播如何串联产生这些有限的选择。威廉·朱利叶斯·威尔逊（William Julius Wilson）的作品一直致力于记录这些约束的性质，并解释其结构的原因。结构原因的性质之一是，你不能为大部分追踪到一个直接线性因果关系，即特定的行为或政策与特定的个人或群体的相对不利的环境之间的因果关系。你可以制订一个总体的解释，即结构的生产、人们在结构中处于相对有利或不利的位置以及进程和政策一起有助于产生不公正。

第三，有助于推动导致资本主义的不正义的结构改革。在艾利斯·扬看来，将责任的社会连接模型应用到今天美国的种族不公正问题，表面上看与呼吁历史性不公正的奴隶制的责任无关。然而，集体讨论和复述历史的不公正是当前培育处于不同位置的社会成员之间尊重关系的一个重要途径，因为将过去与现在的目标联系起来的合理性在于，关注目前的不正义并用前瞻性的责任来纠正这种不公正。此外，这种将现在与过去联系起来的解释，对了解结构的现状、演变进程以及从哪里改变它们最有效都是非常重要的。确认当前结构性的不公正是否有一些植根于过去的不正义，为弥补当前的不公正提供了额外的道德论据。艾利斯·扬还举例论证了这一观点。加利福尼亚州有一项法律，要求保险公司根据加州文件，不保护以损害奴隶为代价的财产方式。芝加哥市要求所有希望与芝加哥市做生意的公司需要签署文件,告知他们的公司是否从奴隶贸易或奴隶使用中获利。虽然我们可能会认为这些条例旨在怪罪公司,但她认为这更是动力,鼓励在美国,不仅是在学校,而且在商业和工业企业公开讨论奴隶制的历史性不公正,从而进一步思考非洲裔美国人的未来。因此,艾利斯·扬认为,用责备、愧疚、负债或补偿的语言来谈论今天的美国人,尤其是白种美国人的责任,整体上毫无意义,我们需要共同承担责任,克服或减少现实的不正义。

三、全球化的政治责任及其应对

20世纪80年代以来,伴随着经济全球化的浪潮,人口、资源、资本和商品等要素日益全球化。"全球化进程不是现代化的延续,而是个体、社群、制度和社会以及世界持续的变革过程。"① 这种变革过程使民族国家内部的经济、政治、文化与全球经济、政治、文化相互交织,呈现出你中有我、我中有你的复合经济政治文化形态,需要我们以全新的态度对待民族国家内部事务和需要国际合作解决的全球环境危机等新问题。随着全球化的发展,全球范围内潜在着结构性不正义,全球血汗工厂中的劳工不正义便是其中典型案例。

"血汗工厂"指的是,在欠发达国家生产劳动密集型的产品,如许多服装、鞋和其他小的消费品等相对较小的制造中心。这些小的制造中心通常处于专业化生产、配送链条的最底端,涉及数以百计的公司和市场。工厂设施普遍较差,工人的基本人权遭到践踏。其不正义表现为:女性工人占绝大多数,遭遇体罚、性骚扰等不公对待;工作时间长,尤其是在高峰季节,每天工作十至十六小时甚至被迫工作到深夜;休息时间少,工作日也只能轮流到卫生间或其他地方休息一小会,没有假期,病重不能工作的

---

① 〔美〕全钟燮:《公共行政的社会建构:解释与批判》,孙柏英等译,北京:北京大学出版社2008年版,第53页。

工人经常被解雇；工厂条件差，如过分炎热，没有通风、灯光不足、噪音过量、没有消防设备、出口拥挤、卫生条件差、饮用水不干净等。此外，工人不能组建工会与雇主进行谈判。抱怨并设法组织工人反抗的人会被威胁、被解雇、列入黑名单、遭殴打甚至被杀害。工人的工资水平往往远低于法定的最低工资，雇主却常常拒付这些微薄的工资。当雇主少付他们工资时，工人一般没有追索权，因为他们通常没有正式的雇佣合约，且雇主很少或者没有记录员工的工作时长；地方政府往往主动或被动地支持这种反工会活动。这种血汗工厂遍布全球，特别是北美和欧洲的血汗工厂比比皆是，它们经常雇用非法的和合法移民做劳工。当然，绝大多数血汗工厂在不发达国家运作。

近几十年来反血汗工厂运动已引起人们的注意。反血汗工厂激进分子曾经宣称大宗购买服装的机构，如市政府、大的服装批发商和零售商以及大学，应该经常为血汗工厂的恶劣的服装生产条件负责。社会运动积极分子也在知名品牌服饰连锁店（如盖普、耐克或迪斯尼）或其他更通用的服装零售商（如沃尔玛）前发放传单，解释很多在这些商店出售的服装是血汗工厂环境下进行生产的。他们通常不呼吁消费者抵制产品，而宁愿敦促他们联系的品牌零售商和施压的生产者根据合同的需求来改善工作条件。在发放传单和示威活动中，活动分子呼吁远离工人的代理商为工人的工作条件承担责任。虽然这个要求看起来奇怪，但它在相对较短的时间内与很多人产生了共鸣，运动也取得了一些成果。比如，北美和欧洲的运动大大提高了消费者的意识；一些大的服装零售商在与代理工厂签订合约时，将工厂设施条件要求以及工厂的权利保障等内容也纳入了合约之中。

以服装行业为例，全球血汗工厂产生于全球化的大背景，以及国内劳动力结构、资源条件、政府招商引资政策等民族国家的具体背景，涉及一连串复杂的生产和分配过程，几十个或数千个生产或销售的公司，在多个地方制作衣服，并最终到达人们购买它们的商店。在这个系统中，链条中的每个节点都相信自己在竞争激烈的环境中运行，并且通常在高压下满足

第三章 政治价值视域下的社会连接责任模式

处在产业链顶端公司的低成本订单要求。然而，处于高处节点的公司却不对与它们签约的下游公司承担政策和运营方面的法律责任。因此，在艾利斯·扬看来，全球血汗工厂是一种典型的结构性不正义，有助于思考跨国不正义责任的真正含义。

全球血汗工厂中，处在这个系统最底端的工人遭受不公正，表现为全球系统内的统治、胁迫和需要的被剥夺。在社会连接责任模式下，全球服装产业结构扩散了血汗工厂条件的责任，由此消减或变革了产生全球血汗工厂的社会结构的责任主体包括：应对工作条件负法律责任的工厂的所有者和管理人员；如果那些工厂所在的国家不能找到罪犯并惩罚他们，那么国际社会应从政治责任上予以追究；骚扰和恐吓工人的老板或把生产力放在工人健康之上的经理人，当然必须对他们雇佣的工人遭受的不法危害负有法律责任；购买了当地公司的企业家，大概是能够了解这些危害，很大可能应该也承担责任；允许血汗工厂运作存在的国家应承担政治责任；以及全世界的服装购买者也应承担责任。除此之外，不同于法律责任模式，作为受害者的血汗工厂工人应承担起相应的责任。因为他们最清楚他们遭受的苦难，因此只有他们，当然不只是他们自己，向外界宣传他们所遭受的不正义的遭遇，并参与改善性努力，那么外面的好心人才能避免以另外的方式伤害他们，如关闭工厂却使工人失业，或者设置改革措施进行反生产运动。

所有责任主体因其自身的行动有助于产生结构性不正义的社会结构进程，而需要承担责任，这种责任属于共享责任，这意味着所有主体承担责任的程度和范围都一致。社会连接责任模式为责任的划分提供了几个参数，以指导责任主体思考和履行自身责任。艾利斯·扬认为个人和组织在改革产生结构性不正义的社会进程中应该思考蕴藏其中的权力、特权、兴趣点和集体能力来履行政治责任。决定履行他们共同责任的行为者，要充分利用民主这一实现正义的重要途径，依照包容性的沟通型民主的理念，所有相关责任人，尤其是弱势群体积极参与公共领域的讨论，清晰表达所要表达的意愿与建议，进而，共同参与采取民主的集体政治行动以改变不公正的社会结构。

本章小结

马克思曾经说过："作为确定的人，现实的人，你就有规定，就有使命，就有任务，至于你是否意识到这一点，那都是无所谓的。"① 其中"确定的""现实的"实际上指的是人们生活于其中影响自我发展与自我决定能力的一定的社会关系，"使命""任务"就是指责任。在艾利斯·扬看来，人的责任从本质上讲是一种关系范畴，体现了我与你的关系，是我对你的回应，责任的内容就在于改变社会关系，使其有利于人的自我发展与自我决定。艾利斯·扬在《正义与差异政治》的引言中指出："身为一个白人、中产阶级、身体健全、尚未年老的女性，我无法自诩为非洲裔、拉丁裔、美籍印第安人、穷人、女同性恋、老人和残疾人的激进运动代言。但是，社会正义的政治担当激发了我的哲学思考，它告诉我如果没有了这些人，我就无可述说。"② 从根本上说，艾利斯·扬的正义实现理论是在"责任落寞"时代关怀人类命运的强烈责任感驱使下，基于关系本体论的政治责任理论。

一、个体与共同体关系的现代反思

艾利斯·扬的社会连接责任模式，折射出的是政治哲学家在"责任落寞"时代对如何解决个体与共同体面临的危机的深层思考。事实上，关于个体与共同体关系的理论探讨由来已久，大致经历了古代共同体本位、近

---

① 《马克思恩格斯全集》第3卷，北京：人民出版社1960年版，第329页。
② Iris Marion Young, *Justice and the Politics of Difference*, Princeton, NJ: Princeton University Press, 1990, p.14.

代个人本位、现代个人主义以及马克思主义的个体与共同体共生四种形态。① 在古代,由于生产力低下,个人需要依附共同体才能生存,因而像柏拉图、亚里士多德都主张城邦的善高于个人的利益,奉行共同体主义。近代以来,随着资本主义生产关系的萌芽与发展,个人价值思想得到启蒙,理性的人成为建构个体与共同体的新起点。到现代,随着资产阶级自由主义思想日益占据统治地位,个人主义以及极端个人主义严重冲击共同体价值,个体与共同体关系遭遇现代危机。反映在正义领域,即社群主义对自由主义的批判。

这些批判离不开对自我概念的认识。桑德尔批判罗尔斯的自我观为占有性的自我,这种个人主义的立场排除了先在自我的社会构成性属性,将共同体置于从属于自我的地位,导致了其无法正确理解共同体。因此即使罗尔斯谈及社会合作,也是个人出于维护个人利益而走到一起的。桑德尔从构成性角度理解自我与共同体,"只要我们的构成性自我理解包含着比单纯的个人更广泛的主体,无论是家庭、种族、城市、阶级、国家、民族,那么,这种自我理解就规定一种构成性意义上的共同体。这个共同体的标志……是一套共同的商谈语汇,和隐含的实践与理解背景,在此背景下,参与者的互不理解即使不会最终消失,也会减少"②。这种共同体属于情感型共同体,个人因理解与背景共享而减少冲突,从而使正义丧失了必要性。值得注意的是,桑德尔的共同体指的并不是社会,共同体概念与社会概念相区别,而到现代社群主义那里,共同体与社会概念则合二为一了。麦金太尔从历史角度出发,提出共有三种理想的共同体,除基于德性的亚里士多德伦理学意义上的共同体以及基督教修士的共同体之外,还有传统社会中基于等级地位而构成的共同体,也即社会背景关系。虽然传统

---

① 赵坤、郭凤志:《马克思关于构建个人与共同体共生关系思想及其当代价值》,载《思想教育研究》,2017年第7期,第32—33页。
② 〔美〕桑德尔:《自由主义与正义的局限》,万俊人译,南京:译林出版社2001年版,第208页。

社会中的自我特性受制其在社会关系中的位置,但这种社会关系能够让个人发现自己的生命的价值与归属。因此,在他看来,现代自由主义一味否定传统社会的共同体形式是历史的退步。泰勒站在社群主义立场上重新阐述黑格尔的共同体概念,赞同黑格尔对个人与共同体的关系的理解,即"共同体被看作一个社会或主体性的场所,诸个体是那个共同体的片段。共同体是精神的体现,是比个体更充分、更实质性的体现"①。泰勒认为共同体高于个体,个体只有在共同体中存在,个体在作为生命存在体以及语言存在者层面上从属于共同体,个体与共同体的关系体现为各种社会实践与制度。沃尔泽认为只有具备成员资格的人才能分享社会的公共善,因此他的共同体属于政治共同体,表现为国家。成员资格是共同体最重要的分配物,由共同体内的人们根据理解决定是否分配给陌生人。

以上是社群主义代表关于个人与共同体关系的不同观点,正如丹尼尔·贝尔所言:"社群主义者曾经因为没有一套共同体理论而备受批评"②,然而其共同点在于他们都强调共同体,认为自由主义的个体脱离了社会,强调构成性的自我。艾利斯·扬将其理论建立在社会关系本体论基础之上,认为社会存在体现为各种由特权与不利地位组成的社会关系,社会关系规定着人的本质。这种从结构视角看待社会关系的方式,使她既摆脱了自由主义基于个人主义形成的个人与共同体关系的认识,又将社群主义基于构成性概念形成的个人与共同体关系,进一步定性为群体之间的压迫与支配关系,揭示了不正义的本质,同时也指明了个体应履行公民责任,积极参与民主过程,从制度层面推进社会的发展。艾利斯·扬对共同体的理解既不同于自由主义的原子式个体为自身利益而进行合作形成的共同体,也不同于社群主义对共同体的封闭式理解,她的共同体是不确定性的、动态性的、开放性的,既可以是家庭、社区、社群、民族、国家,也可以是

---

① 〔加〕查尔斯·泰勒:《黑格尔》,张国清等译,南京:译林出版社2002年版,第597页。

② Daniel Bell, *Communitarianism and Its Critics*, Oxford: Oxford University Press, 1993, p.91.

族群等，形成共同体的条件是处于产生某种结构性不正义的社会结构进程。为此，她建构了一种理想的规范的城市生活以兼顾个人与共同体。她认为既要关注公共领域，又要关注私人领域，这种深层次民主的主张也是其对个人与共同体关系的一种阐释。

值得肯定的是，艾利斯·扬关于个人与共同体关系的反思，破除了自由主义与社群主义关于个人与共同体之间二元对立的藩篱，并为个体与共同体的共生寻找了现实的基点，显得尤为珍贵。但是需要指出的是，艾利斯·扬关于个人与共同体的统一关系与马克思关于共产主义社会个人与共同体真实的共在共生的统一关系有很大不同。最为突出的一点是，艾利斯·扬认为个人与共同体的统一关系在晚期资本主义阶段就能实现，只需要进行民主政治改革，实行包容性的沟通型民主就行。相反，马克思认为要实现真正的个人与共同体的统一关系，需要推翻资本主义制度，建立一个实现个人与社会全面发展的共产主义社会。当然，艾利斯·扬关于个人与共同体关系的反思也提醒我们要警惕西方个人主义、民族主义等思潮带来的负面影响，努力推动新时代中国特色社会主义事业全面发展，积极构建个人与共同体的共生关系，实现个人与社会的全面发展，并积极推进人类命运共同体的建设。

二、社会连接责任模式的现实困境

艾利斯·扬立足美国社会的种种压迫和支配，透过个人责任的争论，敏锐察觉到个人对结构性不正义责任规范的缺失，提出了社会连接责任模式，并从内在规范与外在属性两方面予以丰富，不仅深刻揭示了晚期资本主义制度的弊端，而且发展了阿伦特提出的政治责任概念，以及关于责任与判断的关系，为定位大规模的复杂的结构性不正义的责任主体、对象、范围和责任履行提供了有效的标准。

透过艾利斯·扬构建的政治责任概念，我们可以梳理出其中的建构逻辑。随着全球化进程的深入，人与人、个人与世界之间的联系日益密切，各种问题相互交织，绝非是某个人造成的，因此也就不是某个人的责任，问题的原因、主体呈现多元性、变动性与交叉性。艾利斯·扬拨开笼罩在相互关联的复杂问题之上的重重迷雾，认为社会存在表现为各种关系，其中压迫和支配关系构成了结构性的不正义，那么，实现正义就要求所有参与了产生结构性不正义结果的社会结构进程的人都应该为此负责。在整个论证过程中，艾利斯·扬采用的是批判理论的方法，她认为批判理论是"在历史与社会的语境中所展开的一种规范性反思"①。因此，她对社群、社会结构进程、社会连接责任模式等并没有给出一个明确的定义，只是进行了多方面的界定，改变了传统责任理论对责任的主体、对象、范围、时空等方面的限制，构建了将全球资本主义宏观政治与日常生活微观政治联系起来的分析框架。相比其他世界主义或人道主义的模型，艾利斯·扬的社会连接责任模式给予全球正义责任更明确、更具体的解释：即使我们对国界之外的人负有责任，也不意味着我们对无处不在的一切人与事负责。②可见，艾利斯·扬建构的责任与正义实现之间的关系理论，实际上反映了她对后现代背景下全球化的政治意义的重新思考。这种思考适应了时代的需要，因此社会连接责任模式一经提出，便在西方学术界引起广泛回应，并被用于分析气候变化、金融危机等集体伤害的责任、女权主义的出路、对子孙后代的责任等诸多大规模复杂的议题。正如玛格丽特·摩尔（Margaret Moore）所言，"社会连接责任模式相比传统理论而言，最伟大的进步在于对集体危害的责任有更广泛的适用性。"③

当然，也有人认为这种社会连接责任模式无助于道德反思，原因在于它扩展了，而不是限制了应该对情况负责的相关人士的范围。面对大规模

---

① Iris Marion Young, *Justice and the Politics of Difference*, Princeton, NJ: Princeton University Press, 1990, p.5.

② Genevieve Fuji Johnson and Loralea Michaelis (eds.), *Political Responsibility Refocused: Thinking Justice after Iris Marion Young*, Toronto: University of Toronto Press, 2013, p.10.

③ Genevieve Fuji Johnson and Loralea Michaelis (eds.), *Political Responsibility Refocused: Thinking Justice after Iris Marion Young*, Toronto: University of Toronto Press, 2013, p.13.

第三章 政治价值视域下的社会连接责任模式

和多元化的问题，个人如何开始采取行动以履行自己的责任？此外，这种责任的范围不受位置或国家限制，那么责任范围就变得更加令人喘不过气来。对此，艾利斯·扬回应称，在存在众多结构性不正义的世界，人们需要承担的责任的确有很多。然而，这个事实不能作为反对社会连接责任模式的理由。我们应该意识到对于世界存在的不公正，我们自身也促进了它的产生，虽然这些不正义看起来不是我们任何一个人，不是我们任何一个人能够独自矫正，哪怕是与其他人一起也无力清除的，但是我们也不能因此而视而不见或无动于衷。因而我们应该转而考虑行动，思考什么是可能的，或合理的期望又是什么。正是基于这种勇敢面对现实，又不屈服于现实的，致力于为弱势群体谋求美好生活的责任感，让艾利斯·扬构建了一种试图改变产生结构性不正义的社会结构进程的政治责任理论。然而，她的政治责任概念的不确定性、动态性，使其理论不能像法律责任那样具有确定性，容易陷入无法执行的乌托邦。不过正如她本人所说的那样，她的分析不应被解释为一项提案的具体的制度设计，而是作为社会运动和政策制定者在其工作中应牢记的一套原则，这无疑为世界上有责任感的个人及国家积极承担全球化带来的问题的责任提供了一种有益的思路。

然而，无论是上一章论述的差异性的公民资格，还是这一章的政治责任，二者都缺乏实际执行的载体。鉴于艾利斯·扬将正义等同于政治，而现实的政治形式表现为民主，民主便顺理成章地成为实现正义的载体。通过民主，将差异性的群体纳入决策环节，相关公民及其他主体为履行各自的责任必然会发生观点、利益等的冲突，为此需要采取合适的民主制度予以解决或规避，以达成合乎正义的制度与决策，并通过集体行动来执行制度与决策，最终实现正义。

第四章 政治实践视域下的包容性沟通型民主

在政治哲学领域，民主、正义都是最为持久的理念，当我们严肃思考民主、正义是什么的时候，却发现二者实质上都是一个富有争议的概念。民主一词源于古希腊语"demos"，意为人民。其基本含义是，"多数人的统治，或叫人民的统治，即最终的政治决定权不依赖于个别人或少数人，而是特定人群或人民全体的多数"①。对于民主的使用却是多方面的，民主可以指一种理念、一种生活方式、一种政体，还可以指民主理论、民主实践。那么，从正义实现方面来看，民主更多的指的是某种民主理论指导下的民主实践。对艾利斯·扬而言，她的正义理论逻辑始于对分配正义范式的批判，聚焦正义实现，她认为应将关注点放到决定分配的制度背景，而民主的决策程序是实现正义的重要环节，因此，她更多的是关注民主过程中的决策环节中的正义。而且对于正义责任划分中出现的一些争议，她都诉诸民主。

正义是人类亘古不变的追求，但对于什么是正义则众说纷纭，莫衷一是。柏拉图、亚里士多德将正义视为应得；休谟将正义视为人为的德性，而非自然的德性；康德将正义理解为人外在的自由；黑格尔认为正义是在法之下的伦理精神；罗尔斯将正义等同于平等；德沃金将正义视为个人权利的平等；罗蒂认为正义即民主；福柯将正义视为权力；哈贝马斯的正义

---

① 顾肃：《论政治文明中的民主概念与原则》，载《江苏社会科学》，2003年第6期，第12页。

第四章 政治实践视域下的包容性沟通型民主

是一种程序正义;等等。艾利斯·扬认为正义在于根除带来压迫和支配的制度,使每个人获得自我发展和自我决定的能力。

近代第一位系统研究现代民主的政治哲人亚历克西·德·托克维尔,曾在其著作《论美国的民主》绪论部分断言,民主的发展是"天意使然",必将在全球范围内获得普遍胜利。究其根本,民主自身所拥有的正义性价值使其受到人类的支持和拥护,这也是托克维尔关注民主的重要理由,体现了其思想深刻性的一面。同样,艾利斯·扬认为,人们重视民主的部分原因在于,我们认为民主是反抗不正义并且促进正义的最佳政治方式。伊恩·夏皮罗(Ian Shapiro)将民主设想为一种"从属的善",在实现正义的过程中,民主的作用排在第一位。如果说,正义从消极的方向上界定就是对支配结构的消除,那么正义就意味着民主决策。有鉴于此,她以理想的协商民主为蓝本,构建了民主与正义实现之间的理想关系。然而,这种理想关系遭遇了现实与理论的双重困境。从现实来看,许多民主政府曾经制定了各种不公正的法律,或者批准实施了各种不正义的行为,而且民主过程通常会制造或者强化不正义。从理论来看,当代处于非常重要位置的聚合型民主模式以及协商民主模式,虽然支持民主与正义之间存在密切关系,但是都不同程度地陷入了不民主与不正义之间的恶性循环之中。为避免这种恶性循环,艾利斯·扬修正了协商民主模式,并提出了包容性的沟通型民主。而且在其社会关系本体论的指引下,她将包容性的沟通型模式运用到全球领域,认为全球民主与全球正义之间同样存在关联,全球正义的世界是可能的。

第一节 西方民主实践的困境

英国有句古老的格言:正义不仅应当实现,而且要以看得见的方式加以实现。民主无疑是共同的选择。无怪乎,诺贝尔经济学奖得主阿玛蒂亚·森1997年在接受日本记者采访时,记者问他:"人类在20世纪取得的最重要的成果是什么?"他沉吟半刻,郑重回答:"尽管人类在20世纪经历了太多的事件,取得了丰硕的成果,但我认为其中最重要的莫过于确立民主制度。"① 纵观西方政治理论,"民主"像"正义"一样古老,这两个词汇仿佛耀眼的明珠,串起了整个西方政治思想史。从古希腊雅典民主判处苏格拉底死刑而引发民主与正义之间的紧张关系,到今天正义理论将民主视为实现正义的重要手段,我们更深刻地体悟到民主与正义实现之间的密切关联,因而如何看待民主与正义实现之间的关系也成为一种研究政治哲学的独特视角。

一、理想的民主实践

正义和民主是两个基本的政治问题,对于二者的关系,西方政治哲学传统存在两种不同的观点:一种是否认民主的单一论,这种观点主张国家统治者应该规划具体的正义蓝图,否定民主合法性及重要性;另一种是空洞的程序主义,这种观点认为实现正义单靠民主程序就行,否定了民主的内容。这两种观点都不具有合理性,部分原因在于在现实生活中,民主与正义并不具有必然的联系,例如南非虽然实行民主制,但仍存在严重的种族歧视;更为严重的是,一些民主国家出现了不民主与不正义的恶性循环。正如,查尔斯·蒂利(Charles Tilly)所言,"或多或少在起作用的民主政权能够出现于和幸存于存在大规模的物质上的不平等之中。在两种条件下,社会的不平等阻止民主化并且破坏民主:第一,持续的差异通过种族、性别、阶级、民族、宗教和类似的宽泛分类固定为日常生活的种类不平等;第二,把这些种类的差别直接转移到公共政治。"② 还有一种原因是S.汤普森(S.Thompson)所揭示的,"政治哲学家没有足够重视民主和正义

---

① Amartya Sen, "Democracy as a Universal Value", *Democracy*, Vol.10, No.3, 1999, pp.3–17.

② 〔美〕查尔斯·蒂利:《民主》,魏洪钟译,上海:上海人民出版社2009年版,第108页。

之间的关系,一些人关注正义,他们的首要任务是说明如何公平分配利益和社会合作的负担问题,至于政治联合如何影响这种公平分配的问题则不在他们的考虑范围;另一些人关注民主,他们的基本议题是决定集体自我统治的本质和范围。这些哲学家集中考察公平决策程序的具体化,他们一般都抛弃对正义的具体论述,因为他们相信应该由公民自己决定何为公正。"①

将民主与正义结合起来思考不是艾利斯·扬的首创,在其之前的布莱恩·巴里对其思考比较深入,具有代表性。巴里把民主视为连接民众观念与代表选择的媒介,并通过宪法条文的形式得以固定,一些正义的相关因素也应该纳入到民主系统中来。虽然民主不一定产生正义,正义也不一定要通过民主实现,但是二者之间却天然存在结合点,表现为:"民主总是与排除、包容或参与联系在一起,民主的过程和结果关注的主要是哪些人能够进行选举和被选举、民主决策主要代表了哪些人的利益;传统正义理论则倾向于列出权利、福利、资源、基本善、能力等的分配条件,但在全球化和承认运动的语境下,它的规范核心逐渐从分配转向了参与"②。

艾利斯·杨认为,民主既是社会正义的一个构成要素,也是实现正义的一个条件,人们致力于发展民主的关键在于坚信民主是对抗不正义、实现正义的最佳政治手段。她关注分配正义范式所忽视的导致不正义的决策领域,以蕴含包容、政治平等、合理性与公共性等理念的理想的协商民主为蓝本,从一种具有包容性并且促进更大程度的正义的政策角度来思考民主与正义实现之间的理想关系。

首先,艾利斯·扬假定了一个政治体,在这种政治体中,人们为了继续从事他们的个人事务和彼此共同生活的集体事业,存在着集体必须面对的各种差异、冲突与问题,其成员认为他们自己是由各种共同的规则与协

---

① 贺羡:《"一元三维"正义论——南希·弗雷泽的正义理论研究》,北京:人民出版社2015年版,第226页。
② 贺羡:《"一元三维"正义论——南希·弗雷泽的正义理论研究》,北京:人民出版社2015年版,第279页。

商的程序来治理的集合体,其决策制定的程序会考虑到该集体所面对的各种问题。事实上,这个假定的政治体的背景正是艾利斯·扬的正义理论所面临的背景,即异质性的公众面临着大规模的复杂的社会问题,除非合作,否则不能解决。

其次,这个政治体的成员不同于传统的民主理论所指的法律上规定的国家或者政府,除了国家与政府,其成员也可能指各种由私人企业、大学、教会以及其他诸如此类的机构所组成的非政府性的治理实体。① 丹尼尔·艾伦(Danielle Allen)在《正义与差异政治》一书的序言中,将艾利斯·扬的这种想法视为"共同体中的共同体"②。对此,笔者表示认同。正如上文提到过的那样,艾利斯·扬的整个思想是基于社会关系本体论构建出来的,她的目的不是为诸如女性、黑人等弱势群体去单独建立某个共同体,而是针对现实中的不正义将所有参与了产生不正义的社会进程的人或机构都划定为正义责任的主体,这个共同体超越时空的界限,具有不确定性、交叉性,这也是其构建政治责任思想的重要出发点。

第三,民主讨论的主题与对象是各种存在争议的问题,而且这些问题最可能通过合作行动方式得到处理。艾利斯·扬认为有效的民主是这样一种过程,"大规模的集体在其中讨论他们共同面对的各种问题,并且试图通过和平的方式获得解决问题的方案——在这些方案的实施过程中,每一个人都将进行合作"③。通常既涉及通过最有效的方式予以解决的技术性层面的要求,又涉及在处理问题的过程中不能压制或轻视某些成员的权利与利益等规范性层面的要求。换言之,正义的承诺内在蕴涵在解决大规模集体所面对的问题过程之中。进而言之,这些问题通常被当作正义的议题直接提出。正义议题源于共同体中的个人或群体认为其受到不公正的对待,

---

① 〔美〕艾丽斯·M.扬:《包容与民主》,彭斌、刘明译,南京:江苏人民出版社2013年版,第33页。

② Young, Iris Marion, *Justice and the Politics of Difference*, Oxford: Princeton University Press, 1990, p.II.

③ 〔美〕艾丽斯·M.扬:《包容与民主》,彭斌、刘明译,南京:江苏人民出版社2013年版,第34页。

第四章 政治实践视域下的包容性沟通型民主

并要求不仅涉及通过最有效的方式实现某些目的，也涉及在此过程中不会错误地压制政治体的某些成员或者轻视他们的权利与利益。也就是说，寻求某种大规模的集体所面对的问题的解决方案往往会伴随着正义的承诺，即使它通常也会伴随着其他的考虑因素。那些问题通常会被当作正义的议题直接提出来。这些正义议题之所以会产生，是因为某些个人或者群体认为他们受到了不公正的对待，并且要求政治体采取恰当措施予以矫正或清除。①

最后，民主政治过程能促进最公正的结果的理论依据在于：（1）这个观点假定了一种理想的情境。在这个理想的情境下，所有受到那些问题及其解决方案显著影响的人都在平等与无支配的基础上被包括在讨论与决策制定的过程中，并且，如果他们会合理地互动并构建出一种人们在其中对彼此负责的公共群体，那么，他们的讨论结果有可能是最明智和最公正的。（2）在这个理想的情境下，公共协商的过程提供了那种考虑到所有需要与利益的动机，同时也提供了关于这些需要与利益是什么的知识。那些由平等的表达机会与免于支配的自由（freedom from domination）所构成的境况鼓励所有人表达他们的利益与需要。（3）参与者切实履行自身的责任。政治平等要求互惠性，每个参与者懂得他们对他人负有责任并且共同致力于达成协议，因而必须考虑到其他人的利益。因此在讨论与决策的过程中，每个人以合乎正义的被他人认可和接受的表达方式和表达内容来表达、改变和转化自己的利益或偏好。（4）由于参与讨论的所有人代表不同的社会经历及由此形成的观点，如果每个人都能自由的言说与批判，那么，理想的协商民主就为明智的、公正的讨论结果的产生提供了合理的结构与规范。

综上所述，艾利斯·扬以理想的协商民主模式为蓝本，勾画出了理想的民主与正义之间的规范关系。民主对正义的价值在于，"民主对于反抗

---

① 〔美〕艾丽斯·M. 扬：《包容与民主》，彭斌、刘明译，南京：江苏人民出版社 2013 年版，第 34 页。

不正义并且促进正义而言是最佳的政治方式"①,即从否定性意义来说,民主是纠正与反抗不正义的有效政治手段;从肯定性意义来说,民主是促进社会正义的有效政治机制。具体而言,民主的修复功能体现在,民主政治以促进正义为目标,在此目标的指引下,"民主沟通并不是通过激发某种共同善来最佳地回应这些问题与冲突,而是通过考虑各种具有差异性的关系的特殊性来最大程度地回应这样的问题与冲突。"② 虽然民主无法彻底消灭社会不公,但它能够使社会不公无法永恒化,从而减少社会不公所导致的犯罪、暴力冲突和社会动荡的发生。而且,包容性的沟通型民主能够打破现存的不民主与不正义之间的恶性循环。民主的促进功能体现在,民主制度本身就是一种正义的制度,正义是其目标和内在构成要素,为社会正义的实现提供了公平正义的政治程序。在民主的政治程序下,所有人都有可能在社会认可的措置中学习、使用合乎自己意愿的技术去参与决策,并在他人能予以倾听的情况下,表达自己对生活的感情、体验和观点,实现自我决定和自我发展。

正义对民主价值在于,在政治讨论中,人们彼此为自己的主张提供正当的理由不可避免涉及正义的原则与价值。在遇到争论时,正当性的原则将是判断各种主张是否合理的重要原则。因此,正义对政治讨论具有的实际指导效果。为了对问题进行富有成效的辩论并且形成在道德上具有正当性的决议,换句话说,在处理问题的过程中兼顾民主与正义,政治体的成员不需要设法寻求一般性的正义概念并且达成协议,因为达成某种特定的看法,通常比提出一种普遍原则更加容易。当各种关于正义的考虑在政治决策制定过程中几乎总是因道德因素而被涉及时,正义本身往往被我们无意识地视为我们的政治行为的道德界限。概而言之,正义目标主导的民主过程,为判断民主讨论的结果合理与否提供了标准,同时也部分地限制了

---

① 〔美〕艾丽斯·M.扬:《包容与民主》,彭斌、刘明译,南京:江苏人民出版社2013年版,第32页。

② 〔美〕艾丽斯·M.扬:《包容与民主》,彭斌、刘明译,南京:江苏人民出版社2013年版,第108—109页。

人们的政治行为。

二、理想民主的实践载体

晚期资本主义背景下的辩证法空间转向是艾利斯·扬的正义思想形成的一个大的理论背景。在构建理想的民主与正义之间的关系时，艾利斯·扬把目光也投向了空间正义。她明确指出，她"希望构建一种城市生活的规范性理想，来取代社群理想和被其斥为反社会的自由主义个人主义"①。其中，城市生活指的是一种与陌生人聚集在一起的社会关系的形式。丹尼尔·艾伦在给《正义与差异政治》写的序言中，高度评价此书的观点颇具先见之明，因为"它主张将现代城市生活当作民主理论的规范理想的一个源泉"②，城市为实现共同体的利益与个人的自我决定和自我发展提供了舞台。在庞大的都市里，人们尊重差异，学会了为追求社会平等既相互联系又保持差异的社会生活；异质性的公共领域为很少有机会表达自己观点的人们提供了舞台。城市生活之所以是其理想的民主与正义实现关系的载体，理由在于：

首先，城市生活规定了现代人的生活。就像英国著名地理学家多琳·马西（Doreen Massey）所指出的那样，"空间是社会的根本维度，向我们提出了'我们将如何共同生活？'这样的挑战"③。城市化为生活在资本主义社会的人们提供了根本的物质条件，生活于其中的人们不仅在地理上彼此相连，同时在生活方面也紧密相连，不过这种联系既不像社群主义者所极力追求某种统一或共性而压制个性，也不像自由主义将人视为独立的原子导致社会缺乏温情，相反，这种联系将人们划分为各种关系类型的"社

---

① 〔美〕艾丽斯·M.杨：《正义与差异政治》，李诚予、刘靖子译，北京：中国政法大学出版社2017年版，第288页。

② 〔美〕艾丽斯·M.杨：《正义与差异政治》，李诚予、刘靖子译，北京：中国政法大学出版社2017年版，序第I页。

③ 张也：《空间、性别和正义：对话多琳·马西》，载《国外理论动态》，2015年第3期，第3—4页。

群",既包括家庭、邻里网络、自愿性社团等熟悉领域的群体,又包括因政治、商业等活动而进入与陌生人相遇和交往的非熟悉领域的群体。生活在城市,个人的活动都直接或间接与他人相关,或影响他人。因此,在艾利斯·扬看来,城市生活中的人们,"几乎每一个人都依赖于可见或不可见的陌生人的行为,作为自身与他人之间、自身与自身的欲望对象的中介"①。这种关联符合其社会关系本体论,包容了各种差异群体,让他们有机会表达自己的经验与知识。同时,这种关联在全球化的背景下,随着城市化进程的不断加快,具有很强的适用性。

其次,城市生活是晚期资本主义社会的真实写照。在艾利斯·扬看来,除了城市生活营造的陌生人的社会之外,城市还反映了资本主义社会存在的各种优势与问题。正如列斐伏尔所言,"空间的形式与过程是由整体社会结构的动态所塑造的,这其中包括了依据社会结构中位置而享有其利益的社会行动者之间,相互冲突的价值与策略所导致的矛盾趋势"②。人们聚集在一起由此带来了一些共同的问题和利益,这里既有一掷千金的富豪,也有极易沦为无家可归者的弱势群体,现代城市生活早已成为现实,应该成为研究的出发点。同时,城市的不正义更好地阐释了生产与再生产分配不公的过程与关系。正如大卫·哈维强调的那样,"必须把社会行为与城市呈现的特定地理、特定空间形式结合起来"③。虽然艾利斯·扬没有明确提出城市正义或空间正义等相关术语,但其对空间不平等的批判、对区域自治、全球治理等的研究明显属于空间正义的研究主题。

最后,城市生活具备的四种美德体现了理想的民主与正义之间的关系。第一,群体的社会与空间分化并不包含排斥。城市包容而不是排斥社会群体差异,在理想的城市生活中,自由导向了群体分化,形成了各种在

---

① 〔美〕艾丽斯·M.杨:《正义与差异政治》,李诚予、刘靖子译,北京:中国政法大学出版社2017年版,第287页。

② 包亚明:《现代性与空间生产》,上海:上海教育出版社2003年版,第504页。

③ David Harvey, *Social Justice and the City*, Baltimore, Md: The Johns Hopkins University Press, 1975, p.27.

社会与空间上分化,但并不排斥的亲缘性群体。这种包容蕴含着一种差异性团结的差异内涵,即"一种并存的特殊性,既非被简化为同一性,又非全然的他者。在这一理想中,群体间并不处在吸纳或排斥的关系,而是一种不会导向同质化的交迭与混杂"①。同时,在空间上,虽然当下的城市生活存在着许多边界与排斥,但是依然能给我们以非排斥的经验启示。比如,在存在明确的族群认同的社区中,也有其他群体的成员和谐地生活于其中。而理想的城市,边界是开放的、不确定的,当人们从一个有着鲜明特色的社区进入另一个鲜明特色的社区,并不能感觉到二者边界的存在。第二,包容多样性的差异性生活空间。在理想的城市,由于社会空间的多重分化,产生了差异性的空间,承担了满足居民个性化需求的功能。正如艾利斯·扬所言:"当住宅区中点缀着商店、餐馆、酒吧、俱乐部、公园和办公室时,人们会对其邻居有一种邻居的感觉……与纯居住性的社区相比,商务人士和居民都会对这样的社区产生更多的认同与关注"②,因此更加有利于保障城市的民主与活力。第三,激情(eroticism)。激情指的是对他者的吸引,即一种当个人偏离其安全的日常轨道与一些新颖、奇怪和令人惊讶的事物相遇时的愉悦与兴奋。城市生活将差异实体化为了激情。城市的激情来源于我们与一种不同的、不熟悉的主体性和意义体系的相遇;源于城市明亮多彩的灯光、风格迥异的建筑等物质美学;源于不断提供欣喜与惊奇的城市的社会与空间。然而激情的背后,体现的是城市生活的多样性、包容性。第四,公共性。城市生活提供了一种不同于政治家所谓的公共领域,在街道、广场、公园等城市公共空间,人们坐在一起,或交流或欣赏美景甚至只是旁观路人,他们不是一种被共同的终极目标框定的社群。他们也可能在这些公共空间与追求政治诉求的人们相遇,但如果在其他情况下,他们可能会避开这些人。

---

① 〔美〕艾丽斯·M.杨:《正义与差异政治》,李诚予、刘靖子译,北京:中国政法大学出版社2017年版,第289页。
② 〔美〕艾丽斯·M.杨:《正义与差异政治》,李诚予、刘靖子译,北京:中国政法大学出版社2017年版,第290页。

综上所述，艾利斯·扬所描述的理想的规范性城市生活，事实上涵盖了理想的协商民主的诸多内涵：包容、政治平等、合理性以及公共性，构建了一种实现正义的理想的环境。她将理想的规范性城市生活作为理想的民主与正义关系的来源，不仅抓住了晚期资本主义如火如荼的城市化进程，也超越了社群主义与自由主义关于正义的宏观话语体系，将正义话语向微观领域与空间领域延伸，从而为其关注空间正义埋下了伏笔。

三、当代西方民主实践的双重困境

艾利斯·扬基于协商民主的理念构建的民主与正义实现之间的理想关系遭遇了现实和理论的双重困境。这种双重困境可以用"恶性循环"来概括。在她看来，当代西方民主政治的主要缺陷就在于，"在存在着由财富与权力引起的结构性不平等的地方，形式上的民主程序有可能会强化这些结构性的不平等，因为有权有势者能够使那些拥有较少权力的人的声音与议题边缘化"①。虽然协商民主模式提供了一种关于批判社会排斥、打破这种恶性循环的有益设想，但是现实中关于协商民主的解释与实践本身过于狭隘，或具有排斥性，不能很好地应对大规模的结构性不正义。从而，协商民主也遭到了来自多方的挑战与质疑。

从现实来看，伴随着城市空间日益浓厚的政治化、权力化、资本化，空间正义问题也越来越多，尤其是蕴藏其中的压迫与支配问题却不为协商民主所关注。在艾利斯·扬看来，事实上，城市的集权化企业和官僚统治、市政当局的决策结构及其隐藏的再分配机制以及在城市中和城市与郊区之间的隔离与排斥，掩盖了造成压迫与支配的社会结构、过程与关系。具体而言，体现为以下三点。

第一，城市发展对资本的依赖造成了城市决策权的旁落。随着城市的公共财政越来越依赖于企业资本，依赖于庞大的官僚机构的财政支持，来

---

① 〔美〕艾丽斯·M. 扬：《包容与民主》，彭斌、刘明译，南京：江苏人民出版社2013年版，第42页。

维持其经济基础设施的健康运行、城市空间的开发与运营，因而城市在公司决策者面前变成了卑微的乞求者，在国家面前也渺小无力。市政经济体借助对集权式的官僚制度的支配，从城市规划的顶层设计方面创造了"一个以效率和笛卡尔式理性为特点的抽象空间，支配并取代了人类运动与交往的生活空间"①。这点在危险废弃物处理站的选址方面体现得尤为突出。②

第二，地方一级的决策及决策过程生产或再生产了不正义。艾利斯·扬认为这是福利资本主义社会决策去政治化的表现。斯蒂芬·埃尔金（Stephen Elkin）认为受制于企业与国家支配的城市和市镇政府，土地的使用与区划方面的决策更多地被由资本主义开发商、城市官僚和选举产生的城市官员所组成的"三角"在一个半私密的过程中完成，这仿佛成为一种惯例，很少有人质疑。然而，这种决策框架下形成的决策结果往往偏重大的、光鲜的、见效快的项目，忽视了对城市居民生活的影响，加剧了不平等。这种决策机制也是大卫·哈维揭示的导致城市中社会不平等和压迫的三种"隐藏机制"中的一种，另外两种分别是对城市居民造成严重的再分配影响的位置（location）和适应性（adaptability）。

第三，城市空间的功能分割造成了在城市中和城市与郊区之间的隔离与排斥。艾利斯·扬认为科层理性将一个抽象的秩序与功能空间强加于内在要求多用途互动的生活空间之上，带来城市功能空间的分割并由此强化了压迫与支配。例如，工作场所与住宅区的分离，导致工作者的利益被分割为车间的工作者与消费者和居民；公民无法进行大规模的集体行动；居住区与购物中心、工厂、学校、公共广场等的分离，对女性尤其是生活在郊区的母亲造成极大的影响，它将这些女性的职业限制在住宅区附近的为数不多的低薪文职和服务行业，甚至是时薪工作上，造成收入的微薄与不

---

① 〔美〕艾丽斯·M.杨：《正义与差异政治》，李诚予、刘靖子译，北京：中国政法大学出版社2017年版，第295页。

② Christian Hunold and Young, Iris Marion,"Justice, Democracy, and Hazardous Siting", *Political Studies*, Vol.46, No.1, 1998, pp.82-95.

稳定，带来收入的不平等，进而加剧了性别的不平等。加剧了性别的不平等。城市功能空间的分割造成的市镇本身的法律分离是对社会正义的最深远的影响。城市自治成为大多数城市的最大负担。以上三个方面的压迫与支配，带来了晚期资本主义社会的严重不正义。

就具体政治决策过程而言，现代民主政治具有明显的外部排斥以及隐藏的内部排斥。所谓外部排斥（external exclusion），就是指那些"本来应当被包括进来的群体和个人被有意无意地排除在讨论与决策制定的论坛之外"①。比如，有权有势的人通过回避公共监督、购买影响力，或者建立各种具有排斥性的自行命名的委员会，秘密协商设定议程，制定各种方针政策并纳入公共讨论之中，将某些个人或团体排除在参与之外，从而违背了民主规范的公共性。再比如，美国存在的各种难以处理的、歧视性的投票人登记规则，将一大批想参与讨论与决策的人因有意或无意设计的听证时间或地点而无法参加，排斥在外。尤其是受权力或资源不平衡的影响，如果政治决策不能按照实业家或金融家的意愿制定的话，那么他们就缩减某个地区的投资，也就是说他们实施了具有排斥性的暴政。大多数民主理论家注意到了类似将人们阻挡在讨论与决策过程之外的外部排斥问题，因此提出了诸如提高透明度、增加机会等要求。而所谓的内部排斥（internal exclusion）指的是来自参与公共讨论的内部人士的排斥。比如，当穷人、女性等弱势群体有机会进入公共决策领域，但是他们遭遇到一种新的排斥方式，即"其他人对于他们的陈述与表达会采取忽视、不予考虑或者以庇护者自居的态度"②，似乎他们的观念或表达模式是无知的、可笑的，不值得考虑。艾利斯·扬认为，相比赤裸裸的外部排斥，内部排斥的方式更为隐蔽，且不受重视。

从理论来看，协商民主理论遭遇来自各方的挑战与质疑。本哈比将其

---

① 〔美〕艾丽斯·M. 扬：《包容与民主》，彭斌、刘明译，南京：江苏人民出版社2013年版，第66页。

② 〔美〕艾丽斯·M. 扬：《包容与民主》，彭斌、刘明译，南京：江苏人民出版社2013年版，第68页。

第四章　政治实践视域下的包容性沟通型民主

概括为三个方面：自由主义理论指责其侵蚀个体自由、动摇法治根基；女性主义质疑其遮蔽公共表达中的情感性、多样性以及差异；制度主义与现实主义批判其暗含全民表决和反制度的意涵。戴维·米勒认为这些批判来自于现实主义、社会选择论以及差异民主论。国内学者陈家刚将其概括为精英主义的批评、自由主义的批评以及协商民主理论家本身的批评。① 三者的观点事实上没有区别。围绕民主与正义实现，笔者将这些挑战与质疑概括为以下几个方面：

一是民主的参与主体不平等。桑德斯认为，在协商制度中强势和弱势群体之间存在着不平等，穷人、少数民族、女性等弱势群体容易受那些教育程度高、社会地位较高、深谙协商技巧的社会阶层的支配。米勒认为，包括少数民族在内的弱势群体"唯一真正的资源只是唤起其同伴公民正义感的能力，并使用它赢得有利于他们的政策"②。现实主义的哲学家则更深刻地指出，这种不平等内在根源于协商民主本身并不适用于治理大规模的复杂的社会问题，因而无论是从民主参与的主体范围还是协商的成效来看，协商民主都无法适应时代的要求。对此，一些支持协商民主的理论家也予以了积极回应。其中，本哈比明确指出，现实主义从现实社会的复杂性角度质疑协商民主的公平性与公共性，事实上忽视了协商民主的最重要的制度特征，即通过众多公共领域和公共对话组成一个多元异质的对话体系。话语伦理模式为协商民主模式的有效性诉求提供了最普遍的原则和道德直觉。詹姆斯·鲍曼（James Bohman）认为，当前的协商民主确实受到现实复杂性的冲击，但是现实主义也忽视了社会制度与公众之间的相互依赖性，通过与公众之间的互动，协商民主制度能够应对这种挑战。

二是程序设计无法得出类似于普遍意志的东西。社会选择理论家肯尼斯·阿罗（Kenneth Arrow）认为协商民主企图通过多数投票方式从一系列

---

① 陈家刚：《协商民主研究在东西方的兴起与发展》，载《毛泽东邓小平理论研究》，2008年第7期，第75页。

② 〔南非〕毛里西奥·帕瑟林·登特里维斯：《作为公共协商的民主：新的视角》，王英津等译，北京：中央编译出版社2006年版，第140—158页。

个人偏好中得出共识,且是其唯一方式,这种方式决策程序不仅有将多数人的观点当成全部社会成员的观点造成民主多数的暴政偏向,而且不免具有任意性和不确定性,从而最终质疑协商民主结论的合法性。威廉·赖克(William Riker)认为没有一种机制能够衡量大众意志的单独存在,通过集体选择人民的意愿不能代表所有人的观点,而且投票的结果是可操纵的,民主是无意义的。面对社会选择理论家的质疑,一些捍卫协商民主的理论家予以了反击。格里·迈吉认为赖克与奥斯丁·史密斯建立了一种关于立法者会讨论的博弈理论模型,其结论倾向于表明决议没有全面反映所有成员的偏好,且可能是内在不一致的。他反对这种观点,并论证说明民主是战胜欺骗的最好方式。本哈比则基于话语伦理的协商民主,"一方面,在对话一开始就预设了对话者之间相互承认对方的道德权利;另一方面,这些权利又被视为对话的结果"①。因而,避开了协商民主得出的结论不符合少数人的权利的恶性循环。

三是无法实现正义。一些协商民主理论家认为,面对复杂社会中的结构性不平等问题,公民受地理位置、时间、能力等多种因素的限制无法掌握及充分利用各种信息,以进行有效的协商,达成决策。相反,协商民主的一些制度强化了其力图避免的"派系的危害",用策略取代了争论和讨论,民主沦为多数人的统治。② 罗伯托·加格瑞勒援用美国国父们对民主确保公正的公式——完全代表(full representation)+协商,指出仓促的决议与不完善的或不完全的代表是实现政治措施公正性的两大障碍。他认为目前的政治制度不能实现正义的原因在于缺乏对社会的完全代表。因此,他提议对目前的代议制进行重大的改变以符合协商与完全代表的标准。③

---

① 〔美〕塞拉·本哈比主编:《民主与差异:挑战政治的边界》,黄相怀、严海兵等译,北京:中央编译出版社2009年版,第85页。
② 〔美〕詹姆斯·博曼:《公共协商:多元主义、复杂性与民主》,黄相怀译,北京:中央编译出版社2006年版,第1—2页。
③ 〔美〕约·埃尔斯特主编:《协商民主:挑战与反思》,周艳辉译,北京:中央编译出版社2009年版,第258—259页。

第四章　政治实践视域下的包容性沟通型民主

面对这些挑战与质疑，一大批社会理论和政治理论家致力于在当代社会条件下重新构想新的制度设计。杰拉德·弗鲁格（Gerald Frug）认为要解决国家和企业官僚机构对城市决策的支配，需要进行法律、经济和社会改革，赋予市政当局对其境内大部分活动的自治权。穆雷·布什（Murray Bookchin）也赞同将经济活动市政化，建立小型、分散、自治的地方社群，于其中的人们通过面对面的交往、讨论和决策来履行公民的责任。对此，艾利斯·扬认为这种愿景固然有吸引力，但她质疑这种将民主等同于自治性地方社群的分权的普遍观点，提出区分地方赋权与地方自治，主张地方赋权，扩大通过民主进程做出决定的范围。对于具体政治民主过程，古特曼（Amy Gutmann）认为必须使分配公正成为民主参与制度的必要条件，民主程序必须由平等自由原则和大致的分配平等原则共同限制。对此，艾利斯·扬并不认同，她认为古特曼将参与程序制度化的基础划为分配正义，不仅加剧了民主的不确定性，而且固化了现实的分配不公，因此主张经济平等与民主应互相培育，共同推进社会正义。埃尔斯特探讨了公共协商模式和政治生活的关联性，强调要认真对待制度和宪政的设计问题。在本哈比看来，他将问题转化为如何在市场和论坛之间准确地为政治进行定位。① 和埃尔斯特不同的是，克劳斯·奥菲（Claus Offe）对话语民主模式充满同情，呼吁对民主与正义的"联合的构想"进行具体思考，赋予"联合的构想"在法律—制度层面以及公民社会的合作领域，尤其是公共领域中以适当的位置。② 德雷泽克明确将协商民主的规范理论转译为制度化的政治现实，认为协商民主和社会复杂性之间可以兼容，与问题分解、系统建模以及结构整合相比，话语实践更有助于复杂社会问题的解决。③ 桑德尔主张用"诉说—倾听"机制代替协商机制。艾利斯·扬在肯定协商民主

---

① 〔美〕塞拉·本哈比主编：《民主与差异：挑战政治的边界》，黄相怀、严海兵等译，北京：中央编译出版社2009年版，第93页。

② 〔美〕塞拉·本哈比主编：《民主与差异：挑战政治的边界》，黄相怀、严海兵等译，北京：中央编译出版社2009年版，第93—94页。

③ 〔美〕塞拉·本哈比主编：《民主与差异：挑战政治的边界》，黄相怀、严海兵等译，北京：中央编译出版社2009年版，第94页。

强调包容、政治平等、合理性以及公共性理念的同时,指出协商民主也带来了内部排斥,主张通过包容的沟通性民主来建构协商民主,推进正义的实现。

第二节　包容性的沟通型民主的政治实践

透过艾利斯·扬的成名作《正义与差异政治》,我们知道她的正义理论的逻辑始于对分配正义范式的批判。她认为,分配正义范式忽视了产生分配不正义的结构性的、制度性的背景条件,并与迈克尔·沃泽尔一样,将注意力从分配本身转移到观念和创造,并倾向于分配正义忽略的非分配的议题:决策的结构和过程、劳动分工与文化。正因如此,在时隔十年之后出版的《包容与民主》中,艾利斯·扬在其社会关系本体论的指导下,从民主与正义之间的关系视角来考察现实的民主制度与实践,并通过聚焦协商民主决策环节,对产生不正义的决策环节予以批判与建构,提出了以包容为主题的沟通型民主,而且包容性的沟通民主也是人们解决正义责任划分难题的一个重要载体。

一、协商民主的批判

包容性的沟通型民主,从日常生活出发,赋予包容以多重涵义,以应对晚期资本主义社会大规模的结构性的不正义问题,同时以城市生活作为民主的规范来源,丰富了民主理论,也深化了民主与正义之间的关系。值得强调的是,虽然艾利斯·扬的最后一部著作是《正义的责任》,但是无论是《正义与差异政治》,还是《包容与民主》,都能看到其中蕴含的责任思想。因此,笔者并不赞同那种按照艾利斯·扬著作出版时间来归纳整理她的思想,而是认为应从她的世界观出发,重构其正义理论。

正如艾利斯·扬所揭示的那样,协商民主具有包容、政治平等、合理

第四章　政治实践视域下的包容性沟通型民主

性以及公共性等特质，这使得协商民主能够应对一定程度的社会排斥，推进正义的进程。然而，某些关于协商民主模式的解释使其过于狭隘，或者使其本身具有排斥性，因而不能应对大规模的结构性不正义。据此，艾利斯·扬展开了对协商民主的四重批判。

批判决策中的沟通方式。艾利斯·扬指出，论证指的是一系列从前提到结论的有序推理链条的构建，对于政治讨论确实具有重要贡献。然而，某些协商民主明确赋予论证以特权（privileging argument），认为只有首先设定所有参与讨论者都能够接受的前提以及关于议题的概念框架和规范体系，才能顺利进行协商。

这一特权思想可能带来三方面的问题：首先，隐藏了一些观点。它人为排除了现实生活中存在的复杂性、异质性，也就无法应对利奥塔所说的"延异"（differend）问题，即发言人与接受信息人"发生相对立的冲突的'规则'是运用其中一方的习惯用语制定出来的，然而，另一方所遭受的不公正则不能通过运用这些习惯用语被表述出来"[①]。换句话说，一些普遍性的讨论规则或惯例排斥了那些在共同见解中没有得到表达的需要。其次，赋予了某些人以优先权，且使其他人处于不利地位。论证的合理性的意愿与能力蕴藏于沟通行为之中，那些受教育程度高的群体因清晰、敏锐的表达模式被隐形赋予了特权，而那些受教育程度不高的群体，如表达方式结巴的、有缺点的女性、残疾人、少数族裔等便因在讨论中处于不利地位而被边缘化。协商民主假定理性与情感、书面语言与形象化的语言是对立的，将客观性等同于平静的和缺乏感情的表达与措辞，而且将不同的表达方式与身份相联系，从而为公平沟通设置了诸多障碍。

总体而言，赋予论证以特权事实上造成了政治讨论中的理性话语霸权。因此，当科恩（Joshua Cohen）、庄泽克（John Dryzek）以及哈贝马斯等协商民主理论家致力于论证政治决策的正当性而使理性凌驾于权力之上时，艾利斯·扬则批判性指出协商理论家忽视了人们之间存在不同的言谈

[①] Jean-Francois Lyotard, *The Differend: Phrases in Dispute*, Minneapolis: University of Minnesota Press, 1988, p.9.

方式和理解方式的事实,并从以下方面予以批判。

第一,批判决策中的一致性。艾利斯·扬指出,协商理论存在两种一致性,一种是协商的先在条件的一致性,另一种是追求协商目标的一致性,然而两种赋予一致以特权(privileging unity)在她看来会带来诸多问题。

以沃尔泽、米勒、曼斯布里奇等为代表的民主理论家,将民主视为一种协商办法的协商民主理论家赋予先在条件以一致性。沃尔泽认为,那种令人印象深刻的社会批评家往往确立并诉诸某种共同体先在的共同理解,比如民族就具有某种由各项价值与传统所组成的核心,能够被复兴和重新激活,促成反思性的社会批评与行动,从而增强批判的效果。米勒明确指出只有由民族性所提供的共同意识,才能维持协商必不可少的信任与尊重。曼斯布里奇认为一种依赖于讨论的参与型的民主论坛仅仅适用于人们已经拥有许多共同的目标、利益、生活经历的境况。这种赋予协商先在条件以一致性的做法,在艾利斯·扬看来,至少存在两方面的问题:一方面,它忽视了在多元和结构性差异的社会现实中,人们缺乏对解决有关冲突和集体问题的共同性观点;另一方面,它回避了从利己主义向集体利益转化的必要性。二者事实设想了一种封闭性的政治群体,于其中的群体只认同与自己利益相同的其他群体与利益。

以本杰明·巴伯(Benjamin Barber)、哈贝马斯等为代表的协商民主理论家意识到共同前提的不足,进而将关注点转向了追求协商目标的一致性。巴伯特别强调了公共讨论过程如何使人们从各种私人利益转化到共同利益,指出个人会"调整自己的人生计划以适应那些关于某种共同世界的指导原则",而这一共同世界"将个人的需要与欲望共同整合于某种单一的所有人在其中都能够享有的关于未来的想象中"。[1] 哈贝马斯的交往行动理论虽然也强调对话,但对话的目的在于相互理解,从而达到共识。因而,他主张在交往模式中,参与者寻求共识,并使其与真理、正当性以及

---

[1] Benjamin Barber, *Strong Democracy*, California: University of California Press, 1984, p.224.

第四章 政治实践视域下的包容性沟通型民主

真诚相比较。艾利斯·扬认为这种追求协商目标一致性的做法，直接忽视了那些由利益、经历与亲密关系所组成的特殊性，因此至少存在三方面的问题：首先，在社会不平等的环境下，关于某种共同善或普遍利益的观点通常会作为一种排斥的手段，将经济上或社会上处于弱势地位的少数派排除在外；其次，将共享的价值与利益演绎为追求某种共同善的做法容易限制协商议程，致使某些观点无法表达出来；最后，即使在一种结构良好的协商民主的框架内，分歧与冲突也是不可避免的，追求共同善的做法，容易使有难度的议题从讨论中清除出去。而事实上，"在存在着各种会引起深层次的结构性利益冲突的情况下，政治沟通过程会更多地涉及斗争而不是一致同意"①。

第二，批判决策的环境。艾利斯·扬指出，协商理论臆想的是一种面对面的讨论。如巴伯提议将各种邻里关系会议团体当作强势的以讨论为基础的参与性机构的基础。约翰·德雷泽克一方面认为各种话语设计方案除了存在于各项地方性议题之外，还应扩展至全球性的议题；另一方面却拒绝与抵制各种代表性的机构。这种面对面的互动，接受的是哈贝马斯关于民主过程中"中心式的"想象，含蓄地将民主过程设想为一种在结束时制定出各项决策的大型会议。

然而，在艾利斯·扬看来，在大规模的政治活动中，决策面对的议题大多是跨越空间的、成员之间关系复杂的问题，如全球环境危机、全球贫困等。在由数百万人组成的复杂共同体中，民主沟通存在于各种不确定的、重叠着的和充满分歧的讨论与决议中，民主过程中"中心式的"想象下的小规模的、封闭的决策产生环境远远不能适应这种大规模的、开放的、复杂的社会结构性不正义问题。因此，提出一种"去中心的"（decentred）社会与政治概念，假定民主政治活动发生在大规模的、复杂的社会进程之中。

第三，批判决策秩序预设。协商民主关于决策秩序的预设，一步步将

---

① 〔美〕艾丽斯·M.扬：《包容与民主》，彭斌、刘明译，南京：江苏人民出版社2013年版，第55页。

人划归为不同类型的人,从而将人视为符号、标签,限制了不同观点的表达及观点的接受程度与范围。艾利斯·扬指出,虽然没有一位协商民主理论家明确说明协商民主所蕴含的秩序假设,但是在实际民主过程中表现出了对有礼貌的、有秩序的、不带感情色彩的和有绅士风度的论证的偏好,并将其等同于具有合理性、开放的公共辩论,没有顾及在民主过程中存在支配关系而需要无秩序(disorderliness)批判性沟通工具,比如游行、示威等。

由于对决策秩序的预设,在实际民主过程中很容易将那些符合秩序的人定位为温和与节制的人,而将那些运用无秩序沟通方式的人贴上"极端"的标签,从表达方式上升为性格的描述,并最终作为评判其观点是否具有理性的直接标准。因此,这种对决策秩序的预设带来的问题是明显的,其一,否定了某些具有创造精神的抗议行动与群众动员等表达方式的作用。如公众游行示威在某种程度上通常是无序的、混乱的,策划者有时候甚至致力于使混乱无序最大化,然而,它却是一种重要又有效的问责支配者的方式。其二,造成一些人拒绝参与或支持这类激进的运动。一些人为避免被贴上"极端"的标签,拒绝参与或支持类似公众游行等活动,从而影响活动的受众面和效果。其三,降低民主决议的合法性与合理性。在对秩序进行预设情况下,从参与者的广度、类别、决议形成过程及决议的影响力来看,决议的合法性与合理性均受质疑。

艾利斯·扬进一步指出,她对决策秩序预设的批判并不意味着接受任何政治事情,因此也需要对游行示威以及抗议活动采取适当的限制,以营造真正有利于劝导与说服抗议者的环境。同时,她认同尚塔尔·墨菲(Chantal Mouffe)将对抗性的多元主义视为现代民主的本质要素的观点,提倡一种多元主义的民主秩序。当然在这种对抗型的沟通中,公民应以开放的、能够做出理性判断的、批评的态度来与他人论战,并以实现正义为目的。

二、协商民主的新设想

艾利斯·扬从民主与正义实现的关系出发，针对协商民主存在的问题给出了相应的改进建议。

首先，扩展民主沟通形式，强调问候、修辞、叙事等沟通形式，改变协商民主赋予论证以特权的状态。艾利斯·扬认为以讨论为基础的民主概念强调包容是一种增强各种意见与经历被公开表达出来的能力的手段，它应当注意不要去设想一种具有太多限制性的正当的政治沟通观念。协商民主强调从前提到结论的有序推理过程，不带感情色彩以及在沟通中的等级与顺序意涵，无法应对充满异质性、复杂性的社会结构和社会互动，提出补充问候、修辞、叙事等沟通形式，构建一种更加开放的政治沟通的情境，关照民主过程中的差异。

作为对协商民主造成的内部排斥的回应，艾利斯·扬重点论述了问候、修辞、叙述三种沟通模式的政治价值。她认为，问候事实上承认了公共群体及其观点的多样性；修辞肯定了习惯用语、语调与形象化的比喻等表达方式在沟通中的重要作用，塑造了各项主张与论点，激起了从理由到判断的转变，有助于达成某些决议；叙述回应了利奥塔的"延异"，以讲故事的方式揭示各种价值、优先权或文化涵义的来源，展现来源特定观点的全面的社会知识，增进不同群体的理解。对此，学术界也提出了质疑。他们认为艾利斯·扬注重问候、修辞与叙述的政治功能，削弱了论证带给民主决策的正确性，贬低或忽视了区分真实与虚假、诚实与欺骗、理性同意与操纵等重要的规范性问题。塞拉·本哈比还明确提出反对意见，认为尽管问候、修辞与叙述在日常生活中确实是非正式的沟通方式，但是每一种可能都是并且通常是表面上的、虚伪的，只不过是通过阿谀奉承或者空想而不是推理的方法操纵他人赢得同意。[①] 面对质疑，艾利斯·扬认为三

---

① 〔美〕塞拉·本哈比主编：《民主与差异：挑战政治的边界》，黄相怀、严海兵等译，北京：中央编译出版社2009年版，第90页。

种沟通方式的确存在操纵与欺骗的危险，但是这也为各种理论家和那些希望设计出包容性的协商实践的人，提供了更加细致的思路与评价方式。

其次，修改民主沟通的目标，强调相互理解、合作以及实现正义，否定协商民主对一致的过分关注。艾利斯·扬认为协商民主超越那些由利益、经历以及亲密关系构成的特殊性，追求共同善或共同利益的做法，通常会带来排斥、限制某些观点的表达，将某些具有难度的议题从讨论中清除出去，并引发深层次的分歧。因此，她提出将民主沟通的目标改为相互理解、合作以及实现正义。艾利斯·扬的这一认识始于对新社会运动的分析。她认识到，新社会运动的兴起，源于社会差异所导致的压迫与支配。新社会运动所广泛动员起来的工人、女性、少数族裔等社会群体被视为民主的"他者"或"特殊利益集团"，而非进行平等对话的"你"，从而彰显了对诉诸某种共同善表示怀疑的特性。

通过对新社会运动特性进行分析，艾利斯·扬认为，以实现正义为目标的民主讨论与决策需要注意以下几个方面：其一，关注参与讨论的社会群体的社会地位、结构性权力与文化依附关系，防止强调共同善而忽视其他群体的利益。其二，警惕以共同善为目标的民主讨论的三个变种：新共和主义（neo-republican）、自由主义的民族主义（liberal nationalist）和激进的社会主义。其中社群主义者珍妮·厄尔斯坦（Jean Elshtain）认为女性主义者等忽视了自己对于促进涉及每一个人的共同善的责任，因而破坏了共同善；米勒将各种以群体为基础的社会运动还原为少数族裔在民族国家的背景下寻求承认的要求；托德·吉特林或大卫·哈维等左翼学者认为女权主义者、土著居民或反种族主义者的社会运动或提出的有关正义主张，已经使不断进步的政治分裂为分离主义者的飞地。这三者都认为，各种具有群体特性的政治运动会使民主处于危险之中，分裂或破坏公共讨论，创制争吵不休的和利己主义的领地，使富有意义的沟通成为不可能。事实上，这三种观点都潜在地将公民划分为两种公民，一种是处于某种单一的话语公众群体中的具有个体性的公民，一种是其他为了寻求共同利益而将其特殊利益搁置起来的无差异的公民，这显然忽视了现实中公民的异质性。其三，强调差异的社会群体是民主沟通的资源而非障碍。不同的社会

第四章 政治实践视域下的包容性沟通型民主

群体在知识、经历等方面具有差异性，但是他们又是彼此相互联系的。他们有着基于自身的地位与境况构建起来的群体身份认同。由此，不同的社会群体在民主讨论与决策过程中，能够提供不同视角，增强决策的合理性，增加实现正义的可能性。

第三，预设超越时空的、去中心化的讨论环境，矫正协商民主面对面讨论的臆想。艾利斯·扬认为协商民主将民主讨论限制在协商者直接面对的论坛、小型城镇或者立法机构中，无法面对当前大规模的公众社会，如何使数千里之外的受灾者得到救济等关联数百万人的问题与冲突。因此，她认为必须假定民主政治活动发生在大规模的、复杂的、社会过程的环境中，提倡一种社会和政治去中心化（decentred）的概念，以包容性的群体代表制概念化行动者的差异关系，参与跨越时空、不同领域的民主过程。具体而言，这种"去中心的"协商民主，具有几个特点：其一，民主过程具有开放性与公共性，不是静态的机构与制度；其二，参与其中的社会群体既会跨越时间与空间，又会跨越不同的观点与视角进行交流；其三，不同于主张民主的权限与职权都是权力分散的观点。

"代表"本身有多种含义，艾利斯·扬不认同那种将代表描绘为代替（substitution）或者具有同一性的概念，她认为代表反映了一种政治行动者之间的具有差异的关系，其中代表参与了某种在时间和空间上存在延伸的过程。群体代表权是包容性的群体代表制的一种措施，它解决了某个人如何能代表许多人的意见与经验的难题。艾利斯·扬认为群体代表权的措施是受到不公正的排斥的议题、分析、立场或观点获得发言权的最佳方式。据此，艾利斯·扬驳斥了三种认为代表制与真正的民主不兼容的观点：其一，用直接民主反对代表制不够强有力的观点。对此，她认为这种观点拒绝正视民主过程中所具有的复杂现实，同时错误地将代表制和参与对立起来。其二，用直接民主反对代表制关于大规模的社会与政治体决策环境的假定。对此，她采用了罗伯特·达尔（Robert Dahl）的观点来反驳。达尔认为即使是关于权力分散的直接民主的想象也不可能废除代表制，除了那种小型的委员会之外，时间与互动方面的特征也导致了事实上的代表制。其三，用参与度来反对代表制。这种观点认为代表制以损害协商过程中的公民参与为代价而扩大了参与。对此，她认为这是对代表与委托人之间存在微弱的关系的反映，包容性的代表制是一种由预期与回顾组成的过程，会依据各种授权与问责的行为促进代表与委托人之间的交流。

最后，提出更具对抗性的民主过程，打破协商民主关于秩序规范的设想。针对协商民主关于秩序规范的设想，艾利斯·扬认为在各种社会群体差异与大规模的不公正的社会中，自己更倾向于将民主辩论看作一种斗争的过程。她所理解的斗争过程的涵义包括：其一，斗争表现为公民彼此进行沟通性的接洽过程，而非与敌人的对抗过程。其二，斗争原因在于民主过程所涉及的议题必然包含着处于不利地位和处于优势地位的集团与群体，为了表达自己的观点并说服他人接受自己的观点，处于不利地位的群体不具备处于优势地位的群体的资源、权力，因此他们除了斗争别无选择。其三，斗争方式除了就议题与结果同他人进行辩论之外，"那种无序的、混乱的、令人讨厌的或令人不安的沟通方式通常是必不可少的，或者是有效的因素"①。

虽然尚塔尔·墨菲赞同艾利斯·扬将民主过程描述为斗争的过程，但是也有不少人提出了反对意见。比如，认为将民主视为斗争的过程与聚合型民主没有区别。对此，艾利斯·扬回应称，虽然聚合型民主也将民主理解为一种在各种具有差异的政策之间的竞争性过程，但是它不能区分有权有势者的意志与规范的、正当的结果，不能区分主观偏好与关于正义或权利的判断，因而必须予以批判。相比之下，将民主视为斗争的过程的民主理论家并没有显示出通过聚合的形式来争取权利的迹象。而且，他们还拒绝支持各种关于正义或正当性的规范。在这一点上，艾利斯·扬并不赞同。相反，她的论战型的民主模式保留了协商民主所具有的特征，即达成规范性的沟通倾向以及将私人的利益转化为对正义的公共诉求。

---

① 〔美〕艾丽斯·M.扬：《包容与民主》，彭斌、刘明译，南京：江苏人民出版社2013年版，第62页。

三、包容性的沟通型民主中有关政治责任的履行

在批判性继承协商民主的基础上，艾利斯·扬认为要兑现政治平等的承诺，必然需要民主的制度与实践明确地采取各种措施，而面对现实民主存在的恶性循环，包容是打破这种循环的最佳选择，否则诸如女性、少数族裔等社会群体的视角在民主讨论中就可能不存在。艾利斯·扬最终将自己回应这些批判的思想汇集为包容性的沟通型民主（communicative democracy）思想，同时融入了政治责任思想，深入探讨民主与正义实现的关系。

沟通型民主的出发点是兑现政治平等的承诺。在产生正义的最重要的政治决策环节，还存在着一些社会群体由于外部排斥或内部排斥而不能有效表达自己的观点与意见。这种政治上的不平等源于社会群体经济或文化上的不平等，同时反过来又加剧了经济和文化上的不平等，造成一种不民主与不正义的恶性循环。艾利斯·扬认为沟通型民主的初衷就是要承认社会差异，打破这种恶性循环。

包容是沟通型民主打破民主的恶性循环的主要理念，是其核心概念。在艾利斯·扬看来，民主的包容的价值表现为：一种证明平等尊重的重要方式、一种保证所有正当的利益在政治体中都能得到表达的重要手段、激励那些参与政治辩论的人把来源于利己主义的观点转化为对正义的呼吁以及将信奉民主的公众群体所获得的社会知识扩展到最大的程度，以有助于做出公正、明智的决策。包容体现在以下几个方面：一是承认政治体的所有成员作为公民享有正式的和抽象的平等。二是承认社会群体之间存在各种差异与分歧，需要通过各种条件来保证各个社会群体表达它们的需要、利益与观点。三是具体到民主讨论与决策环节，包容表现为综合利用论证、问候、修辞、叙述、倾听等多种沟通方式。四是包容不代表身份政治。包容虽然是对社会群体差异的肯定，却不同于身份政治的关系与公共行动。五是包容需要通过代表制来落实。在由数百万人组成的复杂的政治体中，民主沟通存在于各种不确定的、重叠的和充满分歧的讨论与决议中，它在时间和空间上都是分散的。那么，在不确定的、去中心的大规模

的政治中，包容性的沟通关系需要政治代表。本节所探讨的就是包容性的沟通型民主所涉及的代表责任。

代表责任以及公民责任是包容性的沟通型民主落实决策环节正义责任的主要内容。在西方政治学领域，汉娜·皮特金（Hanna Pitkin）的代表理论为其后的学者研究代表理论搭建了良好的理论框架。艾利斯·扬明确指出她"关于政治代表的解释很大程度上要归功于皮特金的代表理论"①，她同意皮特金将代表理论划分为授权与问责两方面的观点，以及代理人—托管人所组成的两分法是一种错误的两极化的观点。此外，她认为虽然皮特金意识到关于代表概念的分歧源于一系列复杂的制度与实践，但是皮特金却没有提出一种将不同的认识结合起来的理论。对此，艾利斯·扬以构建能促进民主的正当性与政治包容的运作良好的代表制为规范性目标，赋予代表以在时间和空间上发挥着媒介作用并存在差异的过程的理解。由此，丰富了对代表的认识。

首先，关注代表的责任。依据延异的观念来考察代表，艾利斯·扬发现代表具有时间特性，从而认为代表是一种随着时间而发生的过程，由彼此相关但又存有差异的不同时刻和内容构成。在某种决策制定团体中，代表有四种形态：某个选区的成员之间的媒介关系、全体选民与代表之间的媒介关系、代表之间的媒介关系以及委托人与代理人之间的服从关系。其中，作为委托人与代理人之间的服从关系隶属于二者之间的差异关系，二者的关系总有可能会发生中断，随着时间的流逝，也可能会通过各种场合的授权与问责场合中的预期与回顾而得到维持，而且每种场合的对话与行动都承载着其余的对话与行动的痕迹。因此，如果代表与委托人之间的关系紧密，那么代表过程就会变得更好，反之，则越差。

在授权场合，代表的责任表现为表达某种命令和要求，参与讨论并且与其他代表进行辩论，倾听他们的问题、诉求、故事与论据，同时和他们

---

① 〔美〕艾丽斯·M.扬：《包容与民主》，彭斌、刘明译，南京：江苏人民出版社2013年版，第161页。

第四章　政治实践视域下的包容性沟通型民主

一起试图达成某些明智的、恰当的决议。① 民主过程不仅是精英依据他们自己的剧本进行表演的舞台,还是由代表参与的包容性的沟通过程。在问责场合,代表的责任不仅仅是告诉公民他已经制定实施了他们所授权的某项命令或者服务于他们的利益,而是在很大程度上说服他们相信其判断的正确性。在这点上,艾利斯·扬不同于古德曼与汤普森。他们虽然也强调代表要向委托人负责,但他们过分强调代表要给出他做事的正当理由,会导致代表丧失自身的判断力。② 在这点上,艾利斯·扬与英国著名保守主义思想家埃德蒙·伯克(Edmund Burke)的观点更为相似。在著名的《对布里斯托尔选民的演说》中,伯克对选民说,"你们的代表不仅应当为你们勤奋工作,还应当运用他的判断力,如果为了你们的意见而放弃自己的判断力,这不是为你们效力,而是对你们的背叛。"③

在现实的民主政治中,问责的场合相对于授权的场合发挥的作用更小。"对于许多代表制系统而言,那种唯一的承担起责任的形式就是通过重新选举的方式进行再次授权。"④ 这种重新授权的循环过程对于激起责任与义务而言确实是非常重要的。然而,强势的沟通型民主也需要具有下述某些过程与程序,即各位委托人除了对代表进行重新授权之外,还要求代表做出解释。如同授权一样,问责既应当通过各项正式的制度进行,也应当存在于自主的公民协会的公共生活中。所有现存的代议制民主都可能通过各种附加的程序与论坛而得到改善。借助于这样的程序与论坛,公民将会与代表们一起讨论他们对于代表们所支持的政策的评价。各种不同于竞

---

① 〔美〕艾丽斯·M.扬:《包容与民主》,彭斌、刘明译,南京:江苏人民出版社2013年版,第163页。
② 〔美〕艾米·古特曼、〔美〕丹尼斯·汤普森:《超越程序的协商民主》,见〔美〕詹姆斯·菲什金、〔英〕彼得·拉斯莱特主编:《协商民主论争》,张晓敏译,北京:中央编译出版社2009年版,第33—56页。
③ 〔英〕埃德蒙·伯克:《埃德蒙·伯克读本》,陈志瑞、石斌编,北京:中央编译出版社2006年版,第79页。
④ 〔美〕艾丽斯·M.扬:《包容与民主》,彭斌、刘明译,南京:江苏人民出版社2013年版,第164页。

选活动的正式的问责方式可能包括公民审查委员会、政策实施状况研究以及定期的官员参与的听证会，从而将政策制定过程置于监督之下。公民社会中的各种公共领域能够通过自主的质疑、表扬、批判与判断的方式来促进问责。①

其次，关注公民的责任。在授权与问责场合，不仅涉及代表的责任，还涉及委托人，即公民的责任。原因在于代表与委托人之间的关系是一种双向关系，双方的行为都会影响二者关系的紧密程度。因此，为创建与维持那些具有正当性与包容性的代表制度程序，公民也应承担起各种责任。这些责任包括：愿意并且能够参与各种授权与做出解释；与代表保持联系；围绕着民主目标彼此组织起来，参与到预料中的和溯及既往的讨论、批评与评价；必要时采取游行示威等活动，表达意愿等。值得一提的是，代表制囊括了代表与委托人的责任。因此，艾利斯·扬认为包容性的沟通型民主，"并不是在代表制和参与这两者中选择其一，而是需要两者中的每一种"②。如果没有公民参与，那么，代表与委托人之间的联系就非常有可能被破坏，使代表变成精英统治者；如果没有代表，公民的观点很可能被排斥。代表制的各项制度、各项程序与合理的劳动分工有助于组织政治讨论与决策制定，代表及委托人各自履行自身的责任，促进正义的实现。在艾利斯·扬看来，公民社会中的公共领域是维持二者联系的重要舞台。据此，艾利斯·扬不仅反驳了代表制与民主不兼容的观点，还给出了民主程度的测量标准：一是委托人与代表之间联系的广度与深度；二是人们是否通过授权与问责的关系与大多数涉及他们生活的各个方面的代表进行联系。

最后，发挥公共领域促进正义的功能。在致力于对现存民主局限性的阐释以及建构方面，艾利斯·扬将目光转向了现实生活中的公民社会，公

---

① 〔美〕艾丽斯·M.扬：《包容与民主》，彭斌、刘明译，南京：江苏人民出版社2013年版，第165页。

② 〔美〕艾丽斯·M.扬：《包容与民主》，彭斌、刘明译，南京：江苏人民出版社2013年版，第165页。

第四章 政治实践视域下的包容性沟通型民主

民社会使公共领域成为可能。不过这种公共领域是包容各种差异的公共领域。艾利斯·扬没有将差异设想为涉及从具有特殊性的内容向更加一般性的内容转变,公共领域的人所关注的事情和视角完全可能是偏颇的和特殊的,为了让他们的表达被其他人所接受,他们必须将其关注的事情的特殊性通过各种通常容易接受的形象、概念和议题重新塑造出来。基于对强势民主的认同,她认为公共领域是公民和权力之间的主要连接物。

对于公共领域中的公共讨论,目前有两种划分。一种是民主过程中的公共讨论应被概念化某种单一的公共领域,如哈贝马斯;另一种是民主过程中的公共讨论应被概念化为多种竞争性的公共领域,如弗雷泽。艾利斯·扬更倾向于弗雷泽的观点。在她看来,民主过程应当鼓励人们组织各种具有多样性和竞争性的话语、表达方式与辩论,并使其成为可能。公共领域能够服务于那种致力于促进正义的民主过程的原因在于:其一,使各种不同的社会群体表达他们的经历并形成他们的意见;其二,揭露国家及经济权力中的不正义,使公共权力的运用更加负责任;其三,通过公共讨论与鼓动宣传,影响国家政策或公司制度,或促进公民社会内部变革;其四,无序的、激情的活动与讨论使差异性团结成为可能。然而,民主制度面临着确定无疑的困境。一方面,在致力于实现正义的民主过程中,国家和公民社会是两个必不可少的要素。另一方面,二者的属性和行动看起来似乎是彼此削弱的。协合式民主(associative democracy)通过将两者更加紧密地联系在一起以摆脱这种困境。但是,艾利斯·扬依据强调公民社团的保罗·赫斯特(Paul Hirst)的观点以及强调国家功能的乔舒亚·科恩和乔尔·罗杰的观点,认为协合式民主不能消除存在于国家与公民机构之间的紧张关系。因此,她强调在深层次的民主政治中,公民必须时刻意识到国家机构与公民社会机构之间在任何时候都存在紧张状况,因而公民在监控国家、经济体系以及公民社会的行为和影响时,必须保持警惕,并借助国家、经济体系与公民社会的任意两方来限制和平衡第三方。

第三节　包容性的全球民主的政治实践

包容性的沟通型民主打破了关于协商民主只能在小规模的范围内实施的魔咒，为应对大规模的结构性不正义提供了可能性。只是，艾利斯·扬注意到民主理论几乎从不把空间层面的社会关系所具有的规范内涵作为主题来加以考察，因此从民主政治共同体的范围之争开始，她就注重论证为什么民主可以是全球性的，以及如何实现全球正义。她认为，从理论上讲，政治共同体和政府管理的范围应当与诸种正义的责任的扩展范围相一致。今天，通过拥有更加强有力的全球性的协调能力和管理能力，全球行动者将会更加有能力处理许多关于正义的问题。与当前大多数国际机构不同的是，全球治理应通过民主的方式实施。①

一、民主政治共同体的范围之争

"共同体"的英文 community，是由拉丁文前缀"com"（"一起""共同"之意）和伊特鲁亚语单词"munis"（"承担"之意）组成的。② 其含义随着经济社会的发展而不断增多，1955 年，希勒里（G.A.Hillery）统计发现有 94 个定义；1971 年，贝尔（C.Bell）和纽柏（H.Newby）统计已增至 98 个；1981 年，美籍华裔社会学者杨庆堃统计已多达 140 个，不仅如此，其内容和特征也发生了不同程度的变化。总体而言，共同体可分为地域性和关系性两大类型，且第二种类型日益突出，滕尼斯认为，"对关系

---

① 〔美〕艾丽斯·M. 扬：《包容与民主》，彭斌、刘明译，南京：江苏人民出版社 2013 年版，第 328 页。
② 〔美〕入江昭：《全球共同体：国际组织在当代世界形成中的角色》，颜子龙等译，北京：社会科学文献出版社 2009 年版，译序。

第四章　政治实践视域下的包容性沟通型民主

本身，因此也即结合而言，如果我们将它理解为真实的（reales）与有机的（organisches）生命，那么它就是共同体（Gemeinschaft）的本质"①。从共同体的词源以及本质角度来看，共同体涉及个体对共同体的责任，因此，艾利斯·扬认为民主政治共同体的范围之争实质属于责任范围之争。由于艾利斯·扬将民主视为正义实现的条件和手段，因此她将实现正义责任的范围限定为了民主政治共同体的范围。关于民主政治共同体的范围，主要有两种观点：

一种是将正义责任范围限定在一定的政治管辖区域范围内，这种区域范围可以是某个社区、地区、区域、民族或国家。许多人认为，如果他们具有诸种正义责任，那么，他们仅仅对那些与其生活在相同的政治社会且受那种同样的宪法管理的人负有这种责任，并不与其他民族国家的居民处于各种正义的关系中。如罗尔斯在《正义论》中假定那些对彼此拥有正义责任的范围是一个单一的相对封闭的社会②，在《万民法》中重申作为公平的正义原则相互责成一个既定社会的成员，然而并不运用到跨越全球的不同社会人们的道德关系中③，万民并非全球范围的人民。戴维·米勒认为民族国家是促进社会正义的主要工具，因此正义的范围应限制在民主政治共同体的边界内，他基于对人权的保护而主张扩展责任至全球范围并不属于正义责任的范围。

另一种是将正义责任的范围划为全球层面，这种观点承认我们生活在一个全球不正义的世界，但关于正义的责任及责任范围却有不同的理解。其一，"功利主义的世界主义模式"（cosmopolitan-utilitarian model）的代表彼得·辛格（Peter Singer）和彼得·昂格尔（Peter Unger）认为，无论是行动者还是受难者仅当他们能够提供有效的手段去履行责任时，他们才

---

① 〔德〕费迪南·滕尼斯：《共同体与社会》，张巍卓译，北京：商务印书馆2019年版，第68页。
② 〔美〕约翰·罗尔斯：《正义论》（修订版），何怀宏等译，北京：中国社会科学出版社2009年版，第7页。
③ 〔美〕约翰·罗尔斯：《万民法》，张晓辉等译，长春：吉林人民出版社2011年版，第11—22页。

是相关的，道德主体对所有人类包括其他生物都有相同的责任。显然这种责任范围过于宽泛。谢夫勒（Scheffler）认为，世界主义的正义性不应仅仅应用于个体社会或者其他有界限的团体，而应是管理全人类相互关系的根本性准则。其二，从破解罗尔斯关于正义责任范围假定出发，查尔斯·贝茨（Charles Beitz）认为全球性的社会和经济关系使得罗尔斯的正义原则可以适用于全球范围；托马斯·博格认为人是道德关注的终极单位，所以正义的责任范围是全球的，并从制度和互动两方面出发，提出正义的责任在于改造现行的全球秩序以及每个人都随时准备行动履行对其他人的责任。

对于将民主政治共同体的范围局限在某一区域的观点，艾利斯·扬分析指出，事实上许多人是在没有证明其正当性的情况下预设了这种立场。为此，她从实证主义者、民族主义者以及协合主义者三种角度来反向推导这种立场的正当性依据并予以反驳。

实证主义（positivist）仅仅根据同一宪法管理的事实而认为他们对并且只对在同一宪法管理下的人们负有责任。它事实上是依据特定政治疆域而使各种正义的道德责任视情况而发生变化，剥离了正义原则和实践所具有的所有道德效力。正义的原则与实践就变得如同偶然划定的边界那样具有任意性，并且随着边界的变化而改变。按照这种逻辑，我们只对国内的人彼此间具有正义责任，对国外的人则没有责任；反过来，如果正义的主张得不到相应的制度进行裁决和执行，那么，这些主张就是没有意义的。艾利斯·扬推论，如果政治管辖区域发生了变化，那么人们仅仅通过重新划分边界的方式而改变他们的责任对象与范围。照此逻辑，作为实施种族隔离政权中最恶劣的政权之一的"班图斯坦"（bantustan）政策就是正义的。这种政策武断地将若干生活在南非的黑皮肤的非洲民族划定在某些环境最恶劣地方生活，南非政府随后宣布这些人所生活的"家园"具有自治性质，建立由黑人管理的政府，并告诫他们的领导人管理好自己的地区，不要带着各种不正义的主张进入白人的南非。我们不禁要问，南非政府实施的政策本身是否具有正当性？而南非政府采取这种政策的依据是，政治管辖权证明了将那些处在管辖区域外的人排除在正义要求之外是具有正当

第四章 政治实践视域下的包容性沟通型民主

性的。这无疑受政治行动者权力的影响,一旦他们有权力将某些人纳入政治管辖范围,而将另一些人排除在外的时候,他们就会宣称那些在管辖区域之外的人没有权利向该国和该国国民提出任何正义要求。由此可见,实证主义不能成为划定正义责任范围的理由。

民族主义(nationalist)则基于民族身份认同进一步为正义责任范围局限于民族国家内部提供了更加一般化和看似合理的理由。戴维·米勒是其代表。米勒认为国家是由各种义务构成的共同体,确定了某个人的国民身份即等于认可该国民只对其他国民同胞负有责任。其中正义的责任包括确保国民同胞的需要得到满足,并共同分享国家的资源和物品。这种关于民族国家与责任之间的关系从道德上论证了为什么每个民族都应该有自己的国家。然而,人们只对国家之内的人负有责任,对本国之外的人无论是痛苦还是贫困,无论本国同胞有多少资源,都不负有责任。耶尔·塔米尔融合了自由主义与民族主义,认为责任源自对身份与关系的理解。对此,艾利斯·扬认为民族主义的解释使正义责任落入情感的窠臼。她从社会关系本体论视角出发,认为基于全球化背景下人们之间的相互依赖程度越来越高,人们之间的正义责任范围不应被限制在民族国家的疆域之内。尤其是在多民族国家和多元文化背景下,移民和难民问题已经质疑这种将正义责任范围限定在民族国家疆域内的观念和做法。虽然,从道德方面来看,在那些存在区别的民族之间实行某种程度的分离和自治是适当的,但这并不意味着不同的民族之间就不负有责任。

协合主义(associationalist)不同于民族主义基于群体身份认同的解释,它认为人们之所以只对单一主权国家管辖疆域内的人负有责任,是因为他们共同生活在同一部宪法之下的事实赋予和培育了他们的社会互动和经济互动。而国家提供了一种社会合作的框架,允许其成员与该社会中的其他人联合起来追求他们的目的,他们在联合的框架下共同生活,与其中的人在某种程度上都是荣辱与共的。艾利斯·扬认为,这种协合主义的观点预设了两种情况:当国家提供的框架是一种正义的框架时,他们对该社会的其他人负有特殊责任;当国家提供的是不正义的框架时,他们负有矫正不正义的框架的责任。但这并不能说明该社会的成员与不是该社会成员之间没有责任。事实上，构成责任的基础是社会关系，很多社会关系往往产生了无意识的后果，导致有些责任可能是跨越国家的。

因此，艾利斯·扬认为以上三种针对民族国家的正义责任范围的理解都是不可行的。以盛行于美国及美国之外的其他国家的种族与阶级隔离为例，隔离违背了平等机会原则，从而限制了人们居住选择的自由权；隔离的过程制造和强化了各种由特权阶级和处于不利地位者构成的生产与再生产不正义的结构；而制造隔离的真实过程反而掩盖了某些人拥有特权的事实；最为重要的是，由社会差异和空间差异所产生的隔离严重妨碍了被隔离群体间的政治沟通，从而使人们难以通过民主的政治行动来应对隔离所导致的社会不正义。因此，艾利斯·扬断言隔离的不正当性就在于它没有与各种正义关系的范围相一致，而非模式化的群体聚居的事实。

那么，包容的民主政治体的恰当范围是什么？艾利斯·扬认为，"某个政治体的范围应当与人们彼此具有正义责任的范围相一致"①。她同意贝茨、博格将正义责任的范围扩展至全球范围，并从两方面予以论证：

一是从现实世界事实分析论证。艾利斯·扬认为，一方面在全球化的背景下，各种经济系统、沟通系统以及其他制度系统促使我们构成了一个相互制约、相互依赖的全球社会，因而产生了有关正义的议题；另一方面，世界上不同民族间历史性的和当前的剥削关系导致了有关正义议题。因此，怀着世界主义的立场，她反对将诸种正义的责任限定在几个相互合作的民族之间或同一民族国家内部的成员，为适应全球性的变化，正义责任应扩展到世界各地不同族群（peoples）范围。如果民族的政治制度范围与符合正义的责任范围相当，那么也应当用更加全球化的制度来管理世界上不同民族之间的关系和互动。

二是从社会关系本体论的角度分析论证。艾利斯·扬认同欧若拉·奥尼尔（Onora O'Neill）关于以包容与团结理念而共同生活在一起的人都处于正义诸原则适用的范围。如果其他人的行动构成了某个行动者自身行动

---

① 〔美〕艾丽斯·M.扬：《包容与民主》，彭斌、刘明译，南京：江苏人民出版社2013年版，第282页。

的背景,那么,他就与所有其他人处于正义的关系当中。因此,在那些与他们的命运联系在一起的社会、经济和交往的关系中,人们的生活是彼此交织在一起的。由于诸如此类的社会联系,人们将许多未知的、处于不同地方的陌生人的行为看作他们自己行动的前提。"政治体的范围应当包括所有那些共同生活在具有下述特征的结构性关系中的人,即结构性关系是由各种互动、交易和迁移的过程塑造产生的,它们创造了对于所有那些人而言都无法回避的行动条件。"①

当然,艾利斯·扬对正义责任范围的论证还包括全球民主、全球治理等方面的内容,为避免重复,笔者将在后面的章节中一起论述。概言之,艾利斯·扬是站在世界主义立场对将民主政治共同体范围局限于一定区域范围的观点予以批判,并运用社会关系本体论将正义责任的范围扩展至全球层面。不过,在艾利斯·扬看来,正义责任的范围是全球性的,并不意味着世界上的每一个人对于其他所有人负有同样的责任,也不意味着每个行动者在进行各种协商的过程中考虑到其他所有人。依据她对正义责任的外在属性的界定,彼此之间联系紧密的,正义原则愈加适用,行动能够更加深刻地影响其他人的行动的行为者负有更大的责任。而且,正义责任的履行方式并不是通过个人行动的方式,而是通过集体行动的方式,如通过各种组织机构予以履行。因此,全球正义的责任往往是通过促进实现人们之间公平关系的各种机构和政策的发展的方式得以履行。

二、全球民主的想象

随着全球化的深入发展,民主政治共同体的范围呈现出由民族国家向全球扩展之势,传统的威斯特伐利亚体系遭受到前所未有的挑战,人类社会日益发展为一个重叠的命运共同体。对此,齐格蒙特·鲍曼形象地描述道:"在全球化这场卡巴莱歌舞表演中,国家要跳脱衣舞。到节目结束时,

---

① 〔美〕艾丽斯·M.扬:《包容与民主》,彭斌、刘明译,南京:江苏人民出版社2013年版,第245页。

它光溜溜地只剩下了遮羞布：镇压权。"① 弗雷泽也通过分析跨越国界的社会运动，预言要"在一个更广阔的尺度上重新图绘（remap）正义的边界。"② "对于诸如艾滋病、核能源的利用、热带雨林的砍伐、不可再生资源的使用、全球金融市场的动荡、减少核战争的风险等跨国性问题，在制定和实施与这些问题有关的决策时，到底谁才是其适当的选民并对其拥有正当的管辖权？"③ 这些问题一直困扰着世人。

基于社会关系本体论，在社会连接责任模式的指引下，艾利斯·扬认为其包容性的沟通型民主内在地具有应对全球性问题的潜质，构建包容性的全球民主是可能的。而她关于全球民主的想象主要来自戴维·赫尔德和丹尼尔·阿奇布基（Daniele Archibugi）两位政治学家提出的世界主义民主模式。世界主义民主模式是以世界主义为哲学基础，通过关注人类个体，赋予公民国家内部的、国家之间的以及全球范围的多重责任，重构和加强现有的全球不同层次的机构，推行一种使每个人的声音在全球事务中都能被听到的世界主义民主制度，以解决全球化引发的国内的、跨国的和全球的各种问题，构建一个以民主为主导的世界新秩序。世界主义民主模式一经提出便受到了两种完全不同的评价：一方是以现实主义者、社群主义者和新马克思主义者为代表的批判方；另一方是以艾利斯·扬等世界主义者为代表的赞成方。

现实主义者认为世界主义民主模式及其提出的全球公民身份、全球公民社会和跨国民主的概念脱离国际经济、政治严重不平等的现实，是乌托邦式的想象，不可避免会沦为霸权的工具或带来新的专制。对此，阿奇布基反驳说，世界主义民主不主张权力向全球集中，相反，提倡将权力分布

---

① 〔英〕齐格蒙特·鲍曼：《全球化——人类的后果》，郭国良等译，北京：商务印书馆2001年版，第63页。

② 〔美〕弗雷泽：《正义的尺度——全球化世界中政治空间的再认识》，欧阳英译，上海：上海人民出版社2009年版，第1页。

③ David Held, Democracy and Globalization, in Daniele Archibugi, David Held, Martin Kohler (eds.), *Reimaging Political Community*, Stanford: Stanford University Press, 1998, p.22.

第四章　政治实践视域下的包容性沟通型民主

在不同的治理层次上，与世界政府有本质上的不同。社群主义者迈克尔·桑德尔、亚历山大·温特、威尔·金里卡都强调优先考虑群体权利和共同体认同，批评世界主义民主的个人主义，由此认为世界主义体制不可能是民主的。对此，世界主义民主的支持者杰纳·汤普森（Janna Thompson）、吉瑞安·布洛克（Gillian Brock）等则认为，社群中共同的历史和文化的确有利于民主发展，但对个体而言，这些因素会随着全球化进程产生新的认同。全球环保运动和跨国妇女运动就是最好的例证。新马克思主义者克里斯托弗·高格（Christoph Gorg）和约阿希姆·希尔施（Joachim Hirsch）认为全球民主必须通过各种社会运动和政治斗争这种"自下而上"的方式，彻底改造资本主义生产方式，推翻现有的国家间体系结构才能实现，反对世界主义民主"自上而下"的制度改革模式。阿奇布基等人则认为这种批评是建立在经济基础决定上层建筑的观点之上的，然而"在政治与经济之间并不容易建立起明确的因果性联系"①，根本变革经济生产方式并不是实现全球民主的前提。

世界主义民主模式也受到了部分学者的高度赞扬。克劳斯·奥费（Claus Offe）称赞世界主义民主理论在国际关系研究与国家的民主理论之间架起了一座桥梁。福尔克认为世界主义民主理论能够应对日渐强大的全球关系。艾利斯·扬则更是将世界主义民主纳入以关系自治为中心的全球民主体系，构建一种包容性的全球民主。她从以下几个方面进行了论证：

首先，从评议全球军事和经济霸权的错误性出发，论证全球民主的合理性。艾利斯·扬反对美国假借人道主义之名，声称使用它的军事与经济力量能够促进国际安全、人权、内部民主和经济的长期发展，并用伊拉克战争等带来的伤害予以反击，认为美国独裁式的全球治理并不具有道德合法性。她反对雅克·德里达以及哈贝马斯在此过程中，偏离包容性的全球民主的方向，而企图从美国身份中区分出欧洲身份，并把欧盟作为世界其

---

① Daniele Archibugi, "Cosmopolitan Democracy and Its Critics: A Review", *International Relations*, Vol.10, No.3, September 2004.

他地方人们意志的代表。① 艾利斯·扬从两方面论证论全球民主的合理性：其一，将人权视为自然权利。她认为人权保障原则的作用就像中世纪和早期现代西方社会的自然法则那样，是正当和善的基本道德规范，其意义和有效性不依赖于特定的机构。但正如约翰·洛克在《政府论》（下篇）所论述的那样，对自然权利的判断存在一般和特殊的矛盾，这种情况只有诉诸对话，让不同的观点得以表达，以供作为代表的政府裁决，人民赋予的权力才是政府合法性的基础。其二，将《包容与民主》中的包容性的沟通型民主运用到全球政治领域。随着世界的相互作用和相互依存日益增加，对全球安全、人权、贸易管制、发展政策和其他全球性问题的监管机会和需要日益增多。只有当这种监管的进程融入了世界上所有人的经验和多重视角的利益，全球治理才具有道德合法性。

其次，提出超越本地和区域自决的全球民主愿景的相关概念要素并论证其合理性。随着世界人民之间相互依存程度日益加深，没有国家能不受其他国家和组织的影响而有效地处理其内部事务，传统的民族国家主权的合法性已受到社会运动的质疑，那些反对构建世界主义民主的观点在现实面前显得苍白无力。艾利斯·扬认为，全球多元民主观可以通过引入非支配的自决概念，打破传统的单纯强调非干涉的自决的禁锢，更好地回应当前跨国统治和地方统治两个问题。这种非支配的自决是一种以关系为中心的自决，以关系自治为中心的全球民主包括多层次的决策，由其所规定的代表参与并决定。包括向上问责制度和向下问责制度，地方组织不必向外界和对全球一级审查过程解释自己的行动，而全球的决定必须回应地方组织。为防止一些组织受到别人或上层支配，关系型自治需要使其中每个组织都有必要控制自治权的基本资源。因此，全球一级的监管与合作机构的另一个主要功能是必须支持地方自治，监测这种资源分配和再分配。据此，世界主义民主、复合的联邦制、多元的联邦制等观念符合这种嵌套于大都会地区或世界不同地区的制度设计。在艾利斯·扬看来，这种视角能

---

① Young, Iris Marion, *Global Challenges: War, Self-determination and Responsibility for Justice*, Cambridge, UK: Polity Press, 2007, pp.142-143.

为拥有执法能力的国家治理保留空间。不过在这种设计中,国家作为执法者和管理员,充当本地、不同的组织以及全球之间的调解员,它们已不是传统意义上的主权国家。

最后,提出全球民主化的目标需要面向全球正义行动。艾利斯·扬认为,那种将正义的责任局限于民族国家的观点已经越来越不具有合理性了,而诉诸全球正义责任的最好方式是连接和需要。世界不同地区的人们在多样化和重叠的社会合作网络中相互连接,通过跨国贸易、投资、移民、沟通和文化交流等产生全球化的社会合作规则,而现有社会合作的基本结构是不公正的,很大程度上大大有利于少数人,而给其他人带来压迫和剥削。为此,需要采取一些措施,以改善这种情况。这些措施包括:取消债务和征收全球税,改变全球再分配结构;建立全球法治制度,约束制裁全球霸权行为;采取联合的社会运动,如国家、私人组织和个人彼此之间试图联合起来,抵制美国以及与之结盟的国际金融和跨国公司,以他们的方式运行世界事务;改革联合国相关机构,以服务于任何有利于民主和正义的目的;等等。①

三、包容性的全球民主的实践

相比源于古希腊斯多亚学派的世界主义,全球正义(global justice)是一个新概念。20世纪80年代以来世界经济一体化带来全球经济、政治、文化等方面的变革,日益严峻的全球贫困和剥夺问题让人们逐渐意识到迫切需要一种新的概念来打破"国家内部关系与国家间关系这二者之间在传统上所存在的分割状态,从而将制度性的道德分析延伸至所有领域。"② 全球正义应运而生,但是学界对什么是全球正义并没有取得一致意见。根据

---

① Young, Iris Marion, *Global Challenges: War, Self-determination and Responsibility for Justice*, Cambridge, UK: Polity Press, 2007, pp.151-155.

② 〔美〕T. 波吉:《何谓全球正义》,李小文译,载《世界哲学》,2004年第2期,第6页。

能不能将社会正义原则运用到全球范围的标准,钱德兰·库卡塔斯（Chandran Kukathas）将全球正义划分为四种立场：第一种以博格、贝茨等为代表,认为可以将社会正义原则扩展至全球范围,正义既可在国内也可在全球范围实现；第二种以罗尔斯、沃尔泽、米勒、内格尔为代表,认为正义原则只能在国内适用；第三种比较少见,少数国家领导人要求在国际范围实行分配正义,而在国内却实行独裁统治；第四种以库卡萨斯、哈耶克为代表,认为无论是国内还是国际范围都不能实现社会正义。笔者认为艾利斯·扬属于第一种,她本人多次提到社会连接责任模式可以运用到全球领域。

据此我们可以推导出艾利斯·扬关于全球正义、全球正义责任的相关观点。在艾利斯·扬看来,全球正义源于全球范围的结构性不正义,表现为国家与国家、人与人之间的压迫与支配,全球正义就是要消除全球范围的压迫与支配的制度性限制。鉴于她没有给社会连接责任模式下一个准确的定义,因此,关于她的全球正义责任也无法给出明确定义,但可以根据其社会连接责任模式以及全球民主的相关论述,划分出全球正义责任的主体、对象、范围以及履行等方面的内容。

社会连接责任模式的核心观点是,所有参与了有助于产生结构性不正义的社会进程的人与机构都应当承担相应的责任,而且正义责任属于共享性质的政治责任。由此,全球正义责任主体可以是与产生结构性不正义的全球性问题相关的个人、民族、国家、国际机构等,具有广泛性、开放性、流动性与共享性,既包括全球问题中占有优势地位的一方,也包括弱势地位的一方,且会随着全球问题的改变而改变。因此,"现有的假定民族国家作为主要的国际参与者的全球治理体系,不能完全满足土著人民今天争取自决的合法权益。"[①]

值得一提的是,艾利斯·扬在这里所指的责任主体——国家不是传统意义上的主权国家。与此相对应,全球正义责任的对象即是造成全球结构

---

① Iris Marion Young, *Global Challenges: War, Self-determination and Responsibility for Justice*, Cambridge, UK: Polity Press, 2007, p.26.

性不正义问题的制度,责任范围覆盖全球。在履行全球正义责任的过程中,各责任主体同样要结合权力、特权、关注兴趣点以及集体行动四个参考要素进行判断,以更好地实现正义。以上都是全球正义责任的总体规范,而具体到全球事务中,需要运用全球民主这一实现途径与手段。具体而言,在包容性的全球民主中实现全球正义主要涉及以下几个方面:

首先,承认差异的重要性。对于实现全球正义而言,最大的挑战来自民族主义,事实上许多人不相信全球治理方案的原因,很大程度上就是担心全球化可能会导致文化上的同质化或使某些人被其他人支配。因此,艾利斯·扬认为应当承认差异的重要性,而且应从关系角度来重塑民族概念,并构建既适用大规模的民族国家又适用于小规模的土著群体或者"部落"群体的关系性自主的自决模式。在包容性的全球民主框架下,通过关系性自主,运用符合公开性和相互依赖要求的关系性术语重构自决的规范性观念来落实全球正义责任意味着,第一,在民主过程中落实无支配的自决。治理不可能与领土、领土上的资源以及某种空间意识相分离。作为无支配的自决,应当允许存在着多元文化的或者世界主义的管辖区域。在有冲突的时候,采取群体代表权的程序予以解决。第二,各种治理机构的管辖权限可能在空间上是重叠着的或者共享的,甚至是完全缺乏空间涵义的,与领土相分离。第三,局外人能够要求各种自治的民族平等地尊重其辖区内所有人的基本人权。如果它们的某些成员声称自己受到了系统性的侵犯,那么由这些群体成员所提出的权利要求应当得到某些作为第三方的团体的倾听,最好是引起广泛的多边实体的倾听。针对北大西洋公约组织发动的南斯拉夫战争、以人道主义名义发动的战争,正义的做法不是照搬不干涉的国际原则,而应遵循无支配的原则,构建强有力的全球性的人权管理机构,并且这些机构的政策规划应当将世界上所有民族都包括进来。

其次,用差异性团结理念代替整合理念。整合(integration)理念指的是促进各种被隔离群体的交往,特别是促进那些少数族裔或者低收入群体进入具有更多特权的场所和区域。艾利斯·扬反对将整合模式作为指导包容性民主实践的最佳选择,并提出差异性的团结理念。一种对于自决原则做出的无支配的解释大体上就在全球范围内规定了差异性团结的理念和目标。无支配的民族自决的要素包括：第一，自决意味着无干涉的假定。在不受其他民族干涉的情况下，某个民族拥有原初的权利来设定它自己的治理程序，制定在其管辖区域内有关自身活动的决策。第二，自决需要给其他的民族赋予权利，从而对某个民族群体提出各种主张，就关于它们之间的关系进行商谈，共同调节它们的行为后果。因此，需要那些得到承认的和已经确立的机构和程序来进行商谈、调节冲突和执行协议。第三，自决不意味着独立，而是各个民族生活在实现它们之间的支配最小化的政治制度中。最后，自决要求各个民族有权利参与设计支配最小化的国际机构。

为丰富差异性团结的概念，规避种族隔离和阶级隔离的弊端，艾利斯·扬勾勒出她所理解的地方治理模式的一些要素：首先，这种模式是基于关系性自主的概念。其次，在这种模式中，区域（region）主要指的是大都市地区的中心、劳动力和消费市场的中心。这种模式倡导在地方层面上发展参与式的决策制定机制，其参与程度要比目前城市和城镇高。第三，这种模式将地方政府看作是自治的，即在平等尊重和不歧视它们所服务的任何人的限定条件下，通过他们的政治机构，当地公民有权决定包括学校在内的社会服务的形式和政策。同时，政府要考虑到区域内其他人的利益。第四，一系列的区域治理制度将会强制执行上述要求，这些制度包括在各个地方政府之间进行协商与合作的程序。第五，创建区域性政府，为区域内部不同政府管辖范围的公民提供服务。

再次，构建全球多层次的管理体制。关于如何构建全球层面的管理体制，主要有两种方案：一种是全球性国家方案，即在现存的大规模的民族国家基础上建立起单一的、集权的全球性国家。这种方案看起来很难落实，而且许多人认为其目标并不值得向往。另一种方案则是综合考虑地方自决的全球政治共同体方案。艾利斯·扬提出构建的全球多层次的管理体制便属于第二种方案的一部分。[①] 艾利斯·扬批判哈贝马斯只对欧洲感兴趣，针对哈贝马斯关于民主过程的"中心式的"（centred）想象，提出一

[①]〔美〕艾丽斯·M. 扬：《包容与民主》，彭斌、刘明译，南京：江苏人民出版社2013年版，第328页。

第四章 政治实践视域下的包容性沟通型民主

种"去中心化的全球民主",也即另一种更具联合性质的、比现存的治理体系有更强的监管制度,更有区域的和文化自治权的全球治理体系。她在借助世界主义理论家霍尔迪·博尔哈、曼努尔·卡斯特斯以及戴维·赫尔德相关观点的基础上,依赖关系型的自治概念,构建了一种全球多层次的责任履行体系。

概而言之,这种治理体系由全球"薄的"治理与地方"厚的"治理两方面构成。在全球层面,艾利斯·扬围绕和平与正义议题的规则,设想了七种管理体制:(1)和平和安全;(2)环境;(3)贸易和金融;(4)直接投资和资本利用;(5)沟通和交通运输;(6)人权(其中包括劳工标准和福利权);(7)公民身份和移民。她认为每一种管理体制都拥有不同的功能性的管辖权,伴随着重叠性的责任和协调的要求。每一种管理体制都提供了一系列"薄的"(thin)普遍性规则,要求个人、组织和政府有义务考虑彼此的利益和境况。通过在功能上将上述体制区分开来,就实现了全球治理体系某些方面的主权去疆域化。① 以上每一种管理体制都具有某种逐步发展起来的国际法体制和组织体制特征,目的都在于创制一种拥有更大执行力和更多资源的用于实现其意图的全球体制。地方"厚的"治理指的是,各种地方性的政府、区域性的政府与非国家机构——例如,自治市、私人性的营利机构和非营利机构以及那些直接处于全球性规则之下的个人等主体,结合自身的文化、优先考虑的事项等个性化需求,在执行全球"薄的"原则过程中,自觉将这些"薄的"原则变成了"厚的"的地方治理。根据无支配的自决,植根于各种制度化关系中的自主主体处于一种无干涉的假设之中,它们受到制度化关系的保护而免于各种支配的威胁。

最后,履行全球正义责任的具体事项及要求。艾利斯·扬依据主体在履行正义责任时的权力、特权、关注兴趣点以及集体行动四种参考因素,提出了履行全球正义责任的具体事项及要求。其一,改革联合国相关机

---

① 〔美〕艾丽斯·M.扬:《包容与民主》,彭斌、刘明译,南京:江苏人民出版社2013年版,第330页。

构。现存的全球层面的管理体制和机制并不是非常民主。例如,各个跨国公司所具有的不断增长的全球性权力就明显不是民主的;现存的各种国际法庭几乎不具备民主问责的渠道。特别是,由于安理会所具有的权力和结构,联合国大会也不是一个完全民主的机构。即使欧盟被认为是当前最复杂、最完善的跨国管理机构,许多学者和记者也感叹他们所观察到的欧盟运作过程中存在的"民主的缺陷"。因此,必须改革联合国等相关机构使其有利于实现正义与民主。其二,发挥全球公共领域的功能。鉴于当前诸如国际货币基金组织和世界贸易组织之类的最有权有势的全球经济管理机构,其活动和各项程序都缺乏透明性,且其领导者也不对受其决策影响的人负责,艾利斯·扬认为必须发挥全球公共领域的功能,为全球范围的个人和群体表达他们对于类似行为者的反对或批评,并且使他们承担起相应的责任。其三,激发不同的民族和地方性单位,尤其是受支配的民族与地方性单位参与全球治理的兴趣。不同的民族和地方性单位通过参与各种机构来履行全球治理的责任,因为这些机构将会有助于实施符合自决原则的全球管理。由于自治实体必须遵循那些具有更多共容性(encompassing)的规章,所以,它们潜在地拥有与其他人共同参与制定共容性规章的机会。以制定、监管和遵守关于人权的全球性标准为例,艾利斯·扬认为只要满足下述两个条件,实行诸如此类人权的体制就不会侵犯地方自决:(1)那些不得不遵守这些标准的个体和共同体有机会作为一个集体参与制定这些标准;(2)在决定应当如何将这些标准应用于其地方性的背景时,那些民族和共同体应当具有重要的自由行动的权利。[①] 其四,发挥全球正义运动的功能。艾利斯·扬认为:"一种争取实现全球民主的社会运动可以建立在某些现存的全球性规章和国际法的制度之上,尤其是建立在联合国体系中的某些制度上。然而,重要的是,任何版本的全球治理都应当是民主的;同时,依据这种价值准则,现存的联合国制度和机构都需要进行

[①] 〔美〕艾丽斯·M.扬:《包容与民主》,彭斌、刘明译,南京:江苏人民出版社2013年版,第334页。

重要的改革。"① 此外，还可以通过全球正义运动构建一种全球公民社会，使全球范围的弱势群体，如女性、残疾人、受环境问题影响的人等都能在全球公共领域发出自己的声音，批评包括国家、国际组织及跨国公司等强势群体，直接提出要求，维护自身的权益。如全球反血汗工厂运动依据责任的共享性质而取得成效，无疑对全球女性、环境保护、人权等运动具有启发作用。

本章小结

正如国内学者周光辉、殷冬水所言，"民主作为自由平等的公民通过公共授权的方式委托政治代表治理公共事务的政治体制与政府管理形式，是现代国家实现社会正义的政治保障。"② 艾利斯·扬以理想的协商民主为蓝本，试图通过施行包容性的沟通型民主，构建民主与正义实现之间的理想关系，实现政治平等，促进个体与共同体的自我决定与自我发展，最终构建一个全球正义的世界。

一、差异政治中自由的反思

艾利斯·扬关于包容性的沟通型民主的思想，包容是其中的灵魂，事实上是她差异政治思想的进一步拓展。实行差异政治的目的，在于为个体与共同体的自我决定与自我发展提供制度保障，最终实现个体与共同体自由而全面的发展。因此，透过其关于民主与正义实现的思想，我们能够捕捉到艾利斯·扬对自由的态度。

自由是政治哲学的一个古老概念，也是现代哲学的重要问题。虽然自

---

① 〔美〕艾丽斯·M. 扬：《包容与民主》，彭斌、刘明译，南京：江苏人民出版社2013年版，第293页。

② 周光辉、殷冬水：《民主：社会正义的生命和保障》，载《文史哲》，2008年第6期，第138页。

由主义是近代以来的思想流派,然而有关个人自由的思想可追溯到古希腊罗马那里,洛克、康德、密尔奠定了自由主义的基本原则和核心思想;20世纪四五十年代是自由主义的沉寂期,哈耶克、卡尔·波普尔以及以赛亚·伯林促使了自由主义的复兴;而罗尔斯的《正义论》则重新阐发了自由主义的自由观,复活了古典的契约论,为康德的自主性概念进行了辩护,而且其著作《政治自由主义》又捍卫了自由主义的多元主义基本价值,提出了基于政治共识的重叠共识理论。"社群主义批判以罗尔斯为代表的自由主义,强调共同体,但并不反对自由本身。"[1] 正如菲利普·塞尔兹尼克所言:"新社群主义是反自由主义吗?似乎是这样,因为他们通常批评自由主义的理论和政策。但是,他们并不反对自由主义制度和自由主义传统。"[2] 与自由主义不同的是,近代社群主义强调共同体而非个人权利的优先性,同时强调被自由主义所忽略的,义务、责任等积极权利。不过,"当代那些著名社群主义者,对于自由问题都没有多少自己独到的理论建树"[3],他们的自由观沿袭了近代社群主义的共同体自由观。

艾利斯·扬的自由观属于当代共和主义的自由观,这是一种超越自由主义与社群主义之争的第三种看待自由或社会民主的方式。当代共和主义的复兴发轫于约翰·波考克(John Pocock)和昆廷·斯金纳(Quentin Skinner)等为代表的政治思想史领域的学者对共和主义谱系的重新描绘。波考克认为,共和主义首先强调德性在公民政治生活的重要性,其次强调积极自由,最后强调政治共同体的价值,而这与社群主义毫无差别。斯金纳认为一个自由的国家不仅意味着摆脱外在干涉,同时也意味着将其公民的意志作为自己意志。他强调共同体的自由是个人自由的前提,但同时也认同柏林的积极自由与消极自由的二分法,而且认为二者是内在统一的。

---

[1] 龚群:《自由主义与社群主义比较研究》,北京:人民出版社2014年版,第63页。

[2] 〔美〕菲利普·塞尔兹尼克:《社群主义的说服力》,马洪等译,上海:上海世纪出版集团2009年版,第6页。

[3] 龚群:《自由主义与社群主义比较研究》,北京:人民出版社2014年版,第64页。

此外，共和主义的宪法学派的代表人物布鲁斯·阿克曼（Bruce Ackerman）和弗兰克·米歇尔曼（Frank Michelman）将共和主义引入宪法理论，面对作为私人的个人与作为公民的个人之分，前者提出"自由主义的共和主义"，后者提出共和主义的公民政治，强调公民参与政治生活，共同承担对共同体的责任，确保积极自由。而当代共和主义集大成者菲利普·佩蒂特更是提出了最具系统性的共和主义自由观，并成为艾利斯·扬的自由观的直接来源。佩蒂特批判自由主义延续了贡斯当关于古代人与现代人的自由二分，以及柏林关于积极与消极自由的二分，认为在二者之间存在他人控制（mastery）与支配（domination）的阙如（absence），也即所谓的"第三种自由"——无支配的自由。与贡斯当和柏林的消极自由论强调国家权利与个人私生活的距离不同，佩蒂特的无支配自由着眼于二者所忽视的人与人之间的支配与被支配关系，同时无支配的自由以反对干涉为首要要求，只有在良好的法治条件下才能得到保障。

艾利斯·扬采用了佩蒂特的无支配的自由思想，并用于重新思考自决，提议在全球民主过程中落实无支配的自决。这种自决一方面不可能与领土、领土上的资源以及某种空间意识相分离；另一方面允许存在多元文化的或者世界主义的管辖区域。她还认为这种自决模式是解决类似巴以冲突的最好方式。[①]

二、全球民主的可行性

艾利斯·扬基于把正义视为政治的认知，而将民主视为对抗不正义、实现正义的最佳政治手段。借助迈克尔·莫雷尔（Michael E.Morrell）总结出的哲学家们对民主的三层理解：最低层级，认为民主是不同的精英集团通过争取选票来获得政治权力；比较高的层次，认为民主就是公民通过集体的讨论和思考来解决彼此分歧、实现共同利益；最高的层次，把民主当

---

① Young, Iris Marion, *Global Challenges: War, Self-determination and Responsibility for Justice*, Cambridge, UK: Polity Press, 2007, pp.58-76.

作公民之间达成彼此宽容、彼此同情、彼此谅解的一种社会状态。①

结合艾利斯·扬对民主与正义实现关系的论述，笔者认为她将正义理解为民主的最高层次，并且认同莫雷尔的观点，即"要将第二个层次提升到第三个层次，我们必须超越'公议民主'（deliberative democracy）理论对公民的认知和推理能力的强调，进一步研究公民之间的情感联系。在情感领域，同情心最有利于建立陌生人之间的相互理解和相互信任。"② 只不过，艾利斯·扬在社会关系本体论的指导下，注重差异与对话，主张通过构建包容性的沟通型民主来实现这一目的，试图逃脱哈贝马斯、霍耐特以及弗雷泽等当代民主理论家所未能逃脱的不民主与不正义的恶性循环，并将其运用到空间正义领域，在为我们提供国家治理以及全球治理方案的同时，也论证了全球正义世界的可行性。

首先，抓住民主决策这个关键点，试图构建满足国内与全球差异群体的正义要求的民主制度。艾利斯·扬在民主与正义实现方面的论述，依然彰显出鲜明的社会关系本体论的哲学底蕴。第一，批判聚合型民主与协商民主没有给女性、残疾人、少数族裔等弱势群体提供充分的参与决策的权利，将其视为"他者"，因此，提出包容性的沟通型民主，将其视为沟通的直接对象"你"，并认为这种类型的民主因其包容性而能运用到全球民主领域，维护全球弱势群体包括个人、民族、组织、国家等主体的利益。第二，批判聚合型民主与协商民主即使赋予了差异群体以参与决策的机会，却因沟通方式不符合强势地位一方的要求而丧失话语权。因此，提倡除论证外，补充问候、修辞、叙事等沟通形式，扩展民主沟通形式。最后，强调差异是民主的资源而非障碍。通过利益、意见、视角三种代表制模式，论证差异为决策提供不可规约的身份、价值与知识，从而提供了各种补充性的问题和更加完整的社会知识。

---

① 韩震主编：《国外哲学发展年度报告（2010年）》，北京：中国社会科学出版社 2012 年版，第 57 页。

② 韩震主编：《国外哲学发展年度报告（2010年）》，北京：中国社会科学出版社 2012 年版，第 57 页。

其次，以实现正义为目标，构建国内民主与全球民主的共通性。无论是国内民主，还是全球民主，正义是其价值体现。如果不能实现正义，民主也就失去了存在的基础与意义。由于艾利斯·扬将民主视为正义实现的条件和手段，因此她的实现正义责任的范围等同于民主政治共同体的范围，正是这种以实现正义为目标，才能够将民主政治共同体的范围由一国之内扩展至全球范围。艾利斯·扬的这种论证方式，与罗尔斯、霍耐特以及弗雷泽等很多正义理论家有很大不同。面对日益凸显的全球化趋势，罗尔斯将社会正义的两大原则局限于一国之内，不同意将其运用于国际范围。作为后罗尔斯时代的著名政治哲学家的霍耐特与弗雷泽，虽然也在跨国界、跨文化的现实运动的冲击下，将正义的尺度延伸至全球领域，但他们多是在自身原有理论基础上"另起炉灶"予以论述，尤其是弗雷泽将分配与承认的二维正义直接加上"代表权"构成三维正义，而非艾利斯·扬将世界视为相互联系的整体，蕴含全球的内在特质，并将有关社会正义的一套规范完整地移用至全球领域，一国之内的正义与全球的正义在本质是相同的，都是消除支配与压迫的制度性障碍。

最后，以履行正义责任为内在主线，将差异群体、民主决策与正义实现联系起来。艾利斯·扬的包容性的沟通型民主，以应对晚期资本主义社会的大规模的结构性的不正义问题为切入点，通过履行正义责任，而将正义责任主体之一的差异群体、正义责任的主要对象民主决策以及实现正义的目标有机联系了起来。这种联系既具有理论上的逻辑性，又具有实践上的现实可行性，解除了关于全球正义的"乌托邦"的魔咒。这种联系也彰显了一国之内的民主与全球民主之间的逻辑同构性。同时，艾利斯·扬认为全球民主是一个包含了一国之内民主的丰富体系，但这种包含关系，不是类似国家功能的世界政府从行政上包含了地方事务的关系，更多的是基于履行正义责任的目标实现关系。正是这种逻辑同构、目标包含关系，使其民主与正义理论包含宏观与微观、时间与空间等多重视角，凸显了开放性、不确定性、流动性。

艾利斯·扬关于民主与正义超越时空限制的论述，类似于康德的观点。康德在《道德形而上学原理》中将作为总纲的绝对命令视为道德的最高原则，评价行为的善与恶，超越时空的限制。对此，奥尼尔指出："康德的伦理方法采取了一种世界主义的观念，而不是一种伦理关切范围内的国家主义的观点。"① 与康德不同的是，艾利斯·扬在正义责任履行的基础上，构建一种超越时空限制的政治伦理。当然，也有不少民主理论家及政治哲学家对艾利斯·扬关于沟通型民主能否实现正义表示怀疑，对其关于民主政治体的范围能够扩展到全球范围也持异议。比如，本哈比不认同艾利斯·扬对沟通型民主（即交往民主）与协商民主之间关系的分析，她认为"协商民主与交往民主之间的这些差异更多是表面上的，而不是实质性的"②。事实上，艾利斯·扬关于民主与正义实现理论的论述确实没有超出资本主义制度，因而只是改良性质的。

但是，随着全球化的深入发展，人类社会进入全球时代，人们愈发意识到单凭一国之力已经无法应对众多挑战，唯有合作才能共赢。艾利斯·扬的民主与正义实现思想，无疑为我们应对全球问题提供了理论与实践的双重指引，特别是在当今一些国家出于自身利益的考虑，或在全球气候谈判中"推卸责任"，或在金融危机过后筑起贸易保护的高墙等情况下，能够激发全球问题的责任主体的责任感，参与全球决策，共同实现全球正义。同时，艾利斯·扬关于全球正义的实现，厘清了责任的范围与重点，从而更具有现实可操作性。

---

① 赵祥禄：《正义理论的方法论基础》，北京：中央编译出版社2007年版，第55页。

② 〔美〕塞拉·本哈比主编：《民主与差异：挑战政治的边界》，黄相怀、严海兵等译，北京：中央编译出版社2009年版，第90页。

第五章　艾利斯·扬政治哲学思想学术价值与启示意义

在晚期资本主义时代,如何穿透物质环境坚硬的外壳,使隐藏其中的关于未来社会的可能性凸现出来,已经成为西方激进左翼理论家必须思考的问题。然而,正如吉登斯所担心的那样,激进主义者似乎对马克思所说的"真正自由"的社会已经不抱希望了。对于这一担忧,英国著名社会理论家戈兰·瑟伯尔尼(Goran Therborn)指出,21世纪初,发达国家尤其是欧美的激进主义者在应对后现代主义的冲击和共产主义的崩溃方面呈现出七大特征:一是欧洲的神学化转变;二是美国的未来主义;三是阶级的取代;四是从国家理论中退出;五是性别特征的回归;六是对网络的推崇;七是与政治经济学距离的拉近。[①] 不得不说,瑟伯尔尼的总结具有一定的合理性。艾利斯·扬透过资本主义物质世界的坚硬外壳,找到了外壳里面隐藏的压迫与支配的结构性关系,试图通过赋予差异群体以公民资格、各责任主体切实履行责任以及诉诸民主的方式,推进正义在民族国家内部与全球范围内的实现。这种直面不正义的勇气与推进正义实现的智慧令人钦佩。

作为"后罗尔斯时代"正义理论的杰出代表,艾利斯·扬的正义思想不仅受益于晚期资本主义时代与理论环境,而且延续了罗尔斯开辟的政治正义领域。她始终站在时代潮头,主动融入后罗尔斯时代有关正义的各种

---

① 〔英〕戈兰·瑟伯尔尼:《从马克思主义到后马克思主义》,孟建华译,北京:社会科学文献出版社2011年版,第144—175页。

争论。笔者认为，对于具有鲜明特征的艾利斯·扬的政治哲学思想，我们需要从现实与理论两个维度来挖掘其对构建中国语境下马克思主义政治哲学的意义，从而更清晰地展示其政治哲学思想的贡献与不足，揭示出其思想的资本主义实质。

第一节　艾利斯·扬政治哲学思想的学术价值

总体而言，艾利斯·扬的政治哲学思想蕴藏着丰富的学术价值，突出表现在三个方面：第一，艾利斯·扬的政治哲学思想内在一致于当代西方政治哲学思想的发展脉络，客观上推动了西方马克思主义以及当代西方政治哲学思想的发展。第二，在与当代西方政治哲学家的思想对比分析中，艾利斯·扬批判分配正义，开辟了后罗尔斯时代正义理论的新范式。第三，艾利斯·扬提出了与众不同的差异政治正义观，主要表现为其试图超越自由主义与社群主义争论，实现了后罗尔斯时代政治哲学思想的新高度。

一、随时代而舞：彰显当代西方政治哲学发展脉络

从西方政治哲学角度来看，艾利斯·扬的政治哲学思想内在一致于当代西方政治哲学思想发展的脉络。随时代而舞是艾利斯·扬政治哲学思想的最好写照，她始终站在时代的潮头，在与马克思主义、自由主义、社群主义、多元文化主义、民族主义等理论的争论过程中，其政治哲学思想经历了一次又一次的转变，在不断发展完善自身的理论体系的同时，也呈现出了当代西方政治哲学思想的发展脉络。

第一个时期：20世纪70年代至80年代，艾利斯·扬主要从经济角度关注女性遭受的剥削与压迫问题。1974年取得哲学博士学位后，她于20世纪70年代末加入一个名为马克思主义激进哲学家（尔后改名为社会主

义女性主义哲学家）协会的组织，并从一开始就是该组织的领导者之一。她组织社会正义方面的活动，为其正义理论奠定了晚期马克思主义的底色。她认为，马克思主义的"阶级"范畴存在性别盲点，提出用性别劳动分工范畴来分析女性状况，认为女性遭受的是资本主义制度与父权制的双重压迫，反对剥削与压迫女性的斗争本身就是反资本主义的。新社会运动则使她深入思考女性、同性恋者、少数族裔等群体遭受的不正义的表现及原因，多元文化主义者认为她为分析资本主义的不正义提供了新的契机和思路。

第二个时期：20世纪80年代末至90年代初，艾利斯·扬通过反思新社会运动，主要从文化角度对分配正义范式进行批判，并试图整合经济正义与文化正义以批判资本主义。罗尔斯的《正义论》探讨的是"无知之幕"下的分配正义，因而并不能解释现实生活的不平等。社群主义者认为罗尔斯所代表的是自由主义正义，重视个人而忽视了共同体的利益。多元文化主义者认为罗尔斯分配正义没有承认差异群体的利益诉求；为此，艾利斯·扬试图整合经济与文化双重正义，寻找导致分配不正义产生的背后原因，应对分配正义的不足。受罗尔斯将社会正义的主题定为结构的启发，在社会关系本体论的指导下，她意识到多元文化主义认为所有文化都具有相同价值，在实践中必然会造成弱势群体的利益得不到有效保护，因而转向了从政治角度思考正义。

第三个时期：20世纪90年代至21世纪初，艾利斯·扬主要从政治角度探索正义实现途径。沿着罗尔斯开辟的将正义由道德哲学领域转向政治哲学领域的道路，她批判罗尔斯虽然将社会制度作为正义的首要价值，但是他注重的是不正义的结果，而未关注产生不正义的原因，如政治决策、劳动分工、文化帝国主义等。事实上，不正义表现的是支配与压迫的关系，不只是经济上的不平等，正义在于打破导致支配与压迫的制度，实现人的自我决定和自我发展。因此，她从参与政治决策的主体不平等为出发点，提出了确保公民都能参与政治讨论的差异公民资格，超越注重身份认同的多元文化主义的文化群体概念，提出结构性社群概念，在批判现有的聚合式民主与协商民主不足的基础上，提出了包容性的沟通型民主以实现正义，而且强调公民的责任、代表的责任、民主模式的责任等内容。

第四个时期：21世纪初直至逝世，艾利斯·扬主要从全球维度思考民族压迫与发展的议题及正义的责任。伴随着美国霸权主义行径在全球的扩展，全球贫困、全球环境危机、后殖民问题等大规模的复杂的结构性不正义问题日益凸显，为了对世界主义、共同体主义等全球性问题予以回应，她指出民族政治体的范围可以扩展至全球，通过族群的无支配自决，构建全球多层次的治理体系以解决诸多全球性问题。此外，她认为在应对大规模的结构性不正义过程中，需要参与产生不正义的社会结构进程的所有人，包括个体、国家、族群等共同承担相应的政治责任。

艾利斯·扬正义思想的四个时期，反映了当代西方政治哲学领域争议的主要流派争论的主要内容及争论焦点的转向。需要强调的是，艾利斯·扬在以上四个时期的思想并非是断裂的，而是连续的，而且她总是在寻找一套既能解释、解决民族国家共同体内部的不正义，又能解释、解决全球范围的不正义的正义规范、制度，因此，其后期的思想往往是前期思想的空间扩展，并没有真正改变正义理论的实质。其中的连续性表现在以下几个方面：

其一，差异性贯穿始终。与强调同等对待所有差异群体的多元文化主义不同，艾利斯·扬的差异政治的正义构想特色表现为：非"他者"地位的结构性社群、超越时空的限制、间接关系、族群、差异性团结等方面。具体而言，与罗尔斯强调只有原子式的个体才能参与无知之幕下的决策不同，她认为不仅个体，而且群体也应参与政治决策，而且这种群体是被视为不平等的"他者"地位的群体，事实上应是作为平等对话的"我—你"关系中的"你"的角色，且是通过各种不同的关系被构建出来的，本身并不具有在实质上一致的身份的结构性社群，表现在全球范围即为族群。这些结构性社群可以因应对某项不正义而超越时空的限制，超越直接关系，共同履行正义的责任。与自由主义和共和主义所蕴含的同质性的普遍性的公民资格不同，她主张的是异质性的公民资格。与罗尔斯、米勒等不赞同全球正义的理论家不同，她认为可以在差异性团结的理念指导下，通过全球民主实现全球正义。

第五章 艾利斯·扬政治哲学思想学术价值与启示意义

艾利斯·扬还强调了在公共领域中差异的重要性。承认差异意味着：第一，将所有边缘的、被排除的群体和个体都纳入公共领域，承认并认可其差异性；第二，差异与共识对决策同等重要，二者在政治讨论过程中并存或相互促进，不是对立关系；第三，差异不同于分歧。差异不仅指人们客观的性别、种族、民族的不同，还包括社会性的差异，比如个人习惯等。分歧仅仅指那些相互对立的区别，其中在公共领域讨论的是需要达成共识的公共性分歧，而私人性分歧以及其他方面的差异属于应受到隐私权保护的私人领域，不能被消除。

此外，她将群体差异视为政治资源。在批判聚合式民主和协商民主的基础上，艾利斯·扬提出了一种包容性的沟通型民主。从差异性公民资格促进正义实现的角度来看，包容的意义主要表现在三个方面：一是将各种差异群体包容进政治讨论的过程，使得差异群体得到平等的尊重，其经验和观点得到表达。将差异群体，特别是处于不利地位的群体纳入政治过程，能够为促进正义的民主沟通提供各种经验上的和批判性的资源，这也是群体差异作为政治资源的基础要求。二是激励参与政治辩论的人将其所具有的来源于利己主义的利益表达的主张转化为对正义的呼吁。由于参与辩论的人需要对那些来自不同社会地位的，怀有不同需要、利益和经历的人做出合理解释，因此他们必须要依据正义的措辞来表达其提议。而且，只有他们依据各项权利平等的主张，考虑其他人的利益，其他人才会接受他们的主张。不过与某些协商理论家的观点不同的是，这种政策建议并不是依据某种共同利益或所有人都能共享的利益而提出来的，相反，承认社会差异的政策建议恰恰是多样性利益的表达。合理的政治决策是挑选出需要优先考虑的且道德上正当的表达。三是最大化扩展信奉民主的公众群体所获得的社会知识，使公民更有可能做出各种公正的、明智的决策。处于不同社会位置的人所具有的各种情境化的知识包括：对于他们的社会位置及其与其他社会位置处于何种关系的理解；关于各种其他显著的社会位置的交往地图，其他显著的社会位置是如何被界定的，它们处在这种社会位置所依据的关系是什么；关于那种社会的历史的观点；关于整个社会的各种关系与过程如何运作的解释，特别是当它们影响到某个人自己的社会位置的时候；在自然环境与物理环境中关于某种特定位置的观点与经验。①这是知识为人们克服偏见从不同角度看待社会环境，准备了条件。

其二，责任贯穿始终。艾利斯·扬曾在《正义与差异政治》的引言中指出："社会正义的政治担当激发了我的哲学思考，它告诉我如果没有了这些人，我就无可述说。"② 为此，她勇敢面对现实，不屈服于现实的不正义，从政治视角解读正义，将履行正义的责任视为非法律或道德的政治责任，这种责任源于结构性不正义的广泛性、复杂性，需要所有参与产生结构性不正义的社会结构进程的主体来履行，履行的方式是参与政治决策，采取集体行动。因此，需要首先赋予差异群体有责任的自由身份的公民资格，采取群体代表制，包括代表与公民都要履行各自的责任，共同推进包容性的沟通型民主，不仅实现民族国家内部的正义，而且面对全球性不正义，作为行动者的族群需要承担相应的责任，推进全球民主，实现全球正义。艾利斯·扬的正义实现理论从根本上说，是在"责任落寞"时代关怀人类命运的强烈责任感驱使下，基于社会关系本体论的政治责任理论。

其三，政治哲学思想一开始就具有拓展至全球范围的潜质。艾利斯·扬于2000年开始在芝加哥大学担任政治科学系的教授，其全球正义的课程深受学生们的欢迎。事实上她对全球正义的关注在1990年发表的《正义与差异政治》就已明确提及，并指出她在此书中提及的正义原则、范畴和观点并非与理解全球范围的正义无关。2000年发表的《包容与民主》明确论述了全球民主与全球治理。正如上文从晚期马克思主义来定位艾利斯·扬所论述的那样，她的正义理论从一开始就具有全球正义的潜质。这种潜质表现为：第一，压迫与支配话语作为不正义的表现，既可用于表述民族国家内部的人与人、群体与群体、国家与个人、群体等之间的关系，又可用于表述国与国、族群与族群、民族与国家、个人、机构、国家、族群与

---

① 〔美〕艾丽斯·M.扬：《包容与民主》，彭斌、刘明译，南京：江苏人民出版社2013年版，第148页。

② Iris Marion Young, *Justice and the Politics of Difference*, Princeton, NJ: Princeton University Press, 1990, p.14.

第五章 艾利斯·扬政治哲学思想学术价值与启示意义

国际组织等之间的关系。第二,正义旨在消除造成压迫与支配的制度,实现被压迫与被支配个体的自我决定与自我发展。据此逻辑,全球正义旨在消除全球范围内造成压迫与支配的制度,实现被压迫与被支配主体的自我决定与自我发展。同时,需要将"自我"的范围由个体扩展为族群。第三,包容性的沟通型民主作为实现正义的条件,同样可以将其包容的思想与准则、政治平等对话的精神等用于全球民主领域。第四,正义的责任主体、范围、对象等本身就具有流动性与不确定性,内在包含了全球正义的责任主体、范围、对象等。而履行正义的策略,需要主体的判断,同样可以用于处理全球不正义问题。而她的正义思想之所以具有全球潜质的根本原因在于其社会关系本体论的哲学基础。相比之下,罗尔斯明确否认其正义原则可用于全球领域;弗雷泽的正义理论是由再分配与承认的二元正义发展为添加了代表权的三维正义观,而她"加入新的政治维度,是为了突破民族国家框架,解释跨国的不平等,说明反全球化的各种斗争"[1],说明其正义规范的不完整性及其理论视野的狭窄性。

最后,批判理论的方法贯穿始终。艾利斯·扬在《正义与差异政治》和《包容与民主》中明确指出她采用的是批判理论的方法,实际上,这一方法贯穿其思想始终。主要表现为以下几个方面:第一,其正义思想的逻辑起点是对罗尔斯的分配正义的不满,叙述起点是批判晚期资本主义的不正义,符合批判理论以分析特定社会现象为基础,对社会现象进行批判性反思的逻辑。第二,无论是差异性的公民资格、社会连接责任模式、包容性的沟通民主还是全球正义等思想,无一不是在批判性分析自由主义、社群主义或民族主义等思想流派的基础上形成的独特思想。第三,她不仅乐于批判其他人的思想,更喜欢别人对她的思想进行批判。正如玛莎·努斯鲍姆所言:"对艾利斯的勇气和贡献表示敬意的最好方式是与她辩论。"[2]

---

[1] 〔美〕南希·弗雷泽:《正义的尺度——全球化世界中政治空间的再认识》,欧阳英译,周穗明校,上海:上海人民出版社2009年版,译者前言第9页。

[2] Young, Iris Marion, *Responsibility for Justice*, New York: Oxford University Press, 2011, Foreword, p.xi.

然而，需要指出的是，囿于当代美国新马克思主义对多元文化主义和后现代主义的依赖，以及艾利斯·扬试图找寻一种涵盖微观与宏观、超越时间与空间的正义实现理论，其政治哲学思想存在着明显的不足。

首先，基于社会关系本体论构建的个人与共同体关系缺乏生产的基础。纵观艾利斯·扬的政治哲学思想，马克思主义一直是其思想一个重要来源，可是她对马克思主义理论的借鉴并不彻底。例如，针对自由主义与社群主义对自我的普遍性理解，忽视了差异群体的不足。艾利斯·扬依据社会关系本体论，提出差异性的公民资格，表现为结构性的社群与族群。然而，这种对自我的阐释，缺乏生产的基础，在马克思主义看来并没有抓住社会关系的本质。马克思主义视域中的自我源自一种生产的观念，个人通过劳动的过程来构建各自的身份，并在劳动实践中不断发展丰富，因此这种自我，既不同于自由主义原子式的代表人的普遍性的自我，也不同于社群主义代表共同体利益而忽视个性的自我。综上，马克思主义视域中的自我是建立在社会生产关系基础上体现多样联系的特殊的人，且具有能动性，能够认识和利用规律，改变被压迫和被支配的处境，最终实现人与社会的全面而自由的发展。正如俞吾金所言，"马克思哲学革命的性质乃在于他创立了'社会生产关系本体论'，正是这一理论为我们透视一切社会现象提供了一把钥匙。"①

其次，理论蕴含的不确定性元素多。囿于后现代主义的影响及对批判理论的理解，艾利斯·扬不以提出某种确定性的概念和理论为目标。在这种观念的指导下，她没有给社会群体、社会结构进程、正义、社会连接责任模式、包容性的沟通型民主等下一个明确的定义，都是在批判特定的思想中形成的不确定的、只有相关判断标准的大段阐释。除此之外，她对借用他人思想的概念也进行了重新建构，比如将差异用于公民资格，并提出结构性的差异群体概念；族群的概念也不同于人类学意义上的族群。这些使她的思想在富有开创性和开放性的同时，也使其限于无法实现的乌托

---

① 俞吾金：《马克思哲学是社会生产关系本体论》，载《学术研究》，2001年第10期，第12页。

邦。比较有代表性的是人们对其社会连接责任模式的态度，人们一方面认同这一理论因其能够用于分析绝大多数的大规模的结构性不正义而将其用于分析全球环境问题、全球贫困、女性主义、代际责任、动物保护、后殖民主义等众多主题，另一方面又认为其责任主体具有不确定性、责任范围过大难以真正实现。

最后，偏重弱势群体的正义。艾利斯·扬明确指出，关注弱势群体是其理论来源，这也使其提出的差异群体、差异政治、包容性的沟通型民主等高度契合弱势群体的利益。然而这种关注在使她的理论自带光环的同时，也使其理论具有某种片面性。以其应对民主决策过程中的内部排斥为例，本哈比承认艾利斯·扬所提出的礼节、修辞和叙事等交往形式虽然在日常交往中确有其作用，但她认为民主理论没必要将这些日常沟通能力正规化和制度化，也没必要将其与批判性论证对立起来，而且在她看来论证更为重要。她认为礼节、修辞和叙事不能成为民主制度和立法机构的公共语言的原因在于："民主制度要获得合法性就必须对它们行动的根据作出说明，政策要获得合法性就必须以共同享有和接受的公共理性推理式语言来加以表达。"[①] 她指出，艾利斯·扬试图将法律规范语言转化为一种更局部的、更有感染力和更加情景化的沟通模式，这会带来武断的后果，使局面变得变幻莫测，从而不是提升而是限制了社会正义。艾利斯·扬诉诸群体差异、政治责任、族群等维护的是弱势群体的利益，而且最终演化为个体的正义，似乎回到了自由主义的逻辑。因而，其有关正义实现的思想更像是一种解决现实问题的权宜之计。艾利斯·扬政治哲学思想理论上的不足，折射出当代西方政治哲学家对解决资本主义现实问题的不足，暴露了西方政治哲学思想存在着自身不能克服的缺陷。

---

① 〔美〕塞拉·本哈比主编：《民主与差异：挑战政治的边界》，黄相怀、严海兵等译，北京：中央编译出版社2009年版，第90页。

二、批判自由主义：开辟当代西方政治哲学叙事新范式

艾利斯·扬反对从某种应然的前提出发进行逻辑推导得出应然的结论，或者从有关道德、人性或良善生活的哲学假设出发推理论证得出相应的规范理念和原则，主张采取与特定社会相契合的政治哲学思想。通过对晚期资本主义社会的深入分析，她认为晚期资本主义的一个重要特征便是福利资本主义社会的去政治化，与此相适应的是，分配正义范式发挥着意识形态的功能，遮蔽了导致晚期资本主义不正义的政治决策、劳动分工、文化帝国主义等问题。从而，批判分配正义范式成为其政治哲学思想的逻辑起点。

由于艾利斯·扬主要采用批判理论的方法，从社会与历史的视角进行情景化的规范分析与论证，但她反对只是单纯描述现实社会存在的各种不正义现状的实证主义研究方法，认为实证主义方法宣称价值中立而摒弃了分析现实问题的价值维度；也反对从规范性理念出发去分析现实。因此，她的政治哲学思想综合了事实判断与价值判断，偏向于将自己的价值融入实际观察，得出一种源于现实又与现实保持一定距离的正义理论。艾利斯·扬在晚期资本主义与"后68"的西方激进时代的大背景下，基于社会关系本体论的世界观，采用批判理论的方法，从马克思主义、女性主义以及后现代主义等理论中汲取资源，批判晚期资本主义社会日常生活中的不正义现象，分析不正义的表现、原因以及变革不正义的途径，最终实现一个正义的社会。艾利斯·扬的这种逻辑框架，不同于后罗尔斯时代的法兰克福学派第三代代表人物霍耐特和弗雷泽的政治哲学思想框架。霍耐特、弗雷泽与艾利斯·扬政治哲学思想某种程度上都是对分配正义范式的修葺，但是三者的理论缘起与重点的不同带来了理论逻辑架构的巨大不同。

具体而言，霍耐特的承认理论始于对其老师哈贝马斯交往行为理论的价值中立性的不满，他从黑格尔那里寻找承认的灵感，并将承认理念由黑格尔的意识哲学领域推演到社会哲学领域。他认为，人与人之间的平等交往并非哈贝马斯所谓的无涉正义规范，相反，在一个好社会中，人与人之

第五章 艾利斯·扬政治哲学思想学术价值与启示意义

间的平等交往源于承认关系的确认，承认关系有三种形式，包括从爱和亲密关系中获得的"情感承认"，从公民之间的平等权利和同等尊严关系中获得的"法律承认"，以及从群体成员的价值共同体关系中获得的"团结承认"，即爱、权利和团结三种形式，交往主体从三种承认中形成自信、自尊和自豪。因此，承认就是反对任何形式的蔑视。到后来，霍耐特又提出多元正义构想，强调自我实现不能被分配，而需要人们在共同体中不断努力才能够实现，倡导国家立法以保证这种交往关系的完善。从为承认而斗争到多元正义，霍耐特即使是通过对社会的病理学分析，得出的结论也依然是政治伦理学范围的，他将国家视为主要责任主体，一国与全球的范围分割得十分明确。总体而言，霍耐特的承认正义理论与艾利斯·扬的正义理论，虽然都反对某种预设前提，强调人与人之间的关系，批判分配正义，重视文化，但两人的侧重点不同，霍耐特更注重国内正义。

弗雷泽虽然肯定霍耐特看到多元文化时代、承认文化的重要性，但她不认同霍耐特仅仅从承认视角介入政治哲学问题，反对霍耐特的一元论。她认为，在后社会主义时代，"分配不公正并未消失。相反，经济不平等正在增长"①，从而提出再分配与承认的二元论，并由此引发当代西方正义理论领域有关承认的争论。在争论中，弗雷泽部分地采纳艾利斯·扬等学者的意见，结合后社会主义的时代背景，提出以参与平等为基本原则的，强调经济上的再分配、文化上的承认与政治上的代表权的"一元三维"正义观②。霍耐特也回应称，他不否认弗雷泽的三维正义观，但他认为承认是基础性的，再分配是派生性的。对此，弗雷泽回应称，三维正义不可归约。而艾利斯·扬在肯定弗雷泽相对霍耐特而言的进步性的同时，认为弗雷泽仅仅将社会划分为经济与文化维度过于简单，不符合晚期资本主义社会的复杂性。正因如此，弗雷泽将二元正义拓展为"一元三维"正义，丰

---

① 〔美〕南希·弗雷泽、〔德〕阿克赛尔·霍耐特：《再分配，还是承认？——一个政治哲学对话》，周穗明译，翁寒松校，上海：上海人民出版社2009年版，第2页。

② 贺羡：《"一元三维"正义观——南希·弗雷泽的正义理论研究》，北京：人民出版社2015年版，导论第1页。

富了正义的维度。虽然艾利斯·扬因生命的终结而没有机会对弗雷泽的补充进行再评价，但是依据她的思想，笔者认为她虽然会肯定弗雷泽的改进，重视代表权，但她更多的是不认同弗雷泽的做法。笔者的判断主要基于以下两点：其一，遵照之前二者的交锋逻辑，艾利斯·扬仍会认为弗雷泽将社会划分为经济、文化以及政治维度过于简单，资本主义不正义是结构性，各种因素相互交织导致现实的不正义。其二，弗雷泽增添政治维度的代表权的初衷是应对全球化冲击，而事实上，全球化的影响在晚期资本主义阶段早已凸显，并不是21世纪才开始显现。因此，即使添加了政治维度，也不能证明弗雷泽的正义理论的全面性。

三者的不同理论逻辑，究其原因在于对晚期资本主义认知的不同。霍耐特将晚期资本主义的不正义主要视为文化—伦理层面的冲突，因而强调文化承认；弗雷泽认为资本主义不正义包括经济不平等与文化上不承认，以及政治上的不平等，因而把资本主义的不正义从经济、文化层面的冲突发展到经济、文化与政治三个不可归约层面的冲突；艾利斯·扬从社会关系本体论视角来看待当下的资本主义，认为晚期资本主义发生了巨大变化，突出特征是福利资本主义社会的去政治化、科层制去政治化且成为一种新的压迫形式、资本权力控制的微观化、资本霸权的全球化，因此从政治角度关注正义成为她的切入点，由此也引发了她对罗尔斯的分配正义范围的批判，转而从分配正义忽视的政治决策、劳动分工、文化等领域思考正义。而且她认为这些因素都是相互勾连的，共同造成了资本主义的不正义。

值得一提的是，其对时代的认知使得艾利斯·扬与霍耐特、弗雷泽的政治哲学思想有一个巨大的不同，即艾利斯·扬的政治哲学思想一开始便蕴藏全球特性。在《正义与差异政治》一书的尾声"国际正义"一节中，她指出她是把"开端当作结尾"了。[①] 她强调她在此书依据美国的现实所建立起来的原则、范畴和观点，不能被简单扩展至南半球、东半球乃至国

---

① Young, Iris Marion, *Justice and the Politics of Difference*, Princeton, NJ: Princeton University Press, 1990, p.257.

第五章 艾利斯·扬政治哲学思想学术价值与启示意义

际范围的正义问题。但不可否认的是,"其中的许多原则、范畴和观点与理解这些地区的正义问题密切相关。"① 而且,她在结尾最重要的就是论证《正义与差异政治》一书所涉及的"主题扩展到国际背景以及与西方福利资本主义社会以外的社会的可能性"②。以上论据说明,事实上,艾利斯·扬一开始就是从全球视野来思考其正义理论的,只不过她的叙述是从批判资本主义的代表美国的不正义开始的。艾利斯·扬提出的差异性公民资格、正义的责任、包容性的沟通型民主本身既适用于分析民族国家内部的正义问题,也适用于分析全球正义问题。

三、超越自由主义与社群主义之争:实现当代西方政治哲学的新高度

罗尔斯的《正义论》的出版引发了当代西方政治哲学自由主义内部,以及自由主义与社群主义之间长达几十年的争论。国内学者龚群将以罗尔斯为代表的新自由主义与以麦金太尔、桑德尔、泰勒以及沃尔泽为代表的社群主义之间争论的主题归结为,"自我、共同体、正当与善、正义的普遍性与特殊性、分配正义等五个方面,并认为这些论题构成了当代政治哲学的基本论题域"③。史蒂芬·缪哈尔和亚当·斯威夫特在合著的《自由主义者与社群主义者》中,将社群主义者与自由主义者以及各种各样的自由主义之间的争论归结为五个主题:"人的观念、利己个人主义、普遍主义、主观主义还是客观主义、反至善主义与中立,而且都与批判罗尔斯的原初

---

① Young, Iris Marion, *Justice and the Politics of Difference*, Princeton, NJ: Princeton University Press, 1990, p.257.

② Young, Iris Marion, *Justice and the Politics of Difference*, Princeton, NJ: Princeton University Press, 1990, p.257.

③ 龚群:《当代自由主义与社群主义:背景与问题域》,载《华中师范大学学报(人文社会科学版)》,2012年第6期,第72页。

状态有关"①。虽然概括的内容不一样，但两种观点其实差别不大。除此之外，社群主义与自由主义争论的主题还包括现代社会现实的民主问题、责任、全球正义等。换句话说，本书所阐述的公民资格、正义的责任、民主理论、民主共同体的范围、全球正义等，某种程度上都是自由主义与社群主义的直接争论主题及其衍生主题。本书将从总体上阐述其正义思想在试图超越自由主义与社群主义方面的种种表现，分析艾利斯·扬在当代西方政治哲学思想史上的重要地位。

1. 关于自我概念

当代的社群主义主要攻击的予头是罗尔斯的自我观。自由主义的批评者拒绝将人们想象成孤立、自足的原子式个体，每个人都拥有相同的权利，从而将他人排除在外，认为这种权利实质上是一种保持孤立的权利。相反，社群的理想让他们找到了替代自由主义抽象的、形式性的权利的方式，即生活于共同体之中，人们不仅尊重彼此普遍性的权利，而且关注和分享他人特殊的需要和利益。桑德尔认为罗尔斯作为公平的正义预设了一个作为先在个体的自我。这种自我先于其欲望与目标而存在，自我是完整的、独立的、有边界的，属于占有式的自我。然而，这种自我概念是不真实和不连贯的，与共同体相分离，因而提出用一种构成性的自我概念来代替罗尔斯的占有式的自我，即自我从属于社会，从属于共同体的特性，蕴含价值与目标。本杰明·巴伯也认为在自由主义政治理论中，人们被视为原子式的、孤立的个体，社会与政治关系只是满足私人欲望的工具，由此催生了将冲突与竞争视为交往的典型模式的政治理论，因此他也主张诉诸社群的理想，用既关注私人的需要和欲望，又肯定人与人之间亲密关系的社会建构"人"的概念，来替代原子式的、孤立的自由主义的自我概念。

艾利斯·扬也认为自由主义的自我概念忽视了群体，因此肯定社群主义对自由主义的原子式的自我概念的批判，并将社群定义为交往、意义与亲和力的关联产物，据此人们相互认同。不过，艾利斯·扬认为社群主义

---

① 〔英〕史蒂芬·缪哈尔、亚当·斯威夫特：《自由主义者与社群主义者》（第二版），孙晓春译，长春：吉林人民出版社2007年版，第10—37页。

第五章　艾利斯·扬政治哲学思想学术价值与启示意义

对自由主义的自我概念的批判及与之相关的关于人性的消费导向的假设、政治功能的工具主义理解、政治的私人化等的批判,事实上在脱离社群主义框架的情况下同样可以实现。基于对自我概念的对立理解,产生了关于自由主义与社群主义、孤立的自我与共享的自我之间的尖锐对立。然而,在艾利斯·扬看来,自由主义与社群主义对立的背后,事实上都否认差异,前者假定自我是一个坚固的、自足的个体而不需要被自身之外的任何人与事定义,因而否定差异;后者设想一种处于总体的相互认同、构成统一或亲密关系的个体,从而否定个体差异。同时,许多学者把由社群主义者对罗尔斯的批判引发的政治学者之间的争论,简化为自由主义与社群主义之间的二元对立,似乎穷尽了自我概念的全部可能性。艾利斯·扬的差异公民资格的提出无疑超越了这种片面的理解。差异的公民资格将人视为社会关系中的人,具有差异的人,差异政治旨在将差异性群体团结起来,维护自身的利益。艾利斯·扬还将这种自我概念运用到全球领域,分析族群的特性,她反对那种世界主义的公民资格。而且,她将传统基于人性的假设的公民资格转为基于关系结构的公民资格。在她看来,无论是基于"经济人""理性人""公共人"的自由主义公民资格,还是基于"政治人"的共和主义公民资格,奉行的都是某种普遍性或共通性的公民资格观,都忽视了差异性,因此,艾利斯·扬提出从互动关系视角看待公民资格。

2. 关于正义责任

20世纪80年代以来,西方民主国家相继进行福利制度改革引发了关于导致人们之间不平等的原因以及谁有责任来补救不平等的社会讨论。其中默里和米德遵守自由主义的观点,认为社会弱势群体的不利状况是由他们自身的行为和特质造成的,消除这些不利状况是他们的个人责任。艾利斯·扬认为这实则将弱势群体置于不平等的公民地位,反映了自由主义关于赋予公民普适性的平等权利的虚假性,只是形式上的平等而非实质平等。德沃金在对罗尔斯的分配正义论批判的基础上,提出国家要实行再分配的措施以弥补他们的环境而不是他们的选择造成的劣势,并将个人不能控制的环境归为运气。艾利斯·扬认为这两种观点都意识到社会结构因素对不正义的影响，但都有意识地避开了社会结构因素，将不正义原因归为个人特质，进而将改变不正义的责任单纯归结为个人责任，回避了个人对由社会结构产生的不正义的责任。受阿伦特的政治责任思想的启发，艾利斯·扬找到了破解个人责任争论的困境的钥匙，提出了社会连接责任模式，将正义的责任性质划分为政治责任，不同于法律或道德的个人责任。

按照艾利斯·扬社会连接责任模式界定、特征及适用范围的描述，所有有助于产生结构性不正义的社会进程的人与机构都应对此负责。由此可以推断，民族国家内部的结构性不正义的责任主体至少包括与之相关的个人、机构、国家等；全球不正义的责任主体至少包括与之相关民族国家内部的、本土—地方自治主义者的、跨国—区域性的及全球—世界性的，也即族群，两个层面的责任主体都具有流动性与不确定性，但也恰恰表明了不正义问题的复杂性。事实上，各层面的责任主体就构成了一个共同体，不过这种共同体不是自由主义或社群主义所指的民族国家，而是由产生结构性不正义的社会结构进程接合在一起的差异群体。通过各责任主体履行责任，诉诸包容性的沟通性民主实现社会正义；或诉诸全球民主，承认族群差异、用差异性团结理念代替整合理念、构建全球多层次的管理体制，附之以改革联合国机构等具体措施以实现全球正义。她还运用这一理论试图解决全球贫困、历史不正义、全球劳工不正义等问题。

3. 关于民主与正义关系的论述

她深刻论述了民主与正义之间的关系。艾利斯·扬认为正义的概念一致于政治的概念，沿着罗尔斯开辟的将正义由道德哲学领域转向政治哲学领域的道路，她主要从民主政治探索正义实现途径。从时间来看，艾利斯·扬政治正义思想早于霍耐特与弗雷泽，而且是从一开始就关注政治伦理，与后两位发生理论转向不同。霍耐特直接关注民主与正义间关系的文本是 1998 年发表的论文《作为反身性合作机制的民主》[①]；弗雷泽更是受

---

① Axel Honneth, "Democracy as Reflexive Cooperation: John Dewey and the Theory of Democracy Today", *Political Theory*, 1998, p.26.

第五章　艾利斯·扬政治哲学思想学术价值与启示意义

艾利斯·扬的直接启发，于2004年提出参与平等，界定正义的政治维度，而直到2009年发表的《正义的尺度》才真正完整阐述其民主正义理论。相比之下，艾利斯·扬在1990年发表的《正义与差异政治》一书中，首先就提出了政治平等，关注分配正义范式所没有关注的政治决策、劳动分工以及文化领域，并在2000年发表的《包容与民主》一书中详细论述了民主与正义之间的关系。从理论内容来看，艾利斯·扬某种程度上解决了晚期法兰克福学派未能解决的不民主与不正义之间的恶性循环问题。由于哈贝马斯关注的是多元主体之间的程序民主的后形而上学正义观、霍耐特将民主伦理要求作为社会分析的正义理论及弗雷泽基于参与平等的再分配、承认与代表权的"一元三维"正义观，关于民主与正义间关系理论的出发点都是预设的理想价值而不是现实的社会关系，因此很难从根本上解决不民主与不正义间的循环问题。[①] 而艾利斯·扬从现实的压迫与支配关系出发，认为正义即消除产生压迫与支配的各种制度，界定了正义责任的性质、主体、对象、范围以及履行责任的办法，并落实到包容性的沟通型民主模式之中，从规范意义上解决了不民主与不正义之间的恶性循环问题。

综述所述，艾利斯·扬在自我、正义的责任、民主与正义的关系等诸多方面都超越了自由主义与社群主义。在笔者看来，这种超越根本原因在于她不同于二者的基本立场与方法论。罗尔斯代表了当代自由主义的基本立场与方法论。其正义论宣告了自由主义的基本立场是维护公民的自由平等权利，为此他重新确立了为功利主义和历史主义所否定的古典契约论的地位与解释力量，采取了契约论的方法论，并引发了与自由主义内部的诺齐克、社群主义之间的理论争论。社群主义抨击自由主义的契约主义是一种理性普遍主义，在他们看来，这种理性普遍主义属于所有人共同具有的实践理性或理性能力，因此，起决定作用的是产生这种普遍的理性的共同体而非理性本身。共同体取代理性占据政治哲学的基础性地位，并由此形

---

① 杨礼银：《晚期法兰克福学派视域中民主与正义的关系》，载《武汉大学学报（人文科学版）》，2016年第5期，第77页。

成社群主义以共同体概念为基础的基本立场,以及反对自由主义的普遍主义而坚持一种政治的特殊主义的方法论。

相比之下,艾利斯·扬的差异政治既抓住了自由主义的个人权利,又抓住了社群主义的共同体,不过在她那里共同体指的是社会群体。在社会关系本体论的指导下,她认为社会群体形成于人们之间的关系,与其成员共享的一系列的特性关联不大。因而,她反对将社会群体差异还原和简化为身份认同。在现代社会,群体差异随处可见,而且随着全球化进程的不断深化,人们相互依赖程度不断提高,群体身份将不断变化更新。但是无论怎样变化,总归存在弱势群体与强势群体的分化,而艾利斯·扬对弱势群体的关注,使她能够挖掘到导致弱势群体产生背后的结构性原因,正是国家制度、官僚制度等造成对弱势群体的支配与压迫,从而从制度文明角度推进人的自我决定与自我发展,实现人与共同体的斗争性的共生发展。

第二节 艾利斯·扬政治哲学思想的启示意义

如果说以上对艾利斯·扬政治哲学思想的评价都是站在马克思主义视角,考察艾利斯·扬的政治哲学思想在当代西方政治哲学以及当代西方马克思主义中的位置,那么本节就是站在马克思主义视角,考察艾利斯·扬的政治哲学思想对马克思主义政治哲学的理论价值以及对当代中国构建公平正义社会的启示。

一、对马克思主义政治哲学的理论价值

构建中国语境下的马克思主义政治哲学,离不开对国外马克思主义公平正义理论的考察。当代西方,在国外马克思主义公平正义理论领域存在着一个长达几十年的争论,即关于马克思主义到底有没有正义理论的争论。

第五章 艾利斯·扬政治哲学思想学术价值与启示意义

对于马克思主义到底有没有正义理论,西方学界形成了两种截然相反的理论判断。事实判断一方以罗伯特·塔克和艾伦·伍德为代表,认为《资本论》主要是从瓦解资本主义的生产方式而非现代法权观念的角度批判资本逻辑,是事实批判,《资本论》与正义无关。国内学者谭清华概括得更为清晰,指出在伍德那里,"正义只是对反映主导生产方式和交往关系的法权的事实陈述"①。价值判断一方以齐雅德·胡萨米、罗尔斯、柯亨为代表,认为马克思"对资本主义的评价却是站在自己的伦理立场之上"②,马克思有批判资本主义及其分配原则的正义原则。在谭清华看来,这种基于价值判断的正义,"能够超越于既有的生产方式和交往关系的制约,对既有生产方式和交往关系以及基于他们建立起来的社会秩序进行价值评判"③,评价内容随着社会形态的更替而变更。

以上两派的争论说明,基于在马克思主义那里正义是事实还是价值的判断无法获得一种确定性的正义观点。因此,只有坚持事实与价值、规律与规范的辩证统一才是对马克思有无正义问题的最好解答。事实上,马克思的社会批判思想经历了由基于哲学思辨推理的应然批判到基于经济学的实然批判的过程。④ 这场争论几乎与罗尔斯《正义论》所引发的争论同时并存。在当代西方,罗尔斯《正义论》引发了自由主义内部、社群主义、多元文化主义等流派之间几十年的争论,带来了当代政治哲学的复兴。然而,在复兴的图景中却很难找到马克思主义政治哲学的身影。马克思主义政治哲学要么被单纯解读为人本主义而被纳入自由主义政治哲学,要么被解读为简单的实证主义而被纳入保守主义政治哲学,要么被视为激进而又

---

① 谭清华:《马克思的正义理念:事实还是价值》,载《哲学研究》,2015年第3期,第26页。
② 〔美〕齐雅德·胡萨米:《马克思论分配正义》,见李惠斌、李义天编:《马克思与正义理论》,北京:中国人民大学出版社2010年版,第75页。
③ 谭清华:《马克思的正义理念:事实还是价值》,载《哲学研究》,2015年第3期,第27页。
④ 刘同舫:《从应然到实然——马克思社会批判的价值取向转变》,载《南京政治学院学报》,2015年第2期,第1页。

过度的民间情绪而被有意旁落。① 国内学者孙正聿更是认为，"从根本上说，当代西方的政治哲学并不是站在马克思主义的立场上的'对于政治生活和政治事物的哲学反思'，恰恰相反，往往是从'告别无产阶级和马克思主义'这一基本立场出发而形成其政治哲学理论。"②

当我们将艾利斯·扬置于这场争论中，我们发现虽然艾利斯·扬没有直接加入这场争论，但她的政治哲学思想综合了事实判断与价值判断，从侧面回应了争论。那么，她的政治哲学思想是否也是基于对无产阶级与马克思主义的告别立场呢？鉴于艾利斯·扬的正义思想的一个重要来源便是马克思主义，而且她也采用了批判理论、辩证法等马克思主义哲学方法，我们有必要考察艾利斯·扬的政治哲学思想对构建马克思主义政治哲学的价值。

艾利斯·扬从实然批判出发，剖析晚期资本主义不正义现象，将正义视为人的自我决定与自我发展能力的满足，而这正是马克思主义政治哲学最基本的立场，即马克思的正义，"以'人的解放'和'人的全面发展'为基本指归，将现实与理想、实然与应然、事实与价值融为一体"③。从这一基本立场出发，我们能够更清晰地看到艾利斯·扬政治哲学思想与马克思主义政治哲学的关联与不同。

第一，关于人的观念、个人与共同体的关系。艾利斯·扬反对自由主义的原子式的个人，以及社群主义抽掉了社会历史特征的普遍性的人，提出要从社会关系本体论角度来看待个人与社会的关系，认为社群在人与人之间的相互关系中形成，是变动的也是绝对真实的，"群体既是由那些个

---

① 邹诗鹏：《当代政治哲学的复兴与马克思主义政治哲学传统》，载《学术月刊》，2006 年第 12 期，第 25 页。

② 孙正聿：《建构马克思主义政治哲学的前提性思考和理论资源分析》，载《中国社会科学》，2006 年第 6 期，第 34 页。

③ 李佃来：《"正义"的思想谱系及其当代构建》，载《学术月刊》，2012 年第 11 期，第 58 页。

第五章　艾利斯·扬政治哲学思想学术价值与启示意义

体构成的，同时又存在于他们的关系之中"①。这与马克思从社会关系来看待人的本质的观点类似，然而艾利斯·扬将这种关系视为交往关系，更具体的讲是因要求参与政治生活，满足自我发展与自我决定需要进行交往，而构成社群这个共同体，所以二者更多的是本质上的不同。

艾利斯·扬同马克思一样，都将目光投向现实的人。马克思主义认为，"全部人类历史的第一个前提无疑是有生命的个人的存在。"② 因此，他们的出发点是"处在现实的、可以通过经验观察到的、在一定条件下进行的发展过程中的人"③。在马克思看来，"人的本质不是单个人所固有的抽象物，在其现实性上，它是一切社会关系的总和。"④ 只有把握一个人的社会关系，才能认识人的本质。马克思所谓的社会关系是使人的最基本的实践活动——物质生产实践活动得以展开的本体论前提。"人们在生产中不仅仅影响自然界，而且也互相影响。他们只有以一定的方式共同活动和相互交换其活动，才能进行生产。为了进行生产，人们相互之间便发生一定的联系和关系；只有在这些社会联系和社会关系的范围内，才会有他们对自然界的影响，才会有生产。"⑤ 列宁也非常清晰地阐明了在马克思那里社会生产关系的基础性作用，他指出，马克思"从社会生活的各种领域中划分出经济领域，从一切社会关系中划分出生产关系，即决定其余一切关系的基本的原始的关系"⑥。但是，艾利斯·扬关于现实的人的关系更倾向于哈贝马斯的交往关系，是基于对马克思的"劳动"概念进行工具理性的理解，以"相互作用"为特质的主体间的交往行动来重构人的本质。这反映了政治哲学家对晚期资本主义危机的一种思考。虽然，艾利斯·扬的社

---

① 〔美〕艾丽斯·M. 扬：《包容与民主》，彭斌、刘明译，南京：江苏人民出版社2013年版，第112页。
② 《马克思恩格斯文集》第1卷，北京：人民出版社2009年版，第519页。
③ 《马克思恩格斯文集》第1卷，北京：人民出版社2009年版，第525页。
④ 《马克思恩格斯文集》第1卷，北京：人民出版社2009年版，第505页。
⑤ 《马克思恩格斯文集》第1卷，北京：人民出版社2009年版，第724页。
⑥ 《列宁专题文集·论辩证唯物主义和历史唯物主义》，北京：人民出版社2009年版，第157页。

群看似超越了时空的限制，具有广泛的适用性，但实际上它因缺乏生产活动的支持而限于相对主义的泥沼。

第二，关于对资本主义的批判。无可否认，艾利斯·扬所处的晚期资本主义与马克思恩格斯所处的资本主义相比，已经发生了巨大的变化，对资本主义的认识与批判已然有很大的不同。无论是新自由主义、社群主义、多元文化主义，还是艾利斯·扬的政治哲学思想，都是在资本主义的框架下批判资本主义。2003年，詹姆逊不无绝望地说："想象世界的终结比想象资本主义的终结要容易得多"①，无独有偶，2005年齐泽克也悲观地认为："想象地球上所有生命的终结比想象对资本主义极其温和的改造要容易得多。"② 正是出于对资本主义制度这种态度，新自由主义也只是在资本主义框架内批判资本主义的分配不正义；社群主义也只能在对新自由主义的批判的基础进行修修补补；多元文化主义抓住了资本主义社会差异性的特质，但依然只能为弱势群体争取身份承认。艾利斯·扬批判了以上观点存在的不足，批判分配正义，关注分配正义所忽视的政治决策、劳动分工等领域的正义，提出差异政治，甚至还关注了传统正义理论所忽视的空间领域，追求全球正义，但仍旧不能对资本主义进行革命性的变革。

相比之下，马克思基于唯物史观与剩余价值论两大发现，挖掘出资本主义不正义的本质即在于生产资料的私有制与社会化大生产之间的矛盾。这一矛盾运动自发地推动资产阶级调整生产力与生产关系之间的关系，某种程度上，我们可以说资本主义的福利制度、公民资格、协商民主制度等都是资产阶级为了维护自身的统治而进行的关于生产关系的调整。马克思恩格斯曾指出："真正的自由和真正的平等只有在公社制度下才可能实现；这样的制度是正义所要求的。"③ 这里的公社制度指的是共产主义制度。那么，为了实现正义，作为被压迫阶级的无产阶级应联合起来推翻资本主义

---

① 转引自汪行福：《当代资本主义批判》，载《国外理论动态》，2014年第1期，第36页。

② 转引自汪行福：《当代资本主义批判》，载《国外理论动态》，2014年第1期，第36页。

③ 《马克思恩格斯全集》第3卷，北京：人民出版社2002年版，第481页。

第五章　艾利斯·扬政治哲学思想学术价值与启示意义

私有制，建立没有剥削没有压迫的个人与社会自由而全面发展的共产主义社会。在此过程中，暴力手段和非暴力手段都可以用来推进正义的实现。

第三，关于自由、政治解放与人类解放。艾利斯·扬批判自由主义追逐个人自由，社群主义强调共同体自由的优先性，二者尖锐的对立似乎穷尽了自由的类别，信奉共和主义的无支配自由，并将其运用于全球正义领域。简而言之，无支配自由既保证了个体自治，又捍卫了共同体的自由，使个人在共同体之下仍然具备自我决定与自我发展的能力。艾利斯·扬关于无支配自由的论述的确为破解自由主义与社群主义的争论提供了一个绝妙的建议。然而，基于其将正义等同于政治，且不说按照差异性的公民资格、包容性的沟通型民主能否实现个体与共同体的自由，即使能够实现自由，那也是个体与共同体在政治上的解放，远没有达到人的自由而全面的发展以及人类的解放的程度。对于马克思而言，他所设想的政治正义就是必须通过共产主义运动来"消灭劳动，并消灭任何阶级的统治以及这些阶级本身"①，通过这个革命的运动将生成一个"每个人的自由发展是一切人的自由发展的条件"②的联合体。然而，马克思主义关于人类解放的思想也经历了追求政治解放的历程。

受卢梭的人权思想以及德国古典法哲学的影响，早期的马克思反对封建专制制度的特权和神权，主张自由、平等和正义的理性观念，试图构建国家与个体和谐统一的理性国家，形成了以自由为基本原则的理性国家观。但是，面对普鲁士王国颁布的名为自由、实为专制的新的书报检查令以及林木盗窃案，马克思日益发现理性国家观无力解释现实问题，从《评普鲁士最近的书报检查令》到《关于新闻出版自由和公布省等级会议辩论情况的辩论》，再到《〈科隆日报〉第179号的社论》《黑格尔法哲学批判》，我们发现马克思逐渐意识到黑格尔的理性国家和法只是实现私人利益的手段。不过，在对黑格尔法哲学的最初批判中，马克思依然坚持黑格尔的国家观点，提出通过建立"真正的民主制"来克服国家与社会的分裂

---

① 《马克思恩格斯文集》第1卷，北京：人民出版社2009年版，第542页。
② 《马克思恩格斯文集》第10卷，北京：人民出版社2009年版，第666页。

的政治解放方案。直到《论犹太人问题》,他怀疑黑格尔的理性的国家正义观,转向思考政治国家、法与市民社会的关系问题,并向政治经济学转变。马克思更加清晰地发现,启蒙思想家所描绘的"人权理想国"只是资产阶级所追求的政治解放,并不是真正的人类解放,而要实现彻底的人类解放,就必须超越政治解放。值得注意的是,在明确提出人类的解放在于国家消亡的基本规定之后,马克思却重提"争得民主"。在马克思看来,民主作为国家制度虽不意味着人类解放,但却有助于人类解放的实现,而且国家最终被扬弃的一个重要要求是民主的充分发展。因此,政治解放不是人类解放,但"政治解放当然是一大进步;尽管它不是普遍的人的解放的最后形式,但在迄今为止的世界制度内,它是人的解放的最后形式"[①]。在肯定资产阶级民主制度的基础上,马克思强调作为对资产阶级民主的扬弃和超越的无产阶级民主也要最终经历扬弃自身的过程。透过以上分析,可见马克思主义关于自由、政治解放与人类解放的论述,囊括了艾利斯·扬关于自由、公民资格、代表权、民主与正义等相关论述,而且艾利斯·扬关于民主与正义的思想属于马克思主义对资产阶级民主的范围内,当然受制于时代背景,二者关于民主具体内容存在差异。

哲学家的任务不仅仅是提出自己的观点,更重要的是对自己的观点进行有力的证明。一种新理论的构建,关键不在于它表达了多少思想内容,贡献了多少结论,而在于其方法论上的创新。因此,某种意义上,论证方法往往比观点更为重要。从马克思主义方法论视角审视艾利斯·扬的政治哲学思想,能够更深入地剖析其论证方法与理论本身。

第一,历史唯物主义与辩证唯物主义在艾利斯·扬政治哲学思想的具体理论方面的体现。其一,在公民资格方面,艾利斯·扬关于人的观念、个体与共同体的关系等思想蕴含着历史唯物主义的普遍联系、矛盾的分析方法、整体与部分辩证统一关系、普遍性与特殊性辩证统一关系等内容,使她能够克服自由主义的孤立的原子式个体,强调个人自由,以及社群主义片面强调共同体的缺陷,揭示了自由主义与社群主义都是从某种人性假

[①] 《马克思恩格斯文集》第 1 卷,北京:人民出版社 2009 年版,第 32 页。

设出发,奉行的是某种普遍性或共通性的公民资格观的共同本质。这种普遍性源于将平等诠释为相同,除了所有人拥有公民资格外,自由主义公民资格将这种普遍性演绎成了无视差别的一视同仁的平等对待,法律和规则忽视了个人、群体之间的差异,共和主义公民资格则将这种普遍性演绎成了与特殊性相对的一般性。因此,无论是自由主义还是共和主义都导致了对公民差异的压制,产生了不正义的后果。有鉴于此,艾利斯·扬提出了结构性社群概念,试图超越自由主义与社群主义,既强调个人又涵盖群体,注重差异,构建一种差异性团结的公民资格,并将这种思想运用到全球正义领域。其二,在正义的责任方面,艾利斯·扬的社会连接责任模式突破了自由主义重视国家对个体的责任,忽视个体对共同体的责任;社群主义强调个体对共同体的责任,忽视共同体对个体的特殊责任的单向责任模式,提出所有参与了导致结构性不正义的社会进程的人与组织都应承担责任,强调责任的共享性,这种基于普遍联系的观点,使她的政治责任能够通达全球,一个人不仅对身边的人、本民族国家领域内的人负责,还应对因其行为而对超越国界的人负责。同时,她抓住了权力、特权、兴趣点和集体能力这四个履行政治责任的重要参数的规律,注重发挥责任的主观能动性,避免了"眉毛胡子一把抓"毫无主次之分的方法,有效促进了正义责任的履行。其三,在民主与正义的关系方面,艾利斯·扬多次强调"在存在着财富与权力引起的结构性不平等的地方,形式上的民主程序有可能会强化这些结构性的不平等,因为有权有势者能够使那些拥有较少权力的人的声音与议题边缘化"①,由此导致不民主与不正义的恶性循环。在此,艾利斯·扬透过资本主义民主制度揭示了马克思主义关于社会存在与社会意识的辩证关系原理以及经济基础与上层建筑的辩证关系原理。然而,艾利斯·扬没有进一步强调社会存在与经济基层发挥的是归根到底的决定作用,而是为了反对罗尔斯的分配正义范式,转向了关注产生分配不

---

① 〔美〕艾丽斯·M.扬:《包容与民主》,彭斌、刘明译,南京:江苏人民出版社2013年版,第42页。

正义的源头——政治决策、劳动分工等领域，没有从生产方式角度予以揭示不正义的根源。

第二，历史唯物主义与规范的正义理论之间的关系，也即事实性与价值性的关系。新自由主义者罗尔斯通过设置无知之幕来修正传统契约论，保证契约环境的公平性，并主张通过"反思平衡"（reflective equilibrium）的方法仔细考虑各种正义观念及相关因素，使得正义原则与道德判断保持一致。社群主义者麦金太尔质疑原初状态的人与现实的人的一致性，反对罗尔斯的建构主义方法，提出语境主义模式，强调从历史传统视角出发研究正义，针对每个传统中发展变化过程中遇到"认识论危机"的问题，以能否更好地解决"认识论危机"为标准来判断传统的优越性。然而，他提出的消解正义分歧的方案容易导致相对主义。在艾利斯·扬之前，哈贝马斯针对罗尔斯和麦金太尔的这些问题，提出道德商谈模式。他强调所有进入商谈的参与者必须遵循一定的商谈规则，且提出的正义断言必须要符合所有相关者的普遍同意才有效。而且他运用先验语用学的论据对商谈规则与普遍规则进行了证明，从而很好地回击了道德怀疑论者，并且比罗尔斯的证明更加有力。相比之下，艾利斯·扬的政治哲学思想，一方面，反对自由主义者罗尔斯从设计的原初状态出发推导出一种普遍性的正义原则，主张从现实的资本主义不正义出发，找寻正义规范，从而兼顾了麦金太尔的语境主义；另一方面，吸取了哈贝马斯基于交往理性提出的道德商谈模式有益成分，补充了问候、修辞、叙事等沟通形式，而且反对哈贝马斯关于统一性与普遍性的原则，强调差异性的团结，彰显了事实性与价值性的统一。

事实性与价值性的关系问题，聚焦到马克思主义理论则表现为历史唯物主义与规范的正义理论之间的关系。多数英美马克思主义者认为二者之间存在着紧张的关系，其中伍德用历史唯物主义理论来证否马克思建立规范正义理论的可能性；科恩和佩弗虽承认马克思的规范正义理论，却试图消解其历史唯物主义理论的解释力。事实上，马克思在一些文本对正义的

第五章　艾利斯·扬政治哲学思想学术价值与启示意义

拒斥并不是基于历史唯物主义而是事实,学界忽视了历史唯物主义中的价值维度,导致了对马克思正义规范的误解,因此一种契合于历史唯物主义的马克思主义正义理论是可能的。事实上,自由主义与社群主义之争、马克思有无正义之争等涉及的是马克思主义的事实性与价值性的关系问题,究其原因在于:其一,马克思、恩格斯没有明确表明自己的正义思想,甚至一些文本存在批判公平、正义等字眼,容易造成迷惑。其二,只看到历史唯物主义强调历史发展的规律性、社会存在对社会意识起决定作用的一面,没有看到人的主观能动作用及意识的反作用,而且过分强调规范性正义理论与历史事实无涉,从而认为历史唯物主义与规范正义理论之间的确存在紧张关系。而且,这种紧张关系被学界理解成了相互排斥的关系,由此对马克思主义的事实性与价值性关系产生分歧。不过,如果我们沿着马克思主义对近代正义论的解构逻辑来分析,则可以清晰发现马克思的历史唯物主义理论与规范正义原则之间的兼容性,一种敏于事实的规范性马克思主义正义理论是可能的。①

第三,批判方法与正义规范的建构。纵观历史,采用批判方法来审视社会发展与以往理论提出新的理论,是批判理论家与马克思的共识。艾利斯·扬正是在批判自由主义与社群主义、多元文化主义、协商民主、民族主义等思潮或流派的基础上,结合现实,提出其正义思想。然而,她的批判理论远没有马克思的批判方法深刻,表现在两个方面:其一,虽然像马克思一样,艾利斯·扬将批判的领域从宏观的国家制度、组织运行等领域转移到微观的生活世界,并试图将宏观政治与微观政治进行融合,因此她对现实资本主义不正义的批判较之自由主义与社群主义也不可谓不深刻,然而,她透过现象批判得出的本质结论并不像马克思那样深刻。早期马克思因所信奉的以自由为基本原则的理性国家观遭遇了现实的挑战,在批判青年黑格尔派以及其他激进批判家的过程中,转向从人们的现实社会生

---

① 林育川:《正义的解构与马克思主义正义原则的建构》,载《中国人民大学学报》,2016年第6期,第38—45页。

产、生活方式的异化去分析国家、宗教、人们的观念、道德等的异化问题。由此,"马克思这样概括自己的研究思路:从物质的社会关系、从市民社会中,去认识法的关系、精神现象,而对市民社会的解剖到政治经济学中去寻找"①。沿着这一思路,他发现资本主义所有异化现象都有一个共同的根源——资本主义雇佣劳动制度,揭示出生产的社会化和生产资料的资本家私人占有形式之间的资本主义固有矛盾。由此将对异化现象的批判引向对资本主义制度的批判,实现了宏观政治与微观政治的无缝对接。对此,海德格尔也不得不佩服马克思的研究方法的高超,他说,"马克思通过对异化的体验而达到了一个本质性的、历史的维度,所以马克思的历史观优越于其他历史学"②。

其二,虽然像马克思一样,艾利斯·扬注重在批判过程保持理想性与现实性的统一,但是她的一些理论,比如正义的主体、范围、对象、策略等又过于宽泛,充满不确定性而无法操作;也有一些理论直接源于现实生活,而在理论的规范性有所不足,比如将问候、修辞、叙述与论证并列,看似照顾了现实生活中不善于言辞、论证的弱势群体,但实际上这种政治沟通得出决策的效率值得怀疑。相比之下,与近代以来的西方主流政治哲学不同,马克思的正义理论是理想性与现实性的统一的理论。其中,理想性指的是,马克思在市民社会的对置面确立起了代表人类未来的人类社会的这一历史位阶,以此历史位阶为基点构建起的政治哲学必然是一种理想性的政治哲学③;现实性指的是马克思政治哲学无论在政治批判的意义上还是在理论建构的意义上,都诉求个体的平等。理想性与现实性的统一关系表现在两个方面:首先,现实性维度为理想性维度提供了立论前提。马

---

① 魏小萍:《马克思批判思路的现实意义》,载《理论视野》,2016年第6期,第22页。

② 转引自丰子义:《马克思社会批判的历史深蕴》,载《社会科学战线》,2007年第3期,第4页。

③ 李佃来:《马克思政治哲学的理想性维度与现实性维度》,载《学术界》,2017年第3期,第19页。

第五章 艾利斯·扬政治哲学思想学术价值与启示意义

克思在阐述现实性政治哲学问题时,将每个人看作平等的个体来加以对待,从而顺理成章地提出人的自由而全面发展这个涉及人的本性的理想性政治哲学问题;其次,理想性维度与现实性维度互为补充。二者都是在思考如何确立现代人的生存和生命结构,如同施特劳斯"善优先于权利"的政治哲学和罗尔斯的"权利优先于善"一样互为补充。这种互补性不仅仅意味着理论上互补,更重要的是,它对于我们今天构建一种既与市场社会相呼应、又能为之提供价值引导的马克思主义政治哲学或更广义的政治哲学理论,具有重要意义。①

概而言之,马克思的社会批判之所以能超越近代以来主流政治哲学家的理论,是因为他的社会批判方法融合了批判性与建构性、肯定性与否定性、现实性与理想性、批判与自我批判。引入马克思主义视角对艾利斯·扬的政治哲学思想进行再评价,不仅有利于加深对二者正义思想的理解,而且将20世纪70年代以来,持续几十年的自由主义与社群主义之争和马克思主义有无正义之争两大争论联系了起来,加深了对当代西方学术动态的把握,厘清了马克思主义与当代西方众多思潮之间的深层关联,在多维对比中凸显了马克思主义的科学性与革命性,从而有效捍卫了马克思主义的真理性。

综上所述,虽然在马克思主义的视野中,艾利斯·扬对资本主义不正义的批判还不够彻底,她的政治解放思想远不及人类解放思想深刻透彻,限于资本主义改良的困境,终究不过是对晚期资本主义的救赎。但是相较与之争论的学者及流派而言,她关于规范城市生活的思想与当前全球城市化进程不谋而合、关于责任共享且权力较大者承担更多的思想与当前中国主动承担大国责任,推动世界和平与发展不谋而合、关于无支配自由的思想与当前推进全球正义不谋而合,因而较之同时期的其他政治哲学家,她的眼光更长远,视野也更开阔,而这一切源于她对弱势群体的深深关爱、对人类命运的深深眷顾。

---

① 李佃来:《马克思政治哲学的理想性维度与现实性维度》,载《学术界》,2017年第3期,第25—28页。

二、对当代中国构建公平正义社会的启示

一般而言,政治哲学是对政治生活的哲学反思,而对其的构建须满足政治生活的价值性追求与限制价值性追求的既定条件即事实性的统一。艾利斯·扬的政治哲学思想某种程度上就是在构建一种晚期资本主义条件下的差异群体的政治正义。在晚期资本主义时代,当代中国的政治哲学也经历了从主要致力于理想社会的经典马克思主义理想性政治哲学到主要依据现实生活的现实性政治哲学的转变。① 这一转变是对中国从传统农业国向现代工业社会、从计划经济向成熟完善的市场经济、从相对封闭的传统社会向开放的市民社会深刻结构性转型的回应。

艾利斯·扬的政治哲学思想正是在与各种思想的相互碰撞中,激发出了思想的火花。在此过程中,她给出了一套完整的关于在什么背景下实现正义、能不能实现正义、谁来实现正义以及如何实现正义的解放政治方案。在政治主体领域,与自由主义、社群主义、多元文化主义等的争论中,提出了差异性的公民资格,并将民主国家内部的结构性社群概念运用到全球领域,提出了族群概念;在政治价值领域,与资产阶级保守主义的个人责任、德沃金的平等责任以及阿伦特的政治责任的交锋与交流中,界定了正义责任的性质、主体、客体以及履行责任的参考因素等诸多具有原创性的思想;在政治实践领域,与聚合式民主、协商民主的争论中,提出了理想的民主与正义之间的关系,以及实现正义的包容性的沟通型民主理论,并将其扩展到全球民主领域,以实现全球正义。因此,艾利斯·扬基于晚期资本主义结构性不正义,提出的差异性的公民资格、社会连接责任模式以及包容性的沟通型民主等正义思想,回应了弗雷泽反规范正义中关于什么是正义、正义的主体以及怎样实现正义的问题,对当代中国构建公平正义的社会具有重要的启发意义。

---

① 王南湜、王新生:《从理想性到现实性——当代中国马克思主义政治哲学建构之路》,载《中国社会科学》,2007年第1期,第43页。

第五章 艾利斯·扬政治哲学思想学术价值与启示意义

首先,承认现实中的差异。伴随改革开放以来的社会转型,我国城乡、区域、阶级阶层、就业、消费、生活方式以及价值观念等方面都发生了结构性的变化。汪行福将这种结构性变化概括为复杂现代性。① 郑杭生将这种转型定义为快速转型,并认为快速转型的中国社会具有两重性和复杂性的鲜明特点,"即社会优化与社会弊病并生、社会进步与社会代价共存、社会协调与社会失衡同在、充满希望与饱含痛苦相伴。其中一个主要表现是既加速社会的阶层分化,又造成了两极分化"②。快速的社会转型带来的是一系列新的社会问题,差异充斥着中国社会。党的十九大将这种社会状况所反映的矛盾高度概括为"人民日益增长的美好生活需要和不平衡不充分的发展之间的矛盾"③。

艾利斯·扬承认差异并将差异视为重要的政治资源,以此推进正义的实现,无疑对我们反思当代中国的一系列经济、政治、文化等领域的政策调整具有重要意义。在承认差异的思想指引下,某种程度上改革开放40年来的历程可以视为我们认识差异—削减差异—促进社会和谐的螺旋式上升的循环过程。在此过程中,我们承认差异,就是承认改革所面临的异质性环境,如改革带来的经济与政治、私域与公域、私权与公权之间相对的领域分离和结构转型;市民社会的初步发育与自主性不足;人的主体性价值的观念广泛认可与现实治理冲突;实践中面临着现代性与后现代性的持续张力等方面问题。④ 在全面深化改革进程中,以此为出发点,不断破解阻碍人与社会发展的复杂问题,推进社会正义的实现。

---

① 汪行福:《复杂现代性与社会包容》,载《教学与研究》,2014年第8期,第9页。

② 郑杭生:《中国和西方社会转型显着的不同点》,载《人民论坛》,2009年第5期,第48页。

③ 习近平:《决胜全面建成小康社会 夺取新时代中国特色社会主义伟大胜利——在中国共产党第十九次全国代表大会上的报告》,北京:人民出版社2017年版,第11页。

④ 黄建洪:《社会治理的价值规约与政府治理创新》,载《马克思主义与现实》,2015年第6期,第191—196页。

探讨当代西方政治哲学思想对当代中国实现社会正义的价值，离不开对中国传统政治哲学思想资源的吸收再利用，这也是具有生命力的国家治理一定要和这个国家普通民众的文化心理相契合的深层原因。事实上，中国传统政治哲学不乏尊重差异的思想，尤为突出的是基于儒家差异的人性观而形成的儒家政治。基于对日常生活中的人的观察，儒家的人性观是一种异质性的人性观。比如，孔子注意到人与人之间存在"君子"和"小人"的差异，但是可以通过克己复礼、下学上达，中人可以成为圣人。孟子虽认为"人皆可以为尧舜"（《孟子·告子下》），但是取决于"体有贵贱，有小大。无以小害大，无以贱害贵。养其小者为小人，养其大者为大人"（《孟子·告子上》）的后天教化和努力。荀子则强调环境对人性的作用。他说："居楚而楚，居越而越，居夏而夏，是非天性也，积靡使然也。"（《荀子·儒效》）概言之，儒家的人性不等同于善或恶，而是存在善恶两端并受外在环境的影响。基于这种差异性的人性观，儒家建构起了一种依据贤能性、开放性和竞争性三大原则层级政治体系，以保障个人自由以及能力和德性基础上的平等。对于当代人而言，儒家的感召力不在于对个体价值的平等主义肯定，而在于对人的向善之心的肯定。① 因此，在当代中国推进正义的实现进程，要充分吸收借鉴中国传统政治思想，并结合新时代予以丰富发展。

其次，重视正义的责任。中国共产党始终坚持把马克思主义理论同中国具体实际相结合，以实现社会公平正义为己任，从理论和实践上推进了马克思主义正义观的不断丰富与发展。艾利斯·扬将正义理解为政治，由此将正义的责任界定为区别于法律与道德的个人责任的政治责任。这种政治责任强调所有参与了产生结构性不正义的社会进程的人与机构都应承担相应的责任。

最后，全面参与世界治理。在国际与全球领域，随着全球化进程的日益推进，中国更加主动提出融入"世界方案"的"中国建议"和"中国

---

① 姚洋、秦子忠：《人性的差异性与儒家政治结构》，载《开放时代》，2017年第6期，第150页。

方案",积极承担全球治理中的大国责任。第一,秉持人类命运共同体的理念,包容全球各个利益主体。由于全球化导致国际行为主体多元化,全球性问题的解决成为一个由主权国家、国际组织、地区组织、政府组织、非政府组织、跨国公司、公民群体等共同参与和互动的过程,因此,对于一些全球性问题,中国秉持人类命运共同体的理念,不回避自身的责任,也决不把自己的利益强加于其他主体之上。第二,坚持对话,而非对抗。通过积极参与、主办多方论坛就地区或全球问题进行充分协商,达成利益共识。第三,以实际行动推进去中心化的全球民主进程。倡导并践行"一带一路"倡议,向所有国家开放,沿线国家及域外国家都可参与共建,为本国和区域经济的繁荣发展作出贡献;促进沿线国家的互联互通,使亚欧非各国联系更加密切,构建全方位、多层次、复合型的互联互通网络,构建起全面开放、共赢发展的新型国际合作模式。

参考文献

一、中文著作类文献

[1]《马克思恩格斯文集》第1—10卷，北京：人民出版社2009年版。

[2]《马克思恩格斯选集》第1—4卷，北京：人民出版社1995年版。

[3]《列宁专题文集》第1—5卷，北京：人民出版社2009年版。

[4] 习近平：《谈治国理政》第3卷，北京：外文出版社2020年版。

[5] 包亚明：《现代性与空间生产》，上海：上海教育出版社2003年版。

[6] 段忠桥：《理性的反思——正义的追求》，哈尔滨：黑龙江大学出版社2007年版。

[7] 付文忠：《新社会运动与国外马克思主义新思潮》，济南：山东大学出版社2009年版。

[8] 傅强：《凯·尼尔森激进平等主义正义观研究》，北京：中央编译出版社2015年版。

[9] 郭夏娟：《为正义而辩——女性主义与罗尔斯》，北京：人民出版社2004年版。

[10] 龚群：《自由主义与社群主义的比较研究》，北京：人民出版社2014年版。

[11] 韩震：《国外哲学发展年度报告（2010）》，中国社会科学出版社 2012 年版。

[12] 韩东晖主编：《西方政治哲学史》第二卷，北京：中国人民大学出版社 2019 年版。

[13] 贺羡：《"一元三维"正义论——南希·弗雷泽的正义理论研究》，人民出版社 2015 年版。

[14] 胡大平：《后革命氛围与全球资本主义——德里克"弹性生产时代的马克思主义"研究》，南京：南京大学出版社 2002 年版。

[15] 黄继锋：《东欧新马克思主义》，北京：中央编译出版社 2002 年版。

[16] 黄继锋：《马克思主义基本原理在当代西方》，北京：中国人民大学出版社 2013 年版。

[17] 刘玮主编：《西方政治哲学史》第一卷，北京：中国人民大学出版社 2019 年版。

[18] 马戎：《民族社会学——社会学的族群关系研究》，北京：北京大学出版社 2004 年版。

[19] 马晓燕：《多元时代的正义寻求——I.M. 扬的政治哲学研究》，光明日报出版社 2012 年版。

[20] 苗力田：《古希腊哲学》，北京：中国人民大学出版社 1989 年版。

[21] 桑玉成：《全过程人民民主理论探析》，上海：上海人民出版社 2021 年版。

[22] 宋建丽：《公民资格与正义》，北京：人民出版社 2010 年版。

[23] 王雨辰：《伦理批判与道德乌托邦——西方马克思主义伦理思想研究》，北京：人民出版社 2014 年版。

[24] 荀明俐：《从责任的漂浮到责任的重构：哲学视角的责任反思》，北京：中国社会科学出版社 2016 年版。

[25] 周凡：《后马克思主义导论》，北京：中央编译出版社 2010 年版。

[26] 周濂主编：《西方政治哲学史》第三卷，北京：中国人民大学出版社 2019 年版。

[27] 周穗明：《20 世纪西方新马克思主义发展史》（上、下），北京：学习出版社 2004 年版。

[28] 周穗明、王玫：《西方左翼论当代西方社会结构的演变》，南京：凤凰出版传媒集团、江苏人民出版社 2008 年版。

[29] 张文喜、臧峰宇：《马克思主义政治哲学史》，北京：中国人民大学出版社 2017 年版。

[30] 张桂林：《西方政治哲学——从古希腊到当代》，北京：中国政法大学出版社 1999 年版。

[31] 张康之：《论伦理精神》，南京：江苏人民出版社 2012 年版。

[32] 赵祥禄：《正义理论的方法论基础》，北京：中央编译出版社 2007 年版。

[33] 赵光武、黄书进：《后现代哲学概论》，北京：首都师范大学出版社 2013 年版。

二、译著类文献

[1]〔美〕艾丽斯·M. 杨：《正义与差异政治》，李诚予、刘靖子译，北京：中国政法大学出版社 2017 年版。

[2]〔美〕艾丽斯·M. 杨：《包容与民主》，彭斌、刘明译，南京：江苏人民出版社，2013 年版。

[3]〔美〕艾莉斯·马利雍·扬：《像女孩那样丢球：论女性身体经验》，何定照译，台北：商周出版社 2007 年版。

[4]〔印〕阿马蒂亚·森：《正义的理念》，王磊、李航译，刘民权校译，北京：中国人民大学出版社 2012 年版。

[5]〔英〕埃德蒙·伯克：《埃德蒙·伯克读本》，陈志瑞、石斌编，北京：中央编译出版社 2006 年版。

[6]〔德〕阿克赛尔·霍耐特：《为承认而斗争》，胡继华译，曹卫东

校，上海：上海世纪出版集团2005年版。

［7］〔美〕安东尼·M. 奥勒姆、约翰·G. 戴尔：《政治学与社会》，王军译，北京：中国人民大学出版社2017年版。

［8］〔美〕爱德华·W. 苏贾：《后现代地理学》，王文斌译，北京：商务印书馆2007年版。

［9］〔美〕艾伦·布坎南：《马克思主义与正义》，林进平译，北京：人民出版社2013年版。

［10］〔美〕布鲁斯·A. 阿克曼：《自由国家的社会正义》，董玉荣译，南京：译林出版社2015年版。

［11］〔英〕布莱恩·巴利：《作为公道的正义》，曹海军、允春喜译，南京：凤凰出版传媒集团、江苏人民出版社2008年版。

［12］〔英〕布莱恩·巴里：《正义诸理论》，孙晓春、曹海军译，长春：吉林人民出版社2004年版。

［13］〔美〕伯特尔·奥尔曼：《辩证法的舞蹈——马克思方法的步骤》，田世锭等译，北京：高等教育出版社2006年版。

［14］〔美〕本杰明·巴伯：《强势民主》，彭斌、吴润洲译，长春：吉林人民出版社2006年版。

［15］〔加〕查尔斯·泰勒：《黑格尔》，张国清等译，南京：译林出版社2002年版。

［16］〔美〕查斯·博哲斯：《美国思想渊源：西方思想与美国观念的形成》，符鸿令、朱光骊译，太原：山西人民出版社1988年版。

［17］〔英〕毕瑟姆：《官僚制》，韩志明、张毅译，长春：吉林人民出版社2005年版。

［18］〔英〕戴维·米勒：《社会正义原则》，应奇译，南京：凤凰出版传媒集团、江苏人民出版社2008年版。

［19］〔美〕戴维·哈维：《后现代的状况——对文化变迁之缘起的探究》，阎嘉译，北京：商务印书馆2003年版。

［20］〔美〕道格拉斯·凯尔纳、斯蒂文·贝斯特：《后现代理论：批判性的质疑》，张志斌译，北京：中央编译出版社1999年版。

［21］〔英〕恩斯特·拉克劳、查特尔·墨菲：《领导权与社会主义的策略——走向激进民主政治》，哈尔滨：黑龙江人民出版社2003年版。

［22］〔美〕菲利克斯·格罗斯：《公民与国家——民族、部族和族属身份》，王建娥、魏强译，北京：新华出版社2003年版。

［23］〔美〕菲利普·塞尔兹尼克：《社群主义的说服力》，马洪等译，上海：上海世纪出版集团2009年版。

［24］〔美〕弗里蒙特·E.卡斯特、詹姆斯·E.罗森茨韦克：《组织与管理》，李柱流等译，北京：中国社会科学出版社1985年版。

［25］〔德〕费迪南·滕尼斯：《共同体与社会》，张巍卓译，北京：商务印书馆2019年版。

［26］〔英〕G.A.柯亨：《马克思与诺齐克之间》，吕增奎编，南京：凤凰出版传媒集团、江苏人民出版社2008年版。

［27］〔英〕G.A.柯亨：《自我所有、自由和平等》，李朝晖译，北京：东方出版社2008年版。

［28］〔美〕古尔德：《马克思的社会本体论：马克思社会实在理论中的个性和共同体》，王虎学译，北京：北京师范大学出版社2009年版。

［29］〔美〕汉娜·阿伦特：《责任与判断》，陈联营译，上海：上海世纪出版社2011年版。

［30］〔德〕康德：《历史理性批判文集》，何兆武译，北京：商务印书馆1990年版。

［31］〔美〕克劳斯·奥菲：《福利国家的矛盾》，郭忠华等译，长春：吉林人民出版社2010年版。

［32］〔加〕凯·尼尔森：《马克思主义与道德观念——道德、意识形态与历史唯物主义》，李义天译，北京：人民出版社2014年版。

［33］〔美〕凯文·奥尔森编：《伤害+侮辱——争论中的再分配、承认和代表权》，高静宇译，周穗明校，上海：上海人民出版社2009年版。

［34］李银河主编：《妇女：最漫长的革命——当代西方女性主义理论精选》，北京：生活·读书·新知三联书店1997年版。

［35］李惠斌、李义天编：《马克思与正义理论》，北京：中国人民大

学出版社 2010 年版。

[36]〔英〕理查德·贝拉米：《重新思考自由主义》，王萍等译，南京：江苏人民出版社 2005 年版。

[37]〔美〕罗伯特·诺齐克：《无政府、国家与乌托邦》，何怀宏等译，北京：中国社会科学出版社 1991 年版。

[38]〔法〕路易·阿尔都塞：《保卫马克思》，顾良译，北京：商务印书馆 2009 年版。

[39]〔法〕卢梭：《社会契约论》，何兆武译，北京：商务印书馆 1980 年版。

[40]〔德〕马丁·布伯：《我与你》，陈维纲译，北京：商务印书馆 2015 年版。

[41]〔南非〕毛里西奥·帕瑟林·登特里维斯主编：《作为公共协商的民主：新的视角》，王英津等译，北京：中央编译出版社 2006 年版。

[42]〔美〕麦金太尔：《德性之后》，龚群等译，北京：中国社会科学出版社 1995 年版。

[43]〔瑞典〕麦茨·埃尔弗森：《后现代主义与社会研究》，甘会斌译，上海：上海人民出版社 2011 年版。

[44]〔美〕迈克尔·沃尔泽：《正义与不正义战争》，任辉献译，南京：凤凰出版传媒集团、江苏人民出版社 2008 年版。

[45]〔美〕南希·弗雷泽：《正义的中断——对"后社会主义"状况的批判性反思》，于海清译，周穗明校，上海：上海人民出版社 2009 年版。

[46]〔美〕南希·弗雷泽：《正义的尺度——全球化世界中政治空间的再认识》，欧阳英译，周穗明校，上海：上海人民出版社 2009 年版。

[47]〔美〕南希·弗雷泽、〔德〕阿克赛尔·霍耐特：《再分配，还是承认？——一个政治哲学对话》，周穗明译，翁寒松校，上海：上海人民出版社 2009 年版。

[48]〔英〕齐格蒙特·鲍曼：《共同体》，欧阳景根译，南京：江苏人民出版社 2003 年版。

[49]〔美〕R.G.佩弗：《马克思主义、道德与社会正义》，吕梁山、李旸、周洪军译，北京：高等教育出版社2010年版。

[50]〔美〕R.W.米勒：《分析马克思——道德、权力和历史》，张伟译，北京：高等教育出版社2009年版。

[51]〔美〕入江昭：《全球共同体：国际组织在当代世界形成中的角色》，北京：社会科学文献出版社2009年版。

[52]〔美〕塞拉·本哈比主编：《民主与差异：挑战政治的边界》，黄相怀、严海兵等译，北京：中央编译出版社2009年版。

[53]〔英〕史蒂文·卢克斯：《马克思主义与道德》，袁聚录译，田世锭校，北京：高等教育出版社2009年版。

[54]〔英〕史蒂芬·缪哈尔、亚当·斯威夫特：《自由主义者与社群主义者》（第二版），孙晓春译，长春：吉林人民出版社2007年版。

[55]〔美〕桑德尔：《自由主义与正义的局限》，万俊人译，南京：译林出版社2001年版。

[55]谈火生编：《审议民主》，南京：江苏人民出版社2007年版。

[56]〔澳大利亚〕约翰·S.德雷泽克：《协商民主及其超越：自由与批判的视角》，丁开杰等译，北京：中央编译出版社2006年版。

[57]谈火生：《民主审议与政治合法性》，北京：法律出版社2007年版。

[58]许纪霖主编：《共和、社群与公民》，成庆译，刘擎校，南京：江苏人民出版社2004年版。

[59]〔古希腊〕亚里士多德：《政治学》，吴寿彭译，北京：商务印书馆1965年版。

[60]〔美〕约·埃尔斯特主编：《协商民主：挑战与反思》，周艳辉译，北京：中央编译出版社2009年版。

[61]〔美〕约翰·罗尔斯：《正义论》（修订版），何怀宏、何包钢、廖申白译，北京：中国社会科学出版社2009年版。

[62]〔美〕约翰·罗尔斯：《万民法——公共理性观念新论》，张晓辉等译，长春：吉林人民出版社2011年版。

[63]〔美〕约翰·罗尔斯：《政治自由主义》（增订版），万俊人译，南京：译林出版社 2011 年版。

[64]〔美〕约翰·罗尔斯：《作为公平的正义》，姚大志译，北京：中国社会科学出版社 2011 年版。

[65]〔美〕詹姆斯·博曼，威廉·雷吉主编：《协商民主：论理性与政治》，陈家刚等译，北京：中央编译出版社 2006 年版。

[66]〔美〕詹姆斯·博曼：《公共协商：多元主义、复杂性与民主》，黄相怀译，北京：中央编译出版社 2006 年版。

[67]〔美〕詹姆斯·菲什金，〔英〕彼得·拉斯莱特主编：《协商民主论争》，张晓敏译，北京：中央编译出版社 2009 年版。

三、期刊论文

[1]〔美〕艾米·艾伦：《权力与差异政治：压迫、赋权和跨国正义》，王雪乔、欧阳英译，载《国外理论动态》，2013 年第 4 期。

[2]〔美〕艾米·艾伦：《权力、正义与世界主义——女性主义批判理论概览》，李剑译，载《国外社会科学》，2015 年第 6 期。

[3]〔澳〕艾莉森·威尔：《家庭与身份：纪念艾利斯·马瑞恩·扬》，李剑译，载《国外理论动态》，2013 年第 12 期。

[4] 包大为：《马克思主义政治哲学方法论的可能向度》，载《社会科学家》，2017 年第 4 期。

[5] 陈家刚：《协商民主研究在东西方的兴起与发展》，载《毛泽东邓小平理论研究》，2008 年第 7 期。

[6] 段忠桥：《20 世纪 70 年代以来英美的马克思主义研究》，载《中国社会科学》，2005 年第 5 期。

[7]〔意〕恩佐·科伦波：《多元文化主义：西方社会有关多元文化的争论概述》，郭莲译，载《国外理论动态》，2017 年第 4 期。

[8] 冯颜利：《国外马克思主义研究中公平正义思想的价值与局限》，载《国外社会科学》，2017 年第 1 期。

[9] 封毓昌、李文阁：《现实生活世界观：马克思主义哲学的生长点》，载《哲学动态》，1999 年第 12 期。

[10] 丰子义：《马克思社会批判的历史深蕴》，载《社会科学战线》，2007 年第 3 期。

[11] 龚群：《德沃金对罗尔斯分配正义理论的批评与发展》，载《湖北大学学报（哲学社会科学版）》，2014 年第 5 期。

[12] 龚群：《当代自由主义与社群主义：背景与问题域》，载《华中师范大学学报（人文社会科学版）》，2012 年第 6 期。

[13] 郭强：《逆全球化：资本主义最新动向研究》，载《当代世界与社会主义》，2013 年第 4 期。

[14] 郭夏娟：《反思正义的分配模式：女性主义与罗尔斯》，载《中国人民大学学报》，2002 年第 5 期。

[15] 顾肃：《论政治文明中的民主概念与原则》，载《江苏社会科学》，2003 年第 6 期。

[16] 高景柱：《西方学界关于德沃金平等理论研究述评》，载《上海行政学院学报》，2008 年第 4 期。

[17] 韩家炳：《多元文化、文化多元主义、多元文化主义辨析——以美国为例》，载《史林》，2006 年第 5 期。

[18] 贺羡：《差异与隐私的民主化——评艾里斯·扬的深层民主构想》，载《理论月刊》，2014 年第 8 期。

[19] 何晓芳：《艾里斯·扬的多元文化主义公民资格观与公民教育观探析》，载《比较教育研究》，2005 年第 2 期。

[20] 胡鞍钢、李萍：《习近平构建人类命运共同体思想与中国方案》，载《新疆师范大学学报（哲学社会科学版）》，2018 年第 5 期。

[21] 胡鸿保、姜振华：《从"社区"的语词历程看一个社会学概念内涵的演化》，载《学术论坛》，2002 年第 5 期。

[22] 黄继锋：《总体性辩证法—结构辩证法—内在关系辩证法——西方马克思主义对马克思辩证法的三种解释比较》，载《理论视野》，2011 年第 2 期。

[23] 黄建洪：《社会治理的价值规约与政府治理创新》，载《马克思主义与现实》，2015年第6期。

[24] 菅志翔：《"族群"：社会群体研究的基础性概念工具》，载《北京大学学报（哲学社会科学版）》，2007年第5期。

[25] 蒯正明：《全过程人民民主对人类政治文明的新贡献》，载《思想理论教育》，2021年第9期，第74页。

[26] 林育川：《正义的解构与马克思主义正义原则的建构》，载《中国人民大学学报》，2016年第6期。

[27] 李晶：《艾利斯·扬对"政治责任"概念的建构》，载《国外理论动态》，2018年第6期。

[28] 李晶：《论当代美国左翼艾利斯·扬的贫困责任观》，载《教学与研究》，2018年第6期。

[29] 李晶：《理想的民主与正义关系及其实现》，载《山东社会科学》，2020年第8期。

[30] 李影：《浅析艾里斯·扬女性受压迫问题的理论》，载《齐齐哈尔大学学报》，2012年第6期。

[31] 刘同舫：《从应然到实然——马克思社会批判的价值取向转变》，载《南京政治学院学报》，2015年第2期。

[32] 李晶：《责任、民主与全球正义》，载《当代国外马克思主义评论》，2021年第3期。

[33] 马晓燕：《对女性主义"平等"理念的考察与反思》，载《妇女研究论丛》，2007年第3期。

[34] 马晓燕：《群体差异的公民资格与政治正义的实现——I.M.扬的社会正义研究》，载《哲学动态》，2008年第7期。

[35] 马晓燕：《对女性主义"平等"理念的考察与反思》，载《妇女研究论丛》，2007年第3期。

[36] 马晓燕：《社会正义研究的新视角：交往民主对审议民主的反思与批判》，载《学术月刊》，2009第1期。

[37] 马晓燕：《差异政治：超越自由主义与社群主义正义之争——I.

M.扬的政治哲学研究》,载《伦理学研究》,2010年第1期。

[38]〔捷克〕M.赫鲁贝克:《"非正义"的批判概念》,马新晶译,载《世界哲学》,2015年第1期。

[39]〔西〕N.T.卡萨尔斯、〔加〕I.博兰:《女性主义政治哲学探析:对话艾利斯·马瑞恩·扬》,孙晓岚、宋美盈译,载《国外理论动态》,2013年第12期。

[40]纳日碧力戈:《全球场景下的"族群"对话》,载《世界民族》,2000年第1期。

[41]彭斌:《迈向更具包容性的沟通型民主——评艾利斯·扬的〈包容与民主〉》,载《国外理论动态》,2015年第1期。

[42]冉光仙:《全球正义:问题与焦点》,载《哲学动态》,2008年第6期。

[43]〔德〕瑞尼尔·福斯特:《激进的正义:论艾利斯·马瑞恩·扬对"分配范式"的批判》,周穗明译,载《国外理论动态》,2014年第2期。

[44]〔法〕索菲·格拉尔·德拉图尔:《文化与差异:艾利斯·马瑞恩·扬多元文化主义理论的张力》,冯红译,载《国外理论动态》,2017年第4期。

[45]孙向晨:《马丁·布伯的"关系本体论"》,载《复旦大学学报(社会科学版)》,1998年第4期。

[46]孙正聿:《建构马克思主义政治哲学的前提性思考和理论资源分析》,载《中国社会科学》,2006年第6期。

[47]孙秀丽、汪行福:《超越个体责任的政治责任——论艾利斯·扬的社会联结责任模式》,载《国外理论动态》,2016年第8期。

[48]孙秀丽:《"对称性互惠"与"非对称性互惠"——艾利斯·扬对交往伦理学的反思与重构》,载《学习与探索》,2017年第4期。

[49]孙秀丽:《包容性的交往民主——论艾利斯·扬对协商民主的批判性重构》,载《学习与探索》,2021年第7期。

[50]〔美〕S.劳雷尔·韦尔登:《差异与社会结构:艾利斯·扬的社

会性别批判理论》，王宏维、胡玲译，载《国外理论动态》，2013年第4期。

［51］宋建丽：《差异公民资格与正义：艾利斯·马瑞恩·扬政治哲学探微》，载《妇女研究论丛》，2007年第5期。

［52］舒建华：《现代资本主义福利国家的结构性矛盾》，载《理论月刊》，2015年第4期。

［53］〔美〕T.波吉：《何谓全球正义》，李小科译，载《世界哲学》，2004年第2期。

［54］谭清华：《马克思的正义理念：事实还是价值》，载《哲学研究》，2015年第3期。

［55］汪行福：《复杂现代性与社会包容》，载《教学与研究》，2014年第8期。

［56］汪行福：《当代资本主义批判》，载《国外理论动态》，2014年第1期。

［57］王虎学：《社会本体论：古尔德重建马克思哲学的理论尝试》，载《学术研究》，2014年第12期。

［58］王南湜、王新生：《从理想性到现实性——当代中国马克思主义政治哲学建构之路》，载《中国社会科学》，2007年第1期。

［59］乌小花：《论"民族"与"族群"的界定》，载《广西民族研究》，2003年第1期。

［60］肖祥敏：《建国以来中国共产党公平正义观的历史演进及其基本经验》，载《社科纵横》，2012年第4期。

［61］衣俊卿：《论微观政治哲学的研究范式》，载《中国社会科学》，2006年第6期。

［62］杨礼银：《晚期法兰克福学派视域中民主与正义的关系》，载《武汉大学学报（人文科学版）》，2016年第5期。

［63］闫方洁：《西方马克思主义社会批判理论中资本权力布控的三大场域及其转换》，载《教学与研究》，2016年第2期。

［64］颜岩：《第三代批判理论家与批判社会理论》，载《国外理论动

态》，2009年第7期。

[65] 姚洋、秦子忠：《人性的差异性与儒家政治结构》，载《开放时代》，2017年第6期。

[66] 虞晖：《性别分工和妇女受压迫问题——艾里斯·扬的女权主义思想解读》，载《理论月刊》，2008年第9期。

[67] 俞吾金：《马克思哲学是社会生产关系本体论》，载《学术研究》，2001年第10期。

[68] 俞吾金：《古尔德〈马克思的社会本体论〉评析》，载《马克思主义与现实》，1995年第1期。

[69] 周光辉、殷冬水：《民主：社会正义的生命和保障》，载《文史哲》，2008年第6期。

[70] 郑杭生：《中国和西方社会转型显着的不同点》，载《人民论坛》，2009年第5期。

[71] 张世远：《本体论学说的近现代流变及其前景》，载《学术探索》，2009年第6期。

[72] 张明军：《全过程人民民主的价值、特征与实现逻辑》，载《思想理论教育》，2021年第9期。

[73] 张峰：《协商民主建设八个重要问题解析》，载《中国特色社会主义研究》，2015年第2期。

[74] 张宇、刘伟忠：《论社会主义协商民主的基本内涵及其构成要素》，载《理论与改革》，2016年第2期。

[75] 张也：《空间、性别和正义：对话多琳·马西》，载《国外理论动态》，2015年第3期。

[76] 张一兵：《何为晚期马克思主义》，载《南京大学学报》，2004年第5期。

[77] 张佳：《晚期马克思主义的定义域、主要理论问题和基本特征》，载《江汉论坛》，2013年第12期。

[78] 赵坤、郭凤志：《马克思关于构建个人与共同体共生关系思想及其当代价值》，载《思想教育研究》，2017年第7期。

[79] 章仁彪、郑少东：《吉登斯"时—空分离"难题之反思》，载《理论探讨》，2008 年第 5 期。

[80] 邹诗鹏：《当代政治哲学的复兴与马克思主义政治哲学传统》，载《学术月刊》，2006 年第 12 期。

[81] 赵宏：《中国特色社会主义协商民主的特征及其历史方位》，载《科学社会主义》，2016 年第 3 期。

[82] 周穗明：《美国批判的女性主义及其当代演进》，载《中华女子学院学报》，2013 年第 4 期。

[83] 〔捷克〕祖扎娜·尤赫德：《论结构非正义的根源：对艾利斯·扬理论的女性主义解读》，王喆译，载《国外理论动态》，2013 年第 4 期。

四、英文文献

[1] Allen, Jeffnerand Young, Iris Marion, *The Thinking Muse: Feminism and Modern French Philosophy*, Bloomington: Indiana University Press, 1989.

[2] Amartya Sen, "Democracy as a Universal Value", *Democracy*, Vol.10, No.3, 1999.

[3] Ann Ferguson and Mechthild Nagel, *Dancing with Iris: the Philosophy of Iris Marion Young*, New York: Oxford University Press, 2009.

[4] Axel Honneth, "Democracy as Reflexive Cooperation: John Dewey and theTheory of Democracy Today", *Political Theory*, Vol.26, No.6, 1998.

[5] Christian Hunold and Young, Iris Marion, "Justice, Democracy, and Hazardous Siting", *Political Studies*, Vol.46, No.1, 1998.

[6] Chandran Kukathas, "The Mirage of Global Justice", *Social Philosophy & Policy Foundation*, Vol.23, No.1, 2006.

[7] Charles Murray, *Losing Ground: American Social Policy (1950 – 1980)*, New York: Basic Books, 1984.

[8] Conard William Watson, *Concepts in the Social Science: Multiculturalism*, Buckingham: Philadelphia Open University Press, 2000.

[9] Daniele Archibugi, "Cosmopolitan Democracy and Its Critics: A Review", *International Relations*, Vol.10, No.3, September 2004.

[10] Daniele Archibugi, David Held and Martin Kohler (eds.), *Reimaging Political Community*, Stanford: Stanford University Press, 1998.

[11] Daniele Archibugi (ed.), *Debating Cosmopolitics*, London: Verso, 2003.

[12] Daniel Bell, *Communitarianism and Its Critics*, Oxford: Oxford University Press, 1993.

[13] David Harvey, *Social Justice and the City*, Baltimore, Md: The Johns Hopking University Press, 1975.

[14] Donald H. Roy, *The Reuniting of American: Eleven Multiculturalism Dialogues*, New York: Peter Lang Publishing Inc., 1996.

[15] Danilo Zolo, *Cosmopolis: Prospects for World Government*, Cambridge: Polity Press, 1997.

[16] David Held, *Global Covenant: The Social Democratic Alternative to the Washington Consensus*, Cambridge: Cambridge University Press, 2004.

[17] DiQuinzio, Patrice and Young, Iris Marion, *Feminist Ethics and Social Policy*, Bloomington: Indiana University Press, 1997.

[18] Genevieve Fuji Johnson and Loralea Michaelis, *Political Responsibility Refocused: Thinking Justice after Iris Marion Young*, Toronto: University of Toronto Press, 2013.

[19] G.A. Cohen, *If You're an Egalitarian How Come You're So Rich?*, Cambridge, MA: Harvard University Press, 2000.

[20] Henrietta L. Moore, "Difference and Recognition: Postmillennial Identities and Social Justice", *Signs*, Vol. 25, No.4, 2000.

[21] Kant, *Perpetual Peace and Other Essays on Politics, History, and Morals*, trans. by Ted Humphrey, Hackett Publishing Company, 1983.

[22] Jaggar, Alison M. and Young, Iris Marion, *A Companion to Feminist Philosophy*, Malden, Mass.: Oxford: Blackwell, 2005.

[23] Jane Manbridge et al., "Norms of Deliberation: An Inductive Study", *Public Deliberation*, Vol. 2, No.1, 2006.

[24] Jean-Francois Lyotard, *The Differend: Phrases in Dispute*, Minneapolis: University of Minnesota Press, 1988.

[25] John Rawls, *A Theory of Justice*, Boston: Harvard University Press, 1971.

[26] J. R. Lucas, *Responsibility*, New York: Oxford University Press Inc., 1993

[27] Lawrence Mead, *Beyond Entitlement: The Social Obligations of Citizenship*, New York: Free Press, 1986.

[28] Levy, Jacob T. and Young, Iris Marion, *Colonialism and Its Legacies*, Lanham, Md.: Lexington Books, 2011.

[29] Macedo, Stephen and Young, Iris Marion, *Child, Family, and State*, New York: New York University Press, 2003.

[30] Mead, *Beyond Entitlement: The Social Obligations of Citizenship*, New York: Free Press, 2006.

[31] MitjaSardoc, *Citizenship, Inclusion and Democracy: A Symposium on Iris Marion Young*, Blackwell Publishing Ltd, 2006.

[32] Ulrike M. Vieten, *Revisiting Iris Marion Young on Normalisation, Inclusion and Democracy*, New York: Palgrave Macmillan, 2014.

[33] Philip Pettit, *Republicanism*, Oxford: Oxford University Press, 1997.

[34] William A. Galsto, *Justice and the Human Good*, Chicago: University of Chicago Press, 1980.

[35] Ronald Beiner(ed.), *Theorizing Citizenship*, Albary: State University of New York Press, 1995.

[36] Young, Iris Marion Polity and Group Difference: A Critique of the Ideal of Universal Citizenship, *Ethics*, Vol.99, No.2, 1989.

[37] Young, Iris Marion, *Justice and the Politics of Difference*, Princeton, NJ: Princeton University Press, 1990.

[38] Young, Iris Marion, *Throwing Like a Girl and other Essays in Feminist Philosophy and Social Theory*, Bloomington, IN: Indiana University Press, 1990.

[39] Young, Iris Marion, *Difference as a Resource for Democratic Communication*, Toronto: Faculty of Law, University of Toronto, 1996.

[40] Young, Iris Marion, *Intersecting Voices: Dilemmas of Gender, Political Philosophy, and Policy*, Princeton, NJ: Princeton University Press, 1997.

[41] Young, Iris Marion, *Inclusion and Democracy*, Oxford: Oxford University Press, 2000.

[42] Young, Iris Marion, "Activisit Challenges to Deliberative Democracy", *Political Theory*, Vol.29, No.5, 2001.

[43] Young, Iris Marion, *Political Responsibility and Structural Injustice*, Lawrence, Kan.: University of Kansas, 2003.

[44] Young, Iris Marion, *On Female Body Experience: "Throwing Like a Girl" and other Essays*, New York: Oxford University Press, 2005.

[45] Young, Iris Marion, *Global Challenges: War, Self-determination and Responsibility for Justice*, Cambridge, UK: Polity Press, 2007.

[46] Young, Iris Marion, *Responsibility for Justice*, New York: Oxford University Press, 2011.